KB066407

# 대입 필수용어 사전

## 〈일러두기〉

- 이 책은 입시전형, 입시요강, 입시정책에 쓰이는 대입 용어와 입시 커뮤니티에서 통용되는 줄임말 및 입시 은어 등 약 500개의 단어를 풀이한 대입 용어 사전이다. 입시전문가, 강사 및 입시 종사자, 교사, 수험생 및 학부모들이라면 기본적으로 알아야 할 핵심 용어들을 표제어로 선별하여 수록했다.
- 표제어로 선정한 대입 용어의 의미를 풀이할 뿐 아니라, 입시 현장에서 어떻게 이해하고 적용해야 하는지를 설명했으며 수험생들에게 필요한 입시 팁을 덧붙였다. 입시전문가로서 전하는 컨설팅에 해당하는 내용은 〈이만기 소장의 틈새 컨설팅〉의 형태로 구분하여 실었다.
- 서로 연계된 용어, 함께 찾아 읽으면 이해가 쉬운 용어들은 ☞ 표시를 하여 따로 제시했다. 일부 용어는 다른 항목에서 재인용되거나 재풀이되기도 한다.
- 용어 수록 순서는 한글 자모의 배열 순서를 따랐으나 숫자와 알파벳도 우리말 발음에 따라 배열하였다. 예를 들어 'EBS'는 '이비에스'로 간주하였다.
- 본문에서 참고한 문헌이나 논문, 신문기사와 인터넷 자료 등은 책의 마지막 페이지에 '참고문헌' 형태로 따로 정리하여 실었다.

학생부 관리부터 입시 요강까지

이만기 지음

센시오

## | 추천의 글 |

자녀 때문에 대입 공부를 시작하려다가 낯선 용어 앞에서 숨이 턱턱 막힌 순간, 아마도 누구나 한 번쯤은 있을 것이라 생각합니다. 대입 용어는 입시를 어렵게 만드는 주범이지요. 용어만 정확히 알아도 입시에 한걸음 더 나아갈 수 있어요. 《대입 필수용어 사전》은 이런 부모의 고민을 시원하게 덜어주는 책입니다. 단순히 용어 사전에 머물지 않고 용어와 연관된 실용적인 입시 조언까지 덧붙였죠. 저자가 40년 가까이 공교육과 사교육을 넘나들면서 수천 회에 걸쳐 진행한 설명회와 입시상담 속 질의응답의 내용을 발췌해 담은 것이 장점입니다. 입시전문가이자 두 딸을 대학에 잘 보낸 아빠로서 명문대에 합격시킨 과정도 고스란히 녹였죠. 입시 때문에 고민하는 수많은 대한민국 학부모들이 가장 먼저 봐야 할 책이라 확신합니다.

_교육대기자, **방종임**

가히 '입시의 교과서'라 해도 무방한 책이다. 수험생들이 목표에 도달하기 위한 가장 기본적인 원칙부터 쉽게 정리해놓았다.

_메가스터디 입시전략연구소장, **남윤곤**

입시전문가들도 개념이 명확하지 않아 힘들어했던 대입 용어들을 일목요연하게 정리했다. 대입 용어를 이해하고 입시에 적용하는 데 유용하며, 입시 초보인 학부형들로부터 전문가에 이르기까지 꼭 필요한 책이다.

_진학사 입시전략연구소장, **우연철**

입시 업계에서 내가 저자를 알고 지낸 지 수십 년이 넘었다. 이 책이야말로 저자다운 책이라는 생각이 든다. 국어 교사 시절부터 기본 개념을 강조한 저자가 입시의 기본 용어들을 정리하여 이제 출간한 것은 오히려 늦은 감이 있다.

_대성학력개발연구소장, **이영덕**

딱딱한 입시용어들에서 출발하여 각종 수험생 커뮤니티에서 쓰이는 용어까지 총망라한 이 책은 입시를 앞둔 수험생이나 학부모라면 반드시 읽어야 하는 책이다.

_대성학원 입시전략실장, **김원중**

많은 학부모들은 입시제도가 복잡하고 용어가 어렵다고 말한다. 용어부터 어렵게 느껴진다면 입시를 이해하는 것은 물론, 입시의 현장 자체에 접근하기가 매우 힘들다. 그런 점에서 이 책은 학부모들이 복잡한 입시 현장에 쉽게 다가서도록 돕는 열쇠가 된다. 그 열쇠로 성공적인 입시의 문을 열었으면 한다. _종로학원 대표이사, **임성호**

오랜 기간 이 일에 종사해온 저자의 노력과 정성이 응축된 책이다. 저자의 틈새 조언을 통해 보다 좋은 입시 결과를 얻는 데 도움을 받을 수 있다.

_종로학원 학력평가연구소장, **김명찬**

입시 용어의 개념을 아는 것도 중요하지만 그것을 어떻게 실제 입시에 적용하느냐가 더 중요하다. 이 책은 풍성한 사례와 팁을 제시하는 지극히 실용적인 책이다.

_김영일교육컨설팅 대표이사, **김영일**

모든 일에 있어 가장 중요한 것은 근본을 잘 아는 것입니다. 매년 달라지고 복잡해 보이는 입시 역시 근본적인 개념을 명확히 이해하는 것이 중요합니다. 가벼운 비결만 다룰 뿐 근본에 대한 이해를 다루는 책은 드문데, 저자의 오랜 경험으로부터 비롯한 혜안이 담긴 이 책이 그 역할을 할 수 있을 것이라 믿습니다.

_이투스교육평가연구소장, **김병진**

고등학교 교사로, EBS 강사로, 현장의 입시전문가로 오랜 시간 종사해온 저자의 노력과 정성이 응축된 책입니다. 이 책을 읽는 학부형 각자가 컨설팅받는 느낌일 것입니다. _비타에듀고려학력평가연구소 평가이사, **유병화**

| 차례 |

## ㅈ

ㅎ

## 이만기 소장의 틈새 컨설팅

| 여는 글 |

# 무언가를 풀이하는 일을 다시 한번 시도하며

**밤 10시 00분 : 무언가를 풀이한다는 일의 어려움을 알다.**

– 개심현성(開心現誠, 마음을 열고 모든 정성을 다함)

국어 선생 시절, 단행본도 여러 권 내고 각종 문제집과 참고서를 집필했었다. 어떤 책이든 가장 어려운 부분은 바로 '풀이'였다. 자습서나 참고서의 경우도 풀이 부분이 까다로웠고, 학우學友들과 공동 집필한 『즐거운 시 여행』(1996)이라는 책을 쓸 때도 시詩를 풀이하는 일이 녹록지 않았다. 고등학교 국어, 문학 자습서 작업도 마찬가지. 교사들이 참고로 하는 자습서를 만드는 일은 지문을 분석하고 문학 작품을 나름대로 해석(풀이)하여 본本을 삼는 일이어서 쉽지 않았다. 후에 연달아 집필한 『언어영역 절대어휘』(2004), 『EBS 수능어휘사전』(2008)과 『두고 보는 수능 국어 절대어휘』(2018)도 단어를 풀이하는 일이었으니, 어렵기는 마찬가지였다. 지금 나는 대한민국의 입시 용어를 총정리하고 풀이하는 작업을 시도하고 있다. 한 권에 담아내야 할 시간과 범위만큼이나 어렵게 느껴진다. 야간 작업 시에 언제나 동반자가 되어주는 청량음료 캔을 따야겠다.

### 밤 10시 15분 : 내게 지금 필요한 것은 행복 물질, 도파민

– 고중작락(苦中作樂, 괴로운 가운데 즐거움이 있음)

'나는 어떤 일을 해야 도파민이 분비될까?'를 생각하면 그 답은 언제나 글을 쓰는 일이었다. 누구나 그렇듯이, 내 인생에서 하루하루는 매우 소중한 날이 아닌가. 그 소중한 날 중에 가장 젊은 날인 오늘, 나는 책을 쓰며 또 한 줌의 도파민을 더한다. 정말 고된 작업이지만 책을 쓰는 일은 마냥 행복하다. '행복한 고됨'이라고 할까. 얼마 전 나는 다람쥐 쳇바퀴 같은 생활 속에 다시 행복 물질을 찾기로 했다. 무엇을 쓸까 고민하다가 입시 관련 종사자, 교사, 강사, 수험생을 둔 학부모, 수험생이라면 반드시 알아야 할 기본 용어를 수록한 책을 만들기로 했다. 그 과정에 '센시오'라는 파트너를 만났고, 그 결과가 바로 이 책이다.

### 밤 10시 46분 : 오래 담아둔 꿈은 이루어지는가.

– 수불석권(手不釋卷, 손에서 책을 놓지 아니하고 늘 글을 읽음)

이 책은 단순한 용어 사전이 아니라 용어 풀이와 함께 해당 개념과 관련하여 수험생들에게 조언하는 한마디가 포함된 일종의 '행동 지침서'이다. 사실 대입 용어사전을 만드는 일은 내가 오래전부터 해보고 싶은 작업이었다. 나도 헷갈리는 개념을 제대로 공부하는 한편, 40년간 전문가로서 몸담은 이 계통에 무언가 이바지할 만한 책을 내고 싶은 마음으로 작업을 진행했다. 교사 시절 나의 첫 저서이면서 인생의 변곡점이 된, 지금도 중·고등학교 국어, 문학 교과서에 인용되는 『한국의 대표설화』(1994)만큼 의미 있는 책을 만들고 싶었다. 나는 이 책이 수불석권手不釋卷하는 그런 책이 되기를 바란다.

## 밤 11시 02분 : 고맙고 또 고마워, 감사를 드려야 하는 그들

– 환호작약(歡呼雀躍, 크게 소리를 지르고 뛰며 기뻐함)

지금까지 수십 권의 책을 냈지만 그때마다 가장 설레고 기쁜 시간은 사사謝詞, 곧 책의 서문을 쓰는 때이다. 그래서 이 시간 오늘도 난 환호작약歡呼雀躍한다. 먼저 이 책을 쓰는 데 참고가 된 자료의 저자들에게 감사드린다. 이 책이 의미가 있다면 8할은 그분들 덕이다. 서문을 구실로 말하자면 내가 맡은 바 일을 열심히 할 수 있도록 지원을 아끼지 않는 성윤석 대표께 고마운 마음을 전한다. 그리고 우리 연구소 이유미, 문지웅, 김문선, 그리고 지금은 다른 일을 하는 엄미경 선생(세종대), 이인자 시인(남양주시청 와부도서관)의 노고도 치하한다. 이 책 곳곳에 그들의 생각과 노력이 들어 있다. 더불어 바쁘신 가운데도 난삽한 원고를 읽어 오류를 잡아주시고 적절한 조언을 주신 이영덕 소장(대성학력개발연구소), 이석록 교수(한국외국어대학교) 두 분께도 감사의 말씀을 드린다. 항상 책을 낼 때마다 느끼지만 이번 작업에도 센시오 편집진의 힘듦을 기억한다.

## 밤 11시 14분 : 의미를 부여하는 것은 더없이 기쁜 일이어라.

– 암구명촉(暗衢明燭, 어두운 거리에 밝은 등불)

특별히 이 책은 몇 가지의 의미가 있다. 첫째는 남 보기와는 다르게 무사

안일無事安逸로 살던 내게 30대의 의욕과 열의를 갖게 한 존재라는 것이다. 나는 '게으른 선비 설날에 다락에 올라가 글 읽는 듯'이 지냈다. 둘째는 '아이는 두 번 되고 어른은 한 번 된다'고 하던가, 슬프게도 다시 어린 아이가 되어가는 노모老母께 드리는 책이다. 아마 어머니께서는 오늘 막내아들이 책을 냈노라 말씀드려도 내일이면 잊어버리시겠지만 말이다. 언제까지 막내아들 이름을 기억하시려나. 셋째는 그간 우리나라 최고의 입시전문가로 명성을 날리시고 이제는 한 박자 쉬어 가시는 이영덕 소장께 존경의 마음으로 헌정하는 책이다. 소장님께서는 나를 공교육 시절부터 지금까지 돌봐주시고 이끌어주신 암구명촉暗衢明燭 같은 분이었다. 넷째는 두 딸과 사위에게 보내는 메시지로서의 의미다. 이다비와 이세니, 그리고 고성민. 너희들의 아버지가 아직은 게으르지 않다는 것, 아직도 여전히 학생學生임을 보여주고자 한다.

그리고 무엇보다도 이 책은 내가 책을 낸다면 가장 기뻐할 아내 이안옥의 환갑을 맞아 건네는 마음의 선물이다. 아내는 평생 교편을 잡은 직장인이자 주부로 살았다. 그 가운데 지금까지 30년이 넘도록 '남의 편'과 살며 홀시어머니를 모시고, 두 딸을 아주 훌륭히 키웠으니 어찌 고맙지 않겠는가. 그 아내를 낳아 길러준 돌아가신 장인,장모님께도 고마움을 적는다. 살아생전 우리 사위를 예뻐하기보다 존경한다고 하셨던 그 마음들을 깊이 기억하면서 고마움과 죄송함을 전한다.

**밤 11시 39분 : 늘 너저분한 내 책상 위에 반쯤 남은 청량음료 캔이 놓여 있다. 남기는 그 버릇 언제 고치려나.**

2023년 늦은 가을, 이만기 씀

| 들어가는 글 |

# 성공적인 입시는 입시 문해력에서 시작된다

## 수험생이라면 가장 먼저 갖춰야 할 '입시 문해력'

2025년에 고1이 되는 학생들이 치르게 될 2028학년도 대입은 또 한 번 큰 변화를 맞을 것으로 예상된다. 자꾸만 바뀌는 입시 제도에 많은 학부모와 수험생들은 궁금하기도 하고 한편 불안해지기도 한다. 혹시나 놓치는 것이 있지는 않을지, 제대로 된 선택을 하지 못해 손해를 보는 것은 아닐지 초조하기도 할 것이다. 사람들의 그런 마음을 잘 아는 공교육기관과 사교육 업체들은 발 빠르게 입시설명회를 열고 정보 제공 차원에서, 혹은 마케팅 차원에서 2028학년도 새 대입 개편 시안의 의미와 그것이 미칠 영향, 앞으로의 대비책을 설명하고 있다. 입시 제도에 대한 일종의 특강인 셈이다.

문제는, 그런 입시설명회에 참석했다고 해서 한 번에 모든 설명이 쉽게 이해되지는 않는다는 것이다. 배경지식이 뒷받침되지 못한 경우에는, 빠르게 변화하는 입시 제도에 대한 인사이트를 확립하고 넓혀 갈 수가 없다. 기본적인 용어와 상식이 머릿속에 자리 잡지 못했기에 원활한 소통이 일어나지 않는 것이다. 나는 이것이 '입시 문해력'에 관한 문제라고 표현한다.

강연을 할 때면, 아이들이 상급 학교로 올라갈수록 성적이 점점 떨어진다는 학부모들의 이야기를 흔히 듣는다. 초등학교에서 중학교, 혹은 고등학교로 진급할 때 성적이 반토막 난다는 하소연과, 그 이유를 묻는 학부모들이 많다.

이런 질문에 답할 때면, 특히 초등학교에서 중학교로 올라가는 경우 '문해력 부족'이 큰 원인이라고 콕 짚어 말하곤 한다. 학자들은 문해력文解力이란, 독해력讀解力에서 한 걸음 더 나아간 개념이라고 설명한다. 독해력이 단순히 글을 읽고 이해하는 능력이라면 문해력은 글을 읽고 이해한 후 자기 나름대로 표현할 수 있는 능력까지 포괄하는 개념이라는 것이다.

결국 입시 문해력이 떨어진다는 말은, 입시 정보를 제대로 이해하지도 표현하지도 못한다는 소리다. 쉽게 말해서, 말귀를 못 알아들으면 어떤 학습이든 이루어질 수 없다. 그리고 잘 알다시피 문해력의 가장 기본적인 요소는 바로 어휘력이다. 입시설명회라는 '대본', 입시 정보라는 '지문'을 독해하려면 입시 상황을 읽을 수 있는 문해력이 있어야 하고 그 문해력의 기본은 바로 입시 용어다.

입시에 관한 어휘력이 부족하면 아무리 비싼 설명회에 참석한다고 해도 귀한 정보를 제대로 소화할 수 없다. 각각의 사안에 대응할 준비는 더더군다나 갖출 수 없다. 다양한 매체와 언론에서 쏟아내는 입시 정보를 제대로 이해하고 정부의 조치에 따라 발 빠르게 대응하기 위해서는 대입 용어들을 머릿속에 탄탄히 정리하여 입시 문해력을 높여야 한다.

## 확 바뀐 2028 대입 제도, 어디부터 접근해야 할까?

입시 현장에서 쓰이는 용어들은 그리 쉬운 단어들이 아니다. 교육 평가에 쓰이는 교육학 용어들이 있고, 대입에 한해 쓰이는 특별 용어도 있으며, 일반적인 단어가 다른 의미로 쓰이기도 한다. 그런가 하면 수험생 커뮤니티나 학부모 커뮤니티에서 통용되는 은어나 속어, 유행어도 수없이 많다. 그 모든 것을 이해해야 정보를 쉽게 수집하고 전달할 수 있다. 다시 말해, 대입의 기본은 용어에 대한 이해라 할 수 있다.

일례로 이번 2028 대입 제도 개편 시안을 보자. 주요 골자는 대학수학능력시험(수능)의 선택과목제 폐지와 고교 내신 5등급제 도입이다. 고교 내신 평가를 기존 9등급에서 5등급 상대평가로 바꾸고 절대평가를 병기하는 한편, 수능에서는 국어와 수학, 영어, 사회·과학탐구 영역에 공통과목이 도입된다. 제2외국어와 한문은 현행처럼 선택과목 체계를 유지하되 「미적분Ⅱ」와 「기하」 과목을 '심화 수학'으로 신설해 절대평가로 평가하는 안을 국가교육위원회 검토를 거쳐 결정하기로 했다.

여기서 수능 선택과목을 통합형 과목체계로 바꿔 과목에 따른 유불리를 완화하고 4차 산업혁명 시대에 걸맞은 복합적 인재 양성을 도모했다는 점은 대체로 긍정적인 평가를 받았지만, 고교 내신에 상대평가를 실시함으로써 고교학점제의 취지를 살리지 못했다는 비판도 있었다.

위의 내용을 조금만 깊이 들여다보더라도 5등급제, 절대평가, 상대평가, 소인수과목, 교육과정, 표준점수, 선택과목, 평가 방식 등의 개념이 속속 등장한다. 방향을 조금 더 넓혀서 연계 체감도, 모의평가, 석차 등급, 성취도, 성취도별 분포비율, 원점수 등등의 용어는 또 어떤가. 언뜻 들어서는 정확한 의미를 파악하기 힘든 용어들 때문에 전체적인 맥락도 두루뭉술하게 다가올 뿐이다. 글을 배우는 아이들에게 국어사전이 필요하듯이 입시 현장을 누비는 데도 대입 용어사전이 필요한 것은 이 때문이다.

## 유기적으로 얽힌 입시 용어와 개념들

입시 용어들은 각각 개별적인 개념이 아니라 상호 보완적이고 연결되어 있다. 그렇기에 이 책에서는 하나의 용어에서부터 뻗어나가는 여러 곁가지 용어들을 언급하고 풀이했다. 입시의 개념과 용어들을 유기적으로 엮음으로써 독자들이 하나의 용어로부터 출발해 입시 전체를 파악하도록 하고자 한다. 의미가 궁금한 특정 단어를 찾아 읽을 수도 있고, 첫 페이지부터 천천히 읽을 수도 있다. 어떤 방식으로든 유용한 자료가 될 것이다.

한편으로 이 책은 단순히 용어 사전에서 머무르지 않는다. 사전의 형식을 빌렸을 뿐, 각각의 용어에서 출발해서 그 용어와 연관된 실용적인 입시 팁을 전한다. 대한민국 입시 현장에서 오랫동안 입시 전문가로서 자리를 지켰던 필자의 경험을 바탕으로 전략적 컨설팅을 제공하는 것이 이 책의 또 다른 목표다.

예를 들어 '농어촌 전형'이라는 표제어가 있다면 농어촌 전형의 여건이나 지원 자격 등을 설명하는 데 그치지 않고, 농어촌 전형에 대비하는 구체적 방법까지 제시하는 식이다. 또 하나의 예로, 일상에서는 생소한 용어 '도수분포'를 들어보자. 책에서는 도수분포표가 '자료를 여러 구간으로 나누어 각 구간별 도수(빈도수)를 파악하여 이해하기 편리하게 만든 표'라는 것을 설명함과 동시에, 수능 성적표에서 가장 중요한 도수분포를 어떻게 해석하고 적용해야 하는가를 실제 사례를 통해 보여준다.

하나의 단어에 그물망처럼 얽힌 여러 가지 입시 요소들을 짚어주면서 우리 수험생과 학부모들이 저마다 처한 상황에서 어떤 태도와 전략을 취해야 할 것인지를 제시하도록 했다. 그런 의미에서 이 책은 대입 용어사전이라기보다는 대입 백과사전이라고 보아도 좋을 것이다. 급변하는 대입 정책에 따라 수험생과 학부모들이 알아야 정보들이 너무 많고 또 막막하지만, 이 책을 통해서 한 가닥 한 가닥 실마리를 짚어가며 차근차근 숙지해나가기를 바란다.

## 40년간의 입시 노하우를 한 권에 녹여내다

2025학년도 고등학교 1학년부터 2022 개정 교육과정이 시작되고 아울러 고등학교에서는 고교학점제가 본격 실시된다. 이미 언급한 것처럼 2028 대입 개편 시안대로 입시에 큰 변화가 올 것이다. 이 책을 준비하면서 이런 변화를 예견하고 점검했으며 변화의 흐름에 따라 표제어를 선별하고 풀이했다. 또 그동안 필자가 40년 가까이 공교육과 사교육을 넘나들면서 수천 회에 걸쳐 진행한 현장 설명회와 온라인 설명회, 그리고 입시상담을 통해 수험생 및 학부모들과 주고받았던 질의응답의 내용도 발췌하여 녹여 담았다. 그 안에는 입시전문가로서 자녀의 입시를 치른 경험, 이를테면 두 딸을 논술전형(서강대), 특기자전형(연세대), 학생부종합전형(서울대), 학생부교과전형(고려대)으로 합격시킨 과정도 녹여냈다.

독자들이 이 책을 읽으면서, 입시설명회에 직접 참석하여 현장에서 질의응답을 하는 것과 같은 효과를 볼 수 있도록 노력했다. 이 책을 접하는 학생들마다 성향과 진로, 목표, 성적 등이 모두 다를 것이다. 그 독자들 하나하나가 마치 '내 이야기', 혹은 '우리 아이 이야기'라는 생각이 들게끔 폭넓고도 꼼꼼한 조언을 담고자 했다. 지면을 통한 일종의 틈새 컨설팅이라고 말하고 싶다.

덧붙여 이 책에는 필자가 입시 현장에서 느꼈던 점들, 함께 나누고 싶었던 이야기들도 군데군데 담았다. 그리하여 단단하고 빈틈없는 골격과 섬세한 입시 포인트를 모두 포함하고자 했다.
그렇기에 이 책은 수험생과 학부모들 외에도 진학 담당 교사, 입학사정관, 학원 강사 및 종사자, 입시 관련 업체 종사자에게도 유용할 것이다. 학생부, 대학수학능력시험, 내신, 입시 전형, 입시요강, 입시정책 등에 쓰이는 거의 모든 단어와 입시 속어(은어), 줄임말 등 500여 개의 단어를 풀이한 국내 최초의 책임을 강조하고 싶다. 원고를 쓰고, 초고를 다듬고, 편집을 거치는 과정에서 아쉽게도 수십 개의 단어가 탈락했지만 이는 또 다른 기회에 선보이고자 다듬고 있다. 노파심에 이런 입시 관련 정보를 접할 때의 주의사항을 한마디 덧붙이고자 한다. 모든 입시 정책과 대학별 요강은 연도별로 달라지므로 항상 적용 연도를 철저히 확인하며 읽는 자세가 필요하다는 것을 기억하시길 바란다.

사실 우리나라의 입시는 한두 시간의 이야기로 풀어내기에는 매우 복잡하고 민감한 여러 요소가 결부돼 있다. 정치 못지않게 살아 있는 생물체와도 같은 존재가 바로 대한민국의 입시이다. 현재 우리 입시 현장에는 수능과 내신, 대학별고사라는 고난의 트라이앵글이 다시 찾아왔다. 대한민국의 입시 현장에서 고군분투하는 우리 수험생들이 그 트라이앵글을 헤쳐나가는 데 이 책이 유용한 도구가 되었으면 한다.

대입 필수용어 사전
ㄱ

## 가산점 

① 대입에서 수능 성적을 반영할 때 모집단위의 특성에 따라 특정 과목에 비중을 더 두는 것을 말한다. 예를 들어 자연계 모집단위의 경우 「미적분」, 「기하」, 과학탐구II 과목의 응시자에게 가산점을 준다거나, 인문계열 모집단위에서 사회탐구 과목 응시자에게 가산점을 부여하는 경우가 있다. 대학마다 어떤 과목에 가산점을 얼마나 적용하는지 다르기 때문에, 대학별로 산출 점수를 계산한 후 지원 여부를 결정해야 한다. 보통 가산점은 3%, 5%, 10%, 15% 정도를 부여하는데 10% 이상 넘어가면 만회가 쉽지 않다.

② 절대평가인 영어 영역에도 가산점을 반영하는 대학들이 있다. 영어는 수능 성적표에서 등급만 제공되는데, 등급별로 환산점수를 산출하여 반영하는 대학도 있고 가(감)산점을 반영하는 경우도 있다. 예를 들어 2024학년도 기준으로 서울대의 경우, 영어 영역 1등급은 감점이 없고, 2등급은 0.5점 감점, 3등급은 2점 감점, 4등급은 4점을 감점하는 식이다.

③ 한편 학생부교과전형에서도 가산점의 개념이 쓰이기도 한다. 공통과목, 일반선택과목은 석차 등급을 활용하고, 진로선택과목 등은 대학 자체 기준에 따라 성취도를 평가하는데 이때 환산등급, 환산점수, 가산점 방식을 적용한다. 예를 들어 서울여대는 2024학년도에 학생부교과전형에서 '진로선택과목 A=1.0, B=0.9, C=0.5 가산점 반영'을 명시하고 있다.

### 가산점, 극복 가능할까?

2023학년도 순천향대 의대에서 정시모집에 인문계열 학생에게도 문호를 개방했다. 단 수학「미적분」과「기하」과목의 수강자에게 취득 백분위 점수의 10%, 과학탐구 과목에 취득 백분위 점수의 10%를 가산점으로 주었다. 대입정보포털 [대학 어디가]에서 발표한 이 대학의 최종 등록자 70퍼센트 컷(상위 70퍼센트에 해당하는 지원자의 점수) 백분위 평균은 103.18이었다. 즉, 백분위가 100을 넘는 수치가 나온 것이다. 만약 이 대학 의대에 지원한 인문계열 학생이 수능 만점을 받았더라도「미적분」,「기하」, 과학탐구가 아닌「확률과 통계」와 사회탐구를 선택했다면 백분위 평균이 100밖에 안 되기 때문에 붙을 확률은 높지 않았다고 볼 수 있다. 이것이 가산점의 위력이다.

## 가중치

모집단위별 특성을 고려하여 특정 영역 성적의 반영 비율을 높게 하여 전형 총점을 계산하는 것을 말한다. 만약 지원 대학에서 수학 영역과 영어 영역에 가중치를 부여한다고 하면, 수능 총점이 같더라도 다른 과목보다 수학 영역과 영어 영역의 성적이 높은 학생이 유리해진다. 주요 대학의 수능 영역별 반영 비율은 대체로 인문계열에서는 국어가, 자연계열에서는 수학 영역이 높다.

· 이만기 소장의 틈새 컨설팅 ·

## 인문계열도 수학 가중치를 신경 써야 하는 이유

정시모집의 핵심인 수능 시험에서 상위권 대학들은 가산점과 가중치를 부여한다. 즉, 모든 과목을 동일한 비율로 반영하는 것이 아니라 특정 과목에 비중을 더 두어, 각 계열과 전공에 더 적합한 학생을 선별하는 것이다. 자연계열은 수학과 과학에, 인문계열은 국어에 가중치를 두는 경우가 많다. 최근 주요 대학 중 일부는 경영경제계열에서도 수학 과목에 가중치를 주어 수학을 잘하는 학생들이 유리하도록 평가요소를 설정했다.

비단 이 사례만이 아니더라도 최근의 흐름은 수학 과목 반영률을 높이는 것이 일반적이다. 예전에는 수학을 못하면 인문계열로 가고 수학을 잘하면 자연계열을 택하는 것이 보통이었지만 지금은 수학을 못하면 어떤 쪽에도 발붙이기가 힘든 실정이다.

수능 성적표에는 표준점수와 백분위, 등급만 표기되지만 실제 정시모집에서는 대학별로 반영 지표를 적용한 대학별 환산점으로 학생을 선발하게 된다. 그러므로 학생들은 자신에게 유리한 과목의 반영 비율이 높은 대학에 지원하는 것이 분명히 유리하다.

예를 들어 경희대의 경우 인문계열은 국어에, 사회계열은 수학 과목에 가중치를 두고 있다. 서강대는 전통적으로 인문계, 자연계 가리지 않고 수학에 가중치를 둠으로써 수학 잘하는 수험생들이 유리한 환경을 조성하고 있다. 앞으로는 인문, 자연계열 가리지 않고 수학을 못하면 좋은 대학과 점점 멀어진다는 것을 명심해야 한다.

## 가채점

1 가채점은 시험을 본 후 개인이 임의로 채점하는 것을 말한다. 수능 수험표 뒤에 자기가 적은 답을 적어 온다고 하더라도 마킹을 잘못해서 가채점과 실제 점수가 일치하지 않는 경우도 종종 발생한다.

수능 직후 대성, 종로학원, 메가스터디, 유웨이 등 입시기관들이 가채점을 하여 결과를 발표한다. 전년도와 비교하여 난이도를 평가하고 각 과목별로 예상 등급컷을 공개하는데 정확도가 점점 떨어지고 있다. 그럼에도 가채점 결과에 관심이 높은 것은 수능을 치른 주의 토요일부터 주요 대학의 논술고사가 시행되기 때문이다. 수험생들 입장에서는 수능 등급컷을 기준으로 원하는 대학의 논술고사에 응시할 것인가 말 것인가를 결정해야 한다. 논술고사에서는 '수능 최저' 충족 여부가 매우 중요한 조건이 되며, 이를 판단하는 데 가장 현실적인 자료는 입시기관들의 가채점 결과가 될 수밖에 없다.

비슷한 맥락에서 9월 모의평가의 가채점도 매우 중요하다. 9모의 실제 성적이 나오기 전에 수시 원서를 접수해야 하기 때문이다.

2 2018년, 수능 출제기관인 한국교육과정평가원이 수능 가채점 결과를 발표하는 방안을 추진하였으나 결국 실행하지 못했다. 실제로

평가원은 2003학년도와 2004학년도 수능에서 표본채점 방식을 통해 가채점 결과를 발표한 적이 있다. 수능 다음날 응시생 4만 명을 대상으로 가채점 결과를 조사한 뒤 영역별 평균 점수 등을 발표하는 식이었다. 하지만 표본채점 결과와 실제 채점 결과의 차이가 크다는 비판이 잇따랐고 선택형 수능이 시행되면서 2005학년도부터 표본채점 제도를 중단했다.

☞ 수능 최저학력기준, 환산점수, 복수지원 금지사항

· 이만기 소장의 틈새 컨설팅 ·

## 가채점도 요령이 있다

수능이 끝나고 성적표를 받기까지 그리 오랜 시간이 걸리는 게 아닌데도 신속한 가채점의 중요성을 강조하는 이유는, 무엇보다 수능 성적 발표 전에 본인의 정확한 수시 및 정시 지원권을 파악하는 것이 중요하기 때문이다. 가채점은 단순히 영역별 원점수를 확인한다는 차원이 아니다. 가채점 결과를 바탕으로 수능 최저학력기준의 충족 여부와 정시 지원권을 확인한 후, 수능 직후부터 약 3주에 걸쳐 시행되는 수시 대학별고사에 응시할 것인지를 판단해야 한다. 그렇기에 가채점은 남은 대입 일정에서 입시 전략을 세우는 데 가장 중요한 기준이 된다.

가채점은 보수적으로 야박하게 해야 한다. 영역별로 예상 표준점수, 백분위, 등급을 확인하고 나의 전국 석차를 파악하자. 가채점 결과를 기준으로 본인이 수시로 지원하고자 하는 대학의 수능 최저학력기준을 충족하는지 확인하고, 수시와 정시로 각각 지원할 수 있는 대학 라인을 결정한다. 가채점 결과가 좋다면 수시에 지원한 대학보다 정시에 집중해야 한다.

정시 전형은 수시 전형이 종료된 후 시작되며, 수시에 합격한 학생은 정시에 지원할 수 없다. 따라서 수시 대학별고사 응시 여부는 매우 신중하게 고려해야 한다. 대부분의 수험생이 수시에서 상향 지원하는 만큼 정시와 수시의 대학 수준이 크게 차이 나기도 한다. 정시 지원권이 수시보다 상위권인 경우는 드물다. 또한, 정시모집은 모집군별 지원 성향, 경쟁률, 수능 영역별 활용 방법 등 다양한 요소가 작용하여 합격선의 변동이 심하기 때문에, 결코 자신이 원하는 대학에 합격하리라 보장할 수 없다.

수시 대학별고사 응시 여부를 판단하기 위해서는 정시 지원 가능권 대학을 총점이 아닌 '대학 맞춤 점수' 기준으로 판단해야 한다. 입시기관에서는 단순 총점 기준으로 지원 가능 대학을 분류하기 때문에, 총점으로는 충분히 지원이 가능한 것처럼 보일지라도 해당 대학이 높은 비중을 두는 과목 영역에서 내 수능 성적이 낮다면 합격 가능성은 현저히 낮아질 수 있다.

물론 수시에 비해 정시 지원 대학의 수준이 높고 안정 지원을 해도 될 정도라면 수시는 과감히 포기하고 정시에 집중하는 것이 바람직하다. 하지만 소신이나 적정 지원 정도라면 합격을 완전히 보장할 수 없으므로, 수시 대학별고사에 응시하는 것이 안전한 방법이다.

## 갓반고

일반계 고등학교 중에서 평균 학업 능력이 높아 학업 분위기도 좋지만 그만큼 내신을 따기 어려운 학교를 지칭한다.

## 개인별 세부능력 및 특기사항(개세특)

학생부 항목의 하나. 줄여서 흔히 '개세특'이라 부른다. 일반적으로 '세특'이라 하면 과목별 세부능력 및 특기사항, 즉 '과세특'만을 생각하는데 개인별 세부능력 및 특기사항은 특정 교과의 세특으로 한정하기 어려운 경우에 대해, 과목별 교사가 아닌 학급 담임교사가 입력한다.

대표적으로 학교에서 진행하는 교과 융합 프로그램에 지원하는 경우, 활동 내용을 개세특에 기입할 수 있다. 개세특도 잘 활용하면 학생의 전공 소양과 기초지식, 전공 적합성이나 성취 수준을 잘 드러낼 수 있다. 특정 과목에 국한하여 설명하기에는 학생의 특성이 넓은 범위에 걸쳐 있거나, 그 성격이 애매한 경우에 개세특을 이용하면 좋다. 개세특을 기록한다는 것은 학생이 심층적인 주제 탐구활동을 경험했음을 증명하므로 주어진 500칸을 다 채우는 것이 좋은 전략이다.

## 검정고시

1 정규 교육과정을 졸업하지 못한 사람들이 정규 학교를 졸업한 사람들과 동등한 학력을 인정받을 수 있도록 평가하는 시험 제도이다. 고졸 검정고시는 중학교 졸업자 및 이와 동등 이상의 학력이 있는 사람이 응시할 수 있다.

2 고등학교 자퇴일로부터 검정고시 공고일까지의 기간이 6개월 이상이 되어야 응시 자격이 주어진다. 고등학교 자퇴 후 바로 검정고시를 치를 수 있으리라 생각하는 경우가 더러 있어, 주의해야 하는 부분이다. 해마다 4월 초중순, 7월 말~8월 초, 연 2회 시행하며 공고는 그보다 약 두 달 전에 난다. 따라서 만약 8월 검정고시를 치를 계획이라면 이전 해 11월에는 자퇴 처리가 완료되어야 한다. 검정고시 공고는 본인이 응시할 지역의 교육청 홈페이지에 발표되며, 상세한 시험 일정과 고사장 정보 등을 확인할 수 있다.

3 보통은 국어, 수학, 영어, 사회, 과학, 한국사 등 6과목이 필수이고 각 과목을 100점 만점으로 하여 평균 60점 이상을 취득하면 합격한다. 단, 평균이 60점 이상이라 하더라도 결시 과목이 있을 경우에는 불합격 처리한다. 합격자는 각각 5월 초중순, 8월 말에 발표한다.

4 검정고시 출신자도 대학 진학이 가능하다. 수시를 통해서는 일부 대학만 진학이 가능하며, 사실상 명문대 진학은 논술전형을 제외하면 어렵다. 반면 정시의 경우 재수생과 비슷한 입장이며, 일반고 재학생들보다 유리한 측면도 있다. 그래서 최근 내신에 불리한 학생들

이 자퇴를 하고 검정고시를 통해 대학에 진학하는 경우가 늘고 있다. 대학교 수시모집요강에서 '고등학교 졸업학력 검정고시 합격자' 또는 '법령에 따라 이와 같은 수준의 학력이 있다고 인정되는 사람' 등으로 명시되어 있는 전형의 경우 검정고시 합격자도 수시 지원이 가능하다. 그렇지 않고, 지원 자격이 '고등학교 졸업(예정)자'로 제한되는 경우는 지원이 불가하다.

석차 등급 반영이 불가능한 경우, 검정고시 점수를 기준으로 학생부(교과) 변환 점수표 또는 비교내신을 적용하여 성적을 환산한다. 교과 성적 반영 방법은 대학마다 다를 수 있으니, 해당 부분은 모집요강을 확인해야 한다. 물론 검정고시 합격자도 학생부종합전형에 지원할 수 있다. 이 경우 대학별 '학교생활기록부 대체서식'을 작성하여 지원한다.

## 결원

모집 인원에 부족한 인원. 다른 말로는 미등록 결원, 미선발 인원이라고도 한다. 수시에서 결원이 생기면 그 인원이 정시로 이월되고, 정시에서 다시 결원이 발생하면 추가모집을 하게 된다.

☞ 미등록 충원, 충원합격, 추가모집

## 계약학과

계약학과는 전문적인 산업 인재 양성을 목적으로 대학과 국가, 지방자치단체, 산업체 등이 계약을 체결해 대학 내에서 설치·운영하고 있는 학과를 말한다.

① 【채용조건형 계약학과】는 채용을 조건으로 학비의 일부를 산업체가 지원하면 대학이 맞춤형 인재를 양성하는 형태로 운영하는데 2023년 기준, 주요 대학에 설립된 계약학과들은 다음과 같다.

**〈주요 대학 계약학과 현황〉**

| 대학 | 학과 | 계약 기업 |
|---|---|---|
| 경북대 | 모바일공학과 | 삼성전자 |
| 고려대 | 반도체공학과 | SK하이닉스 |
| | 스마트모빌리티학부 | 현대자동차 |
| | 차세대통신학과 | 삼성전자 |
| 서강대 | 시스템반도체공학과 | SK하이닉스 |
| 성균관대 | 반도체시스템공학과 | 삼성전자 |
| | 지능형소프트웨어학과 | 삼성전자 |
| 연세대 | 디스플레이융합공학과 | LG디스플레이 |
| | 시스템반도체공학과 | 삼성전자 |
| 카이스트 | 반도체시스템공학과 | 삼성전자 |
| 포스텍 | 반도체공학과 | 삼성전자 |
| 한양대 | 반도체공학과 | SK하이닉스 |

②【조기취업형 계약학과】는 2018년 도입돼 현재 15개 대학 58개 학과가 참여하고 있다. 참여대학별로 ICT 융합, 미래 자동차 등 4차 산업혁명 관련된 다양한 학과가 개설되어 미래 인재를 양성한다. 학생 입장에서는 입학과 동시에 기업의 채용 확약을 통해 취업을 보장받을 수 있다는 장점이 있으며, 학사학위를 4년이 아닌 3년 만에(전문대학은 6개월 단축) 취득한다는 것 또한 주목할 만한 부분이다. 등록금을 국가 및 기업에서 지원받는데 1학년은 희망사다리 장학금을 통해 지원받고, 일과 학업을 병행하게 되는 2~3학년은 채용 기업으로부터 등록금의 50%를 지원받을 수 있다. 기업 입장에서는, 학생들이 1년간 전공기초능력과 현장 실무 기본교육을 집중 이수한 후 2학년 때부터 채용하게 되므로 우수 인재를 조기에 확보할 수 있으며, 신규 직원들을 재훈련하는 비용을 최소화할 수 있다.

## 고교교육 기여대학 지원사업(고기사업)

2014년부터 시행 중인 고교교육 기여대학 지원사업은, 공정하고 투명한 대입전형 운영으로 고교교육 내실화에 기여한 대학들을 대상으로 정부가 대입전형 연구비 등 재정 지원을 해주는 사업이다.

2022~2024년 고교교육 기여대학 지원사업에는 서울대, 연세대, 고려대, 성균관대, 한양대, 서강대, 경희대, 이화여대 등을 포함한 91개 대학이 선정되어 교육부로부터 총 575억 원의 예산을 지원받았다.

## 고교-대학 연계프로그램

대학이 고교교육 기여대학 지원사업 등으로 교육부 지원 아래 학생들의 정보 격차를 줄이고, 대학 입시에 대한 정보를 제공하기 위해 고등학교에 다양한 프로그램을 진행하는 것을 말한다. 즉, 고교-대학 연계 프로그램이란 고등학교 학생들이 대학교를 방문하여 진로 관련 프로그램에 참여하거나 대학 측에서 고교생들에게 강의를 제공하는 등의 활동이다.

고등학생 입장에서는 대학 수준의 학습 내용을 미리 경험해보고 잠재력을 높일 수 있는 기회라는 점에서 각광받고 있다. 대학에서 고등학생들을 위해 운영하고 있는 프로그램의 종류는 학과 체험, 고교 활동 연계 캠프, 모의 면접, 모의 논술 등 다양하다. 고교-대학 연계 프로그램 참여는 각 대학별 홈페이지의 공지사항 혹은 고등학교 내의 참여 요청 공문을 통해 신청할 수 있다.

## 고교 유형

「초·중등 교육법 시행령」에 따라, 고등학교는 교육과정 운영과 학교의 자율성을 기준으로 다음과 같이 구분된다. 일반계 고등학교/ 특수목적고등학교/ 특성화고등학교/ 자율형사립고등학교 및 자율형 공립고등학교.

① 김영삼 정부 이전에는 학습자의 선택권을 보장하고 특정 분야에 소질과 적성이 있는 학생들을 조기에 발굴하고 육성하기 위해 1974년부터 예술고등학교와 체육고등학교를 특수목적고등학교로 지정·운영하기 시작했으며, 1977년에는 일부 실업계 고등학교로 특목고 지정이 확대되었다.
1983년에는 과학고등학교가, 1992년에 외국어고등학교가 특목고로 지정되었다. 국제고는 1996년 특목고의 새로운 계열로 분류되었으며 '국제관계 또는 외국의 특정 지역에 관한 전문인의 양성을 위한 국제계열의 고등학교'로 정의되었다.
② 자사고(자율형사립고등학교)나 자공고(자율형공립고등학교)는 각 학교의 건학 이념에 따라 자율적인 학사 운영과 교육과정을 시행하고, 학교별로 다양하고 개성 있는 교육을 실시하는 학교로, 자사고가 자공고보다 자율성이 더 큰 편이다. 참고로 자사고의 경우 전국 단위로 학생을 선발하는 곳은 '전사고', 광역 단위로 선발하는 곳은 '광사고'라고도 부른다.
③ 문재인 정부에서 외고, 자사고, 국제고 등을 폐지하고자 시행령을 개정했으나 윤석열 정부에서 이를 다시 부활하는 초중등교육법 시행령 개정을 예고한 바 있다. 그 내용은 공교육 내에서 학생과 학부모가 원하는 다양한 교육을 제공하기 위해 자사고, 외고 및 국제고를 존치하고, 외국어에 능숙한 국제 인재 양성을 위한 외국어·국제계열의 고등학교 유형을 도입한다는 것이다.

☞ 특목고, 특기자

## 어느 고등학교에 가는 것이 유리할까?

공부 잘하는 모든 중3들의 공통된 고민이 있다. 학습 분위기 좋은 자사고나 특목고를 갈 것인가 아니면 학습 분위기가 다소 어수선해도 내신 받기 좋은 일반 고등학교가 좋을 것인가 하는 것이다. 판단하기 어려운 문제라서 해마다 학부모와 학생들의 고민은 반복된다.

'어떤 고등학교를 선택할 것인가'에 대한 조언은, 2028학년도부터 개편되는 대입제도를 기준으로 달라져야 한다. 교육부가 발표한 대입 개편안에 따르면, 2028학년도부터는 내신 등급제를 기존의 9등급제에서 5등급제로 크게 완화할 방침이다. 쉽게 말해 지금까지는 상위 4% 내에 들어야 1등급이었지만, 2028학년도부터는 10% 안에만 들어도 1등급이라는 이야기다. 자연히 내신의 변별력이 상당히 약화될 것이라 보는 사람들이 많다.

실제로 필자의 경우는 자녀를 외고와 비평준화 우수고에 각각 보냈으나 그 후에는 일반고 예찬론자였다. 무엇보다 내신의 중요도가 변화했기 때문이다. 그런데 시대가 달라졌다. 이제 나는 자사고나 특목고를 택할 때 겪게 될 불리함이 많이 줄었다고 이야기한다. 내신이 9등급에서 5등급 체제로 완화된 것이 가장 큰 이유고, 정시모집 40%를 유지하는 정책도 중요한 고려 사항이다. 일반적으로 고교를 선택하는 기준을 살펴보면 다음과 같다.

- **내신과 수능의 상관관계 :** 내신 등급을 잘 받을 수 있는 학교인가 혹은 내신

경쟁이 치열하지만 수능 대비를 차분히 할 수 있는 학교인가?

- **전교생 수 :** 즉, 1등급을 몇 명이나 받을 수 있는지 생각해보아야 한다. 전교생 수가 최소 200명 이상은 되어야 등급이 안정적으로 나온다.
- **교과 연계 활동(비교과) 프로그램 / 교육과정 편성 현황 :** 내신이 완화되면 아무래도 비교과의 비중이 커질 수 있다.
- **남녀 학생 성비 :** 일반적으로 남녀공학이 내신에는 유리하다.
- **전형별 진학 실적 :** 어떤 전형에 특화된 학교인가? 상위권 대학 진학률 및 재수 비율은 어떤가?
- **학년별 교육과정 및 교과 편성 :** 나의 진로와 희망 전공과 연계된 선택과목들이 편성되어 있는지, 전체적인 교육과정이 입시에 유리한지를 확인한다.
- **수시 대응력 :** 학생부위주전형이나 논술전형 등에 대비가 되는가? 동아리 수와 종류는 적절한가? 수행 · 지필평가의 비중, 각 교과별 시험 난도는 어떤가? 수학 · 과학 심화 프로그램, 실험 · 연구 프로그램을 갖추었는가? 교과 관련 경시대회나 심포지엄, 발명 대회 등을 시행하는가? 교과 연계 프로그램은 어느 정도 수준인가?

이러한 조건들을 꼼꼼히 따져서 고교를 선택해야 한다. 소신을 가지고 결정을 내려야 하며 무엇보다 당사자인 학생의 생각을 존중해주어야 한다. 다시 강조하지만, 여전히 내신은 중요한 판단 기준이나 2028학년도 대입부터는 상위권에서 내신의 위력이 다소 줄어든다는 것을 염두에 두면 좋을 것이다.

## 고교학점제

① 고등학생들이 똑같은 교실에서 미리 짜인 시간표를 따르는 것이 아니라 적성과 진로에 따라 다양한 교과목을 선택, 이수해 누적 학점이 일정 기준에 도달하면 졸업을 인정받는 제도이다. 수업은 선택한 과목에 따라 교실을 이동해 가며 듣는다.

1학년 때는 공통과목 위주로 수업을 운영하고, 본격적인 선택과목은 2학년 때부터 수강한다. 또한 학사 운영은 '학점'이 기준이 되어서 192학점을 취득해야 졸업을 할 수 있다. 여기서 1학점은 50분 수업 16회에 해당한다.

과목별 성적 평가의 경우, 예체능 등 일부 과목을 제외하고 공통, 일반선택, 진로선택, 융합선택과목 모두 성취평가(절대평가)와 석차 등급(상대평가)을 동시에 기록한다.

② 고교학점제는 학생의 수요에 따라 과목을 개설함으로써 학생들의 자율적인 선택권을 보장하고 석차 등급제 대신 과정 중심의 평가를 한다는 데 의의가 있다. 학생들은 자신이 직접 선택한 수업을 듣기에 집중도가 높아지고, 시간표를 스스로 설계하고 주도적으로 학습하는 과정에서 자기 탐색 능력과 진로 역량을 키울 수 있다.

고교학점제는 2020년 마이스터고(51개교)에 도입되었으며, 2022년에는 특성화고에 도입되었다. 2023년에는 일반계 고등학교에도 단계적으로 적용되어 2025년에는 전체 고등학교에서 전면 시행될 예정이다.

③ 2025년부터는 고등학생들도 학업 성취가 일정 수준을 넘어야만 졸업을 할 수 있다. 수업의 3분의 2 이상을 반드시 출석해야 하며, A~E 5단계로 이루어지는 성취평가에서 40% 이상의 성취도를 충족해야만 학점을 취득할 수 있다. '미이수'를 뜻하는 'I'를 받으면, 별도의 과제나 프로그램으로 이루어진 '보충 이수'를 거쳐 다시 학점을 따게 된다. 고교학점제의 일반적인 운영 과정은 다음과 같다.

**〈고교학점제 운영 과정〉**

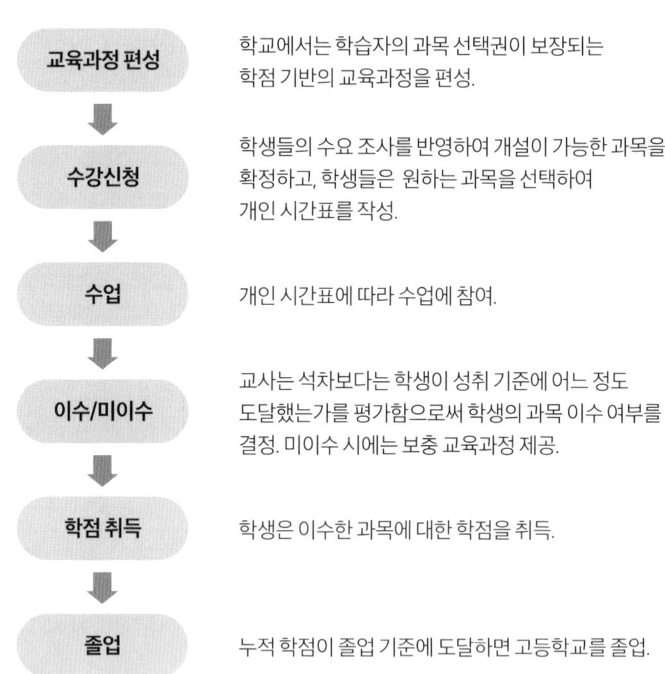

교육과정 편성
학교에서는 학습자의 과목 선택권이 보장되는 학점 기반의 교육과정을 편성.
수강신청
학생들의 수요 조사를 반영하여 개설이 가능한 과목을 확정하고, 학생들은 원하는 과목을 선택하여 개인 시간표를 작성.
수업
개인 시간표에 따라 수업에 참여.
이수/미이수
교사는 석차보다는 학생이 성취 기준에 어느 정도 도달했는가를 평가함으로써 학생의 과목 이수 여부를 결정. 미이수 시에는 보충 교육과정 제공.
학점 취득
학생은 이수한 과목에 대한 학점을 취득.
졸업
누적 학점이 졸업 기준에 도달하면 고등학교를 졸업.

④ 고교학점제를 골자로 하는 2022 개정 교육과정에 따라서, 고등학교는 학교생활기록부를 통해 학생이 이수한 과목에 관한 정보를 대학에 제공하고, 대학은 이를 입시에 유의미하게 활용하게 된다. 즉, 고등학교의 교육과정 편성 현황(공동교육과정 포함) 및 과목별 학습 내용과 평가 방법, 학생이 진로와 적성에 따라 공동교육과정, 온라인학교 등을 통해 이수한 과목 내역 등이 학생부에 충실히 기재된다. 입시 전형으로 따졌을 때, 고교학점제는 점수에 맞춰 가는 정시 수능 전형보다는 진로와 적성을 고려하는 학생부종합전형에 훨씬 더 큰 영향을 끼친다. 그런데 윤석열 정부의 대입 정책에 따라 정시가 확대되면 고교학점제의 의미가 약해질 가능성도 있다. 진로와 적성을 고려하기보다는 점수 따기 쉬운 과목 위주로 수강하는 학생들이 많을 것이기 때문이다.

☞ 단위(수), 상대평가, 절대평가

· 이만기 소장의 틈새 컨설팅 ·

## 고교학점제에 어떻게 대비해야 할까?

예정대로라면 2025학년도 고1부터 시행될 고교학점제에 어떻게 대비해야 하느냐고 묻는 경우가 많다. 나는 크게 달라지는 것은 없다고 답한다. 사실상 지금도 선택과목제가 실시되고 있고 등급 따기 쉬운 과목을 고를 수밖에 없는 것이 현실이기 때문이다. 변별력은 다소 떨어질지라도 국어, 영어, 수학, 과학, 사회 등 전 과목의 성적이 여전히 중요한 영향을 미칠 것이기에 결코 소홀히 해서는 안 된다.

다만, 진로를 일찍 정해야 하므로 다양한 경험을 통해 자신의 적성을 미리 탐색해보는 것은 필요하다. 또한 서술형, 논술형 평가가 강화될 것에 대비하여 읽고 쓰고 토론하는 훈련을 틈틈이 할 필요가 있다.

## 고른기회전형

대학의 사회적 책무성 차원에서 농어촌 출신 학생, 저소득층 학생, 고졸 취업자 등을 대상으로 시행하는 입학전형. 전형 취지에 맞는 학생이 선발되도록 단순 성적 중심으로 선발하기보다는 입학사정관 등이 참여하여 학생의 여러 환경과 잠재력을 종합 평가한 후 선발토록 권장한다. 기회균형전형과도 같은 개념이다.

☞ 기회균형전형, 특별전형

## 고속성장 분석기

정시 합격 예측 프로그램으로 '온라인 모의지원'과 더불어 수험생들이 가장 많이 사용하는 툴로 자리잡았다.

정시모집 시 대학들은 수능 시험 성적표의 데이터를 각자의 방식으로 가공하여 별도의 총점을 산출하고, 그 총점 순서대로 등수를 평가해 신입생을 선발하는 과정을 거친다. 대학마다 그 방식이 다르며,

같은 대학 내에서도 인문, 자연, 예체능, 의치한 등 계열별로 각각 다른 총점 환산식을 사용한다. 수험생이나 학부모가 이를 일일이 계산해서 불합 여부를 가늠하는 수고를 덜어주는 것이 바로 고속성장 분석기와 같은 프로그램이다.

고속성장 분석기는 엑셀을 기반으로 한다. 수험생이 본인의 과목별 점수를 '수능입력시트'에 입력하면 자동으로 해당 대학의 환산점수로 변환해주며, 합격 가능성이 어느 정도인지가 곧바로 표시된다. 진한 녹색은 안정적으로 합격이 가능하다는 뜻이고, 연두색은 적정 라인으로 추가합격까지 염두에 두어야 한다는 뜻이다. 노란색은 소신 상향지원 구간으로 합격 가능성이 다소 낮다는 의미이며, 빨간색은 합격 가능성이 매우 낮다는 뜻이다.

이처럼 수능 점수로 전국 대학의 모집단위별로 합불 예측을 한눈에 확인할 수 있으며 나의 환산점수, 상위누적 백분위, 예상 합격선을 일목요연하게 보여준다는 점에서 간편하고 유용하다.

☞ 모의지원

## 고정분할점수

1 절대평가에서 사용하는 방식 중의 하나로, 사전에 분할점수를 미리 정하고 시험 문제를 출제한다. 예를 들어 100점 만점에 90, 80, 70, 60점을 분할점수로 미리 정하고 이에 따라 A, B, C, D, E라는 등

급을 산출하는 방식이다. 현재 중학교에서 실시하고 있는 성취평가제가 여기에 해당한다. 학생들이 본인의 성취 기준을 예측하기가 비교적 쉽고, 분할점수를 산출하기 위해 특별한 계산을 할 필요 없이 바로 이해할 수 있다는 것이 장점이다. 반면, 미리 정해진 분할점수를 절대적인 기준 삼아서 학생들의 등급을 합리적으로 구분할 수 있는가는 고민해볼 문제이다.

② 현재 고교는 성적표나 학교생활기록부에 성취도와 석차 등급을 함께 기재한다. 성취도가 일정한 기준에 따라 학생들의 원점수를 평가하는 절대평가 형식이라면, 석차 등급은 다른 학생과 비교해 성적의 위치를 부여하는 상대평가이다.

성취도를 기재하는 방법은 중학교 때처럼 90점 이상을 A, 80점 이상을 B로 고정하는 '고정분할점수' 방식과 '단위학교 분할점수' 방식이 있다. 단위학교 분할점수는, 학교마다 시험의 난도에 따라서 각 등급의 기준 점수를 조정하여 산출하는 것이다. 예를 들어 어떤 학교의 수학 문제가 어려워 학생들의 정답률이 낮다면 A/B 등급의 분할점수가 90점이 아닌 65점이 될 수도 있다.

③ 〈고교학점제 도입에 따른 학생평가의 방향〉(한국교육과정평가원, 2019년)에 따르면, 일반고와 특목고의 분할점수 산출 방식에 차이가 있다. 일반고와 자율고에서는 고정분할점수(각 58.1%, 61,1%)를 단위학교 분할점수(각 31.6%, 30.2%)보다 더 많이 사용하고 있는 것으로 나타났다.

외국어 고등학교의 경우는 일반고와 마찬가지로 고정분할점수

(48.8%)를 단위학교 분할점수(32.6%)보다 많이 사용하는 것으로 나타났지만, 과학고와 영재고에서는 단위학교 분할점수(68.8%)를 고정분할점수(29.2 %)보다 훨씬 많이 사용하는 상황이다.

☞ 단위학교 분할점수, 성취평가제, 절대평가

· 이만기 소장의 틈새 컨설팅 ·

## 지필고사 대비법(1) 국어

### 1. 교과서를 중심으로 공부하라.

모든 과목이 마찬가지이지만, 교내 지필고사를 대비하는 가장 기본적인 방법은 교과서를 중심으로 공부하는 것이다. 교과서의 세부 내용까지 출제될 수 있으므로 교과서의 내용을 완벽하게 익혀두는 것이 중요하다. 이를 위해 단원별 학습 활동 문제, 어휘 풀이 등을 반드시 이해하고 넘어가야 한다.

### 2. 중요 내용은 외부 기출 문제를 풀어보라.

시험 범위가 정해지면 어느 부분의 어떤 내용이 중요한 내용인지는 다들 어느 정도 알고 있다. 기본적으로 교과서의 시험 범위 전체를 중심으로 공부하더라도, 이처럼 중요 내용에 대해서는 특별히 더 깊이 있게 공부해두어야 한다. 해당 범위의 기출 문제는 물론이고 기출 수능, 모의평가, 전국연합, 사설 모의고사 등의 문학 지문 가운데 자신의 학교 교과서에 실려 있는 문학 작품이 있다면 반드시 한 번 이상 풀어보는 것이 좋다.

**3. 요약 정리집을 만들어 시험 직전까지 활용하라.**

교과서의 내용을 정리하거나 기출 문제를 풀어보면서 쉽게 익혀지지 않는 내용은 반복적인 학습과 나만의 방법을 통해 완벽하게 숙지해야 한다. 이를 위해, 시험 직전까지 활용할 수 있는 요약 정리집을 만들어 활용하는 것이 좋다. 본인이 알아보기 쉽게 익숙한 방법으로 정리하여 활용하면 된다.

## 공동교육과정

① 단위학교에서 개설이 어려운 소인수·심화 과목 등을 학교 간 연계 및 협력을 통해 운영하는 교육과정을 학교 간 공동교육과정이라고 한다. 선택과목제를 근간으로 하는 교육과정에서 학생의 과목 선택권을 확대하기 위해서는 학교에서 학생이 희망하는 과목을 최대한 개설할 수 있어야 한다. 그러나 수강을 희망하는 학생이 적거나 교사 수급이 어려운 과목의 경우에는 단일 학교에서 수업을 개설하기가 어렵다. 이 경우 학생들이 자신의 진로와 적성에 따라 희망하는 과목을 배울 수 있도록, 학생의 과목 선택권을 최대한 보장해주기 위해 공동교육과정 제도를 운영한다.

② 학교 간 공동교육과정은 다양한 방식으로 운영될 수 있다. 먼저, 거점학교에서 과목을 개설하여 지역 내 고등학교에 개방하는【거점형】, 2~4개 인접 학교가 협의하여 학교 내 미개설 과목을 상호 분배

하여 공동 개설하고 연합 학교 학생에게만 개방하는【학교연합형】이 있다.
참여 학교에 따라서는 일반고 간, 일반고-특성화고 연계형, 일반고-특목고 연계형으로 나누어지며, 수업 운영 방법에 따라 오프라인형, 온라인형으로 구분할 수 있다.
③ 학교 간 공동교육과정으로 이수한 과목의 '석차등급'란은 공란으로 두며, '비고'란에는 자동으로 '공동'으로 표시된다.
☞ 소인수과목

· 이만기 소장의 틈새 컨설팅 ·

## 지필고사 대비법(2) 수학

### 1. 교과서를 공략하라.

교과서를 우습게 보지 말자. 교과서는 최소 두 번 정독해야 한다. 처음에는 전체적인 내용 정리와 예제 문제 풀이에 집중하고, 두 번째는 연습문제와 심화문제 풀이에 주력하면서 정독하자. 수능 수학 영역에서도 교과서는 아주 중요하지만, 마음 급한 학생들은 무턱대고 새 문제집만 사서 푸는 경향이 있다. 중간, 기말고사 기간을 교과서를 공부하는 좋은 기회로 활용하자.
교과서의 설명이 자세하지 않아서 별로 도움이 안 된다고 생각하는 학생들도 있지만, 아주 자세한 설명은 굳이 필요하지 않다. 왜냐하면 학생들 스스로 그 내용을 이해하는 것이 학습적인 측면에서 더 효과적이기 때문이다. 모든 설명이 자세히 나와 있는 참고서를 읽지 말고,

내가 스스로 그 설명을 끌어내는 연습을 하는 것이 핵심이라고 할 수 있다.

**2. 수업 시간에 충실하자.**

지금까지 학교 수업 시간은 학원에서 이미 배운 내용을 다룬다는 이유로, 혹은 일찌감치 혼자서 수능 준비를 한다는 이유로 제대로 집중하지 못했다면, 적어도 중간고사 준비 기간만은 이런 태도를 버려야 한다. 학교 내신 시험은 과목 선생님의 수업 특성과 과목별 기출 문제의 특성을 반영하기 때문에 무엇보다 수업 시간이 가장 중요하다. 특히 선생님이 수업 시간에 강조한 부분은, 교과서와 참고서를 함께 활용해가며 자세한 부분까지 완벽하게 준비하고, 선생님이 나눠준 유인물에서 다루었던 문제나 개념들도 다시 한번 꼼꼼하게 복습해두어야 한다.

**3. 시험 전날은 틀린 문제를 복습하는 것으로 마무리**

수학은 암기과목이 아니므로, 시험 전날 당장 실력을 끌어올릴 수는 없다. 따라서 교과서나 선생님이 나눠준 유인물에서 본인이 틀렸던 문제를 다시 풀어보고, 자연계열 학생들이라면 삼각함수, 함수의 극한, 미분법, 적분법, 이차곡선 등에 나오는 공식들을 다시 한번 머릿속으로 정리하면서 마무리하자.

## 공정 수능

공교육 과정에서 성실하게 학습한 학생들이 수능에서 공정하게 평가받을 수 있게 한다는 교육부의 취지를 뜻한다. 윤석열 정부가 '공정 수능'을 최우선 과제로 내세우면서 교육 현장의 화제가 되고 있다. 수능에서 문제 풀이 기술을 익히고 반복적으로 훈련한 학생들에게 유리한 소위 '킬러 문항'은 배제한다는 교육부의 최근 방침도 공정 수능과 맥을 같이 한다.

☞ 킬러문항

## 공통 원서 접수

대학 지원 시 필요한 정보를 최초 1회 작성하여, 모든 대학에 공통적으로 적용하는 원서 접수 시스템을 말한다.

1 원서 접수 대행사인 '유웨이어플라이'와 '진학어플라이' 중 한 곳을 통해 원서 접수 사이트에 통합회원으로 한 번만 가입하면, 대행사마다 별도로 회원가입을 하지 않고도 여러 대학에 지원이 가능하다.

2 수시모집에서 작성한 원서가 있다면 정시모집에 재활용할 수 있고, 한 번 작성한 공통원서를 지원하는 대학에 따라 수정해서 활용할 수도 있다. 다만 일단 접수, 즉 결제된 원서는 취소가 불가능하며 특히 전형과 학과, 캠퍼스는 수정할 수 없으므로 결제 전에 충분히 검

토해야 한다. 수험생들은 원서를 접수하기 전에, 미리 해당 사이트에 통합회원 가입을 하고 공통원서도 준비해놓는 것이 좋다.

## 과목별 세부능력 및 특기사항 

학생부 기록 항목 중 하나. 과목별 세부능력 및 특기사항은 모든 교과(군)의 모든 학생을 대상으로 입력한다. 우리가 일반적으로 이야기하는 '세특'이 바로 이것이다. 세특은 학생들이 학교생활을 하는데 있어, 수업 시간과 관련된 기록으로 단순히 교과 성적으로는 확인할 수 없는 학생의 수업 참여 과정을 기록한다. 교육부에서 발표한 「학생부 기재요령」의 '세부능력 및 특기사항'에서는 학생들의 특성을 보다 구체적으로 기술하도록 요구한다. 학생들의 교과 특성은 교사가 교과학습 평가 및 수업 과정에서 수시·상시로 기록한 내용을 중심으로 교과의 전 영역을 고려하여 종합적으로 기술한다. 이때 성취기준과 성취수준에 근거하여 학생 개인의 성취 과정과 성취 특성이 명료히 드러나도록 하되, 수업에서 이루어진 활동을 단순히 나열하거나 이미 성취기준에 명시된 지식의 단순 서술은 지양하도록 한다.

세특은 대학별고사 중 면접에서도 중요한 토대가 되는데 세특을 통한 면접 문제의 예시를 들면 아래와 같다.

| 과목 | 생명과학 I |
|---|---|
| '세부능력 및 특기사항' | 우울증과 강박증 치료가 수술로도 가능하다는 기사를 접하고 정신질환의 수술적 치료에 대해 자기주도적으로 탐구하고 보고서를 작성함. 기존에 정신질환자들의 치료는 약물이나 심리치료에만 의존했으나, 이에 한계를 느껴 현재는 뇌의 구조 자체를 정상적으로 돌리는 싸이코서저리(정신수술)을 하는 과정에 이르렀다는 사실을 알게 됨. |
| 질문 | 1. 국내에서도 난치성 정신질환의 싸이코서저리가 시도된 적이 있었습니다. 혹시 기억에 남는 신문기사나 관련 자료를 접한 적이 있다면 그 내용을 간략히 말씀해주십시오.<br>2. 정신질환에 대한 신경외과적 수술 도입의 논쟁은 한때 정점에 달했던 적이 있습니다. 치료 성적이 향상되어 싸이코서저리의 사용과 시술에 대한 가이드라인을 본인이 정할 수 있다면 어느 부분에 초점을 맞추고 싶으신가요? |

출처:〈학교생활기록부 기반 면접 내실화를 위한 교사 자문 결과 보고서〉, 서울대학교(2020년)

· 이만기 소장의 틈새 컨설팅 ·

## 깊이 있는 세특을 만들려면

세특은 교사의 지속적이고 심도 있는 관찰 기록이므로 중요도가 매우 높다. 1년간 과목당 500자(고교 3년간 약 40과목을 이수하므로, 대략 2만 3,000자에 달한다)로, 3년간 총 40여 명의 교과 담당 교사가 한 학생의 성취수준, 학습활동 내용, 참여도, 구체적인 성장 사례 등을 관찰하여 기록한 결과물이 세특이다. 세특은 학생참여 수업과 과정, 평가, 결과를 기재하는 360도 다면평가로도 유익하다.

교육부가 발표한 〈2023학년도 학교생활기록부 기재요령〉에 따르면, 특기할 만한 사항이 있는 과목이나 학생에 대해, 수업 중 탐구활동이나 심화 학습활동의 결과물로 연구보고서를 제출할 수 있다. 이는 학생의 깊이 있는 역량을 보여주는 평가 항목으로 활용될 수 있으므로 연구보고서를 세특에 기재할 수 있는 과목들은 미리 확인하여 준비하는 것이 좋다. 대표적으로 「수학과제탐구」, 「사회문제탐구」, 「융합과학탐구」, 「과학과제연구」, 「사회과제연구」 등의 과목이 여기에 해당한다. 연구보고서는 실적(제목, 연구 주제 및 참여 인원, 소요 시간)을 제외하고 작성할 수 있다.

## 과목별 위계

1 교육과정에서는 공통과목→일반선택과목→진로선택과목→전문교과순의 위계가 있으며, 이 순서에 따라 과목을 이수하게 된다. 또한 수학, 과학, 한문, 제2외국어 교과목처럼 Ⅰ과 Ⅱ로 구분된 과목은 Ⅰ과목을 먼저 배우고 나서 Ⅱ과목을 배운다.

2 선택과목제에서 과목별 위계가 분명한 과목은 수학과 과학이다. 2015 개정 교육과정을 예로 들면, 수학 교과에서 '수학'은 모든 학생이 이수해야 하는 공통 과목이며, 「수학Ⅰ」, 「수학Ⅱ」, 「확률과 통계」, 「기하」는 공통과목인 「수학」의 학습을 전제로 한 과목이다. 「수학Ⅱ」는 「수학Ⅰ」을 먼저 이수한 후 이수하는 것이 원칙이다. 「경제 수학」은 「수학Ⅰ」의 학습을 「미적분」은 「수학Ⅰ」, 「수학Ⅱ」의 학습을 전제한 과목이다.

2022 개정 교육과정이라면 「공통수학」1 · 2를 이수한 후에 「대수」, 「미적분I」, 「확률과 통계」를 학습하고 「기하」, 「미적분Ⅱ」, 「경제 수학」, 「인공지능 수학」을 이수해야 한다.

③ 학생부종합전형에서는 학생이 어떤 선택과목을 이수했는가를 상당히 중요하게 여긴다. 지원한 전공에 필요한 과목을 택해서 제대로 수강했는지를 확인하며, 특히 선택과목 이수 시 과목별 위계에서 벗어나지는 않았는지를 확인한다. 과목별 위계를 무시한 채 선택과목을 이수한 경우에는 불이익을 당할 수 있다.

☞ 선택과목

· 이만기 소장의 틈새 컨설팅 ·

## 지필고사 대비법(3) 영어

### 1. 시험 범위 내의 독해 지문을 완벽히 이해하라.

수업 시간에 배운 지문이나 문제의 경우, 세부 사항까지 완벽히 이해하고 있어야 한다. 범위 안의 어휘나 중요 숙어를 숙지하고 문장의 구조를 파악할 뿐만 아니라 글의 흐름을 정확히 파악할 수 있는 독해 능력 또한 필요하다. 이를 위해서 어휘나 숙어 정리 노트를 활용하면 도움이 된다.

### 2. 변형 유형을 파악하라.

시험 범위 안의 지문을 활용하여 문제 유형을 변형한 문제가 출제될 가능성이 높다. 따라서 시험 범위의 세부 내용을 학습할 때, 지문이 어떤 문제 유형으로 변형되어 출제될 수 있을지 꼼꼼히 따져보는 것이 필요하다.

## 과정 중심 평가

과정 중심 평가는 교수·학습 과정에서 학생의 변화와 성장에 대한 자료를 다각도로 수집하여 평가하고 적절한 피드백을 제공하는 평가 방식을 말한다. 기존에 학교와 교실에서 흔히 실시되었던 결과 중심 평가는 교수·학습이 완료된 후에 시험 점수를 산출하고 이를 통해 학생의 성취 수준을 판단하는 데 초점을 맞췄던 반면에, 과정 중심 평가는 교수·학습이 진행되는 과정에서 평가를 실시한다. 이를 통해 학생이 어떤 과정을 거쳐 무엇을 학습했는가에 대한 정보를 제공할 수 있다. 이러한 평가 방식을 다른 말로 '교육과정-수업-평가-기록의 일체화'라고 표현하기도 한다.

☞ 성취평가제, 고교학점제

· 이만기 소장의 틈새 컨설팅 ·

### 지필고사 대비법(4) 사회

**1. 노트 필기를 철저히 하고 예·복습을 꾸준히 하라.**

수능과 달리 내신은 수업 시간에 배운 내용에서 출제가 이루어지므로, 수업 내용을 철저히 익히는 것이 필요하다. 평소 수업 전에 예습

차원에서 교과서를 한 번 훑어보고, 수업 후에는 필기한 내용을 중심으로 교과 내용을 익히는 습관을 들이는 것이 좋다. 미처 이해하지 못한 내용이 있다면 스스로 찾아보거나 선생님께 질문해서 완전히 이해하고 넘어갈 필요가 있다. 특히 중간고사 2~3주 전부터는 학교 수업에 더욱 집중하여, 선생님이 강조하는 부분을 눈에 잘 띄게 표시하여 익히고, 학교에서 받은 유인물도 정독하고 잘 정리해놓아야 한다.

**2. 교과 개념과 내용을 체계적으로 정리하라.**

많은 양의 내용을 무턱대고 외우려 하면 쉽게 외워지지 않는다. 교과 내용을 체계적으로 정리할 필요가 있는데, 필기한 노트와 잘 정리된 교재를 활용하는 것이 도움이 된다. 개념을 체계화할 때는 우선 전체적인 흐름을 큰 틀에서 파악하고, 세부 사항들을 꼼꼼히 연결 지어 이해하도록 한다.

또한 사회 교과는 서로 관련된 내용을 이용하여 선지를 구성하므로, 관련 있는 개념들은 비교하여 하나로 정리해두면 좋다. 시험 직전에는 미리 정리해둔 중요한 내용을 중심으로 다시 한번 숙독하고 세밀한 부분까지 기억해두도록 한다.

**3. 문제 풀이 능력을 높여라.**

사회 과목은 글, 지도, 도표, 그림, 사진 등 다양한 자료를 활용하여 문항을 구성한다. 그렇기 때문에 단순히 교과 내용만 익혀서는 좋은 점수를 얻을 수 없으며, 다양한 자료를 분석·파악하고 통합적인 결론을 이끌어내는 훈련이 필요하다. 이를 위해서는 다양한 문제를 풀어보는 것이 가장 좋은데, 문제 풀이를 통해 자신이 미처 이해하지 못하거나 혼동하고 있는 교과 내용을 파악해나가도록 한다. 오답 노트를 만들어 자신의 빈틈을 정리해두었다가 시험 전에 살펴보는 것도 좋은 방법이다. 또한 서술형 문제에 대비하여 예상 문제와 답안을 작성해보도록 하자.

## 광탈

'광속 탈락'의 줄임말이다. 다시 말해, 빛의 속도만큼이나 빨리 떨어졌다는 의미로, 1단계 전형까지도 가지 못하고 떨어진 경우를 가리킨다. 특히 수시로 지원한 6개 대학에 모두 떨어지는 경우를 가리켜 6광탈이라 한다.

## 교과/비교과

학교생활기록부에는 교과와 비교과 영역에 대한 성적 및 활동 내용이 표시된다. 우선 교과는 말 그대로 각 교과목의 성적을 의미하며, 비교과는 출결 및 봉사활동, 창의적 체험활동 상황, 수상 경력, 독서활동 등 교과 이외의 활동 내용을 말한다. 2024학년도 대입부터는 비교과 중 수상 경력, 독서 활동은 대입에 반영되지 않는다.
과거에는 비교과를 '스펙'이라 부르기도 했으나 올바른 말은 아니다. 요즘은 '교과연계활동'이라는 말을 쓰기도 한다. 교과가 학생들이 각 교과목의 교육과정을 통해서 얻은 학업 성취의 수준을 말한다면 비교과는 학생들이 교육과정 중에서 경험한 모든 활동 내용을 말한다.

☞ 학생부, 창의적 체험활동

· 이만기 소장의 틈새 컨설팅 ·

## 입학사정관이 평가하는 교과와 비교과

다음은 학생부종합전형에서 교과와 비교과를 어떻게 평가하느냐에 대한 경희대 임진택 사정관의 강의 중 일부를 정리한 것이다.

"몇 등급이면 합격을 하나요?"라는 질문을 흔히 받는다. 사실 교과는 학생의 학업 역량을 객관적으로 평가하기 가장 쉬운 도구(기본 잣대)이다. 학종은 교과 등급도 정성평가로 반영하지만 지원 학과와 관련된 과목 이수 여부, 전공 관련 과목의 성취도, 성적향상도, 성적이 가장 높은 학기의 최하 점수 과목(소위 '버린 과목'의 등급)을 본다. '세부능력 및 특기사항'도 꼼꼼히 살피고 타 활동과의 연계적 관점에서 검토한다. 세특은 담임교사와 교과 지도교사의 합작품이고 수업 태도와 지적 호기심을 평가하기 좋지만, 각 고교와 개별 교사들 사이의 편차를 극복하기 어려운 것도 사실이다.
또 한 가지 흔한 질문은 이런 것이다. "내신 등급은 낮은데, 학교에서

하는 비교과 활동에는 정말 열심히 참여했어요. 참작이 될까요?" 대학 생활에서 필수 역량은 학업 기초 소양이다. 과정을 본다는 말은 결과를 안 본다는 의미가 결코 아니다. 관심을 가지고 열심히 하는 것만으로는 안 되고, 잘해야 한다. 대학에서 수학할 정도의 기초 소양, 지적 호기심을 갖춰야 한다.

비교과 활동은 학생의 참여도와 열정, 성숙도, 몰입도 등을 평가한다. 자아 성찰의 과정이 중요하다. 대학은 전공 관련 활동을 지나치게 좁게 해석하지 않는다. 예를 들어 경영학부라면 외국어능력(영어), 분석적 사고력(수학), 도전정신(리더십), 창의성(경제 또는 경영에 대한 관심)을 드러낼 때 긍정적인 평가를 받을 수 있다. 자연계 학생이 글쓰기대회에서 수상하거나, 인문계 학생이 예체능 활동에 두각을 나타낸 경우도 좋다. 지적 호기심을 갖춘 교양인이자, 공동체 구성원을 배려하는 품격 있는 인간임을 스스로 입증하라.

## 교과 성적 지표

1 학교생활기록부에 교과 성적을 표기하는 방식을 말한다. 과목별로 학생부에 성적을 어떻게 표기하느냐는 교육과정에 따라 달라진다. 2024학년도 입학생까지 적용되는 2015 개정 교육과정 시기까지는 학생부 성적에 과목 평균과 표준편차를 나란히 제시한 원점수가 기재되며, 과목별 석차(석차/재적수)를 '과목별 석차 등급제(9등

급)'로 표기한다. 또한 동점자(동석차)에 대해 '중간석차' 개념을 적용해 등급을 부여하게 된다.

② 2025년 이후 전면 시행되는 2022 개정 교육과정 시기부터는 고 1, 2, 3 모두 상대평가 5등급과 성취평가(성취도 A·B·C·D·E)로 표기된다. 기존에 제공하던 표준편차는 더 이상 대학에 제공하지 않는다. 상대적 서열을 매기는 것이 아니라 '학생이 무엇을 어느 정도 성취했는지 여부'를 평가한다는 2022 교육과정의 취지를 살리기 위해서다.

2023년 교육부가 〈2028학년도 대입제도 개편 시안〉에서 제시한 과목별 성취평가 방식은 다음과 같다.

| 구분 | | 성취도 정보 | | 서열정보 | 통계정보 | | |
|---|---|---|---|---|---|---|---|
| | | 원점수 | 성취도 | 석차등급 | 성취도별 분포비율 | 과목평균 | 수강자수 |
| 보통 교과 | 공통과목* | ○ | A·B·C·D·E | ○ (5등급) | ○ | ○ | ○ |
| | 선택과목 (일반·진로·융합) | ○ | A·B·C·D·E | ○ (5등급) | ○ | ○ | ○ |
| 전문교과 | | ○ | A·B·C·D·E | ○ (5등급) | ○ | ○ | ○ |

*공통국어1·2, 공통(기본)수학1·2, 공통(기본)영어1·2, 통합사회1·2, 통합과학1·2
※ 공통과목 중 '한국사(성취도 5단계)' 및 '과학탐구실험(성취도 3단계)'은 석차등급 미산출
'체육·예술' 성취도 3단계, '교양'은 P(이수) 적용

③ 서울대의 교과 성적 지표 평가 방식을 보자. 〈서울대 학종 안내서〉(2023)에 의하면 교과 성적 지표는 학생의 학업 능력을 판단할 수 있

는 다양한 자료 중 하나이다. 교과 성취도를 파악할 때는 교과 성적을 공식으로 수치화하여 기계적으로 반영하지 않는다. 상이한 교육 환경과 교육과정에서 얻은 성취를 단순히 수치상으로 비교할 경우, 지원자의 학업 능력 수준을 판단하는 정확한 정보가 될 수 없기 때문이다. 예를 들어 수강자가 300명인 과목에서 1등급을 받은 성적과 수강자가 20명인 과목에서 3등급을 받은 성적을 단순히 수치로 비교하는 것은 적절한 평가 방식이라 할 수 없다.

정량평가를 하지 않으므로 학년별, 과목별 반영 비율은 존재하지 않으며, 전 교과목의 3년간의 성취도를 정성적으로 평가한다. 수강자 수, 원점수, 평균, 표준편차, 학년별 성적 변화, 선택과목 특성 등의 다양한 정보를 통해 수치가 가지고 있는 의미와 정보를 정성적으로 해석하여 더욱 정확하게 학업 능력을 평가한다.

☞ 성취평가제, 내신

· 이만기 소장의 틈새 컨설팅 ·

## 지필고사 대비법(5) 과학

**1. 교과서를 정독하라.**

과학 문항은 교과서의 기본 개념 및 원리를 이해하지 못하면 문제를 풀 수 없다. 따라서 기본적으로 교과서를 정독하면서 개념과 원리를 정확하게 이해하고 정리해두어야 하며, 만약 이해되지 않는 내용이 있다면 별도의 표시를 한 후 반드시 반복 학습을 통해 자신의 것으로 소화해야 한다.

**2. 문제를 눈으로만 풀지 말고 풀이 과정을 쓰는 습관을 기르자.**

문제 해결 능력을 기르기 위해서는 문제를 풀 때마다 풀이 과정을 쓰는 것이 도움이 된다. 풀이 과정을 써야 각 문항에 대한 자신만의 개념을 정립할 수 있으며, 문제를 틀렸을 경우에도 자신의 취약한 부분을 정확히 파악할 수 있다. 이런 습관이 원리를 적용하는 능력을 키우고 실전 감각을 높이는 데 도움이 된다.

**3. 개념도를 이용하여 나만의 노트를 만들어라.**

시험 범위 내의 관련 개념을 개념도를 이용하여 정리해보자. 해당 단원을 전체적으로 이해할 수 있고 어떤 부분의 출제 빈도가 높은지도 한눈에 파악할 수 있다. 기본 개념과 원리를 간단히 그림과 도표로 그려보도록 한다.

**4. 학교에서 받은 학습지를 잘 활용하라.**

학교 시험의 출제자는 담당 선생님이므로 중간고사 전에 배부한 학습지 등이 있다면 이 부분에서 시험 문제가 출제될 가능성이 높다. 따라서 수업 시간에 받은 보충 자료 등을 평소에 잘 챙겨서 정리해두어야 한다.

**5. 선생님이 강조한 부분은 반드시 기억하라.**

학교 시험은 교과서 내 탐구 및 읽기 자료 등의 세부 내용까지 출제되는 경우가 많으며 선생님이 강조한 부분이라면 시험에 출제될 가능성이 매우 높다. 따라서 선생님이 강조한 부분은 교과서 외에 참고서 등을 활용하여 완벽하게 준비해두어야 한다.

## 교육과정

교육과정教育課程 또는 커리큘럼curriculum은 일정한 교육의 목적에 맞추어, 정해진 수업 및 학습을 종합적으로 계획한 것이다.

'문·이과 통합교육과정'을 특징으로 하는 2015년 교육과정과 '고교학점제'를 도입한 2022년 교육과정은 둘 다 학생들의 선택을 중심으로 하는 교육과정이다. 특히 2022 개정 교육과정은 고교학점제를 근간으로 하고 있기 때문에 선택형 교육과정의 운영이 무엇보다 중요하다.

## 교직 이수

사범계 학생이 아니지만 교사가 되기를 희망하는 학생들은 교직 이수를 통해 졸업과 동시에 교원자격증을 발급받을 수 있다. 즉, 교직 이수는 사범대학을 제외한 대학 가운데 교직과정 설치 학과의 교원 양성 과정을 말한다.

보통 2학년을 대상으로 교직과정 이수 신청을 받는데 교직 적성, 인성 및 학업 성적 등을 고려하여 정해진 인원 내에서 선발한다. 이 과정을 이수하면 사범대학을 나온 것과 같은 자격을 갖추게 되는데 자세한 이수 조건은 교원자격검정령을 따라야 한다.
예를 들어 건국대는 교육부에서 승인된 인원수 내에서 1차 전형인 교직 적·인성검사와 2차 전형인 성적 + 면접전형을 실시한 후(해당학과), 교직과에서 3차 최종 면접을 실시하여 선발한다.

## 교직 적성 인성평가

1 입시 전형 요소 중 하나로, 교사가 되기에 적합한 적성과 인성을 갖추었는지를 평가하는 것을 말한다. 각 대학교의 사범대학 모집단위나 교육대학교에 진학할 경우, 심층 면접이나 그 외 별도의 방법으로 평가한다.
2 다른 한편으로는 사범계 학과 및 교직과정 이수 학생 또는 이수 예정자는 교직 이수 기간 중 반드시 2회 이상 교직 적성·인성검사에 응시하여 적격 판정을 받아야 하는 규정이 있다.

## 교차지원

1 수능 응시 과목과 지원 학과 계열이 다른 것. 수능에서 자연계열 수험생들이 「미적분」이나 「기하」, 과학탐구 영역에 응시하여 높은

표준점수를 취득한 뒤, 인문계열 모집단위에 원서를 내는 것이 가장 일반화된 교차지원이다. 고등학교에서 선택한 계열이 적성에 맞지 않거나 대학 진학의 용이성, 취업 가능성 등을 이유로 계열을 바꾸어 지원하는 경우가 대다수이다.

② 교차지원을 잘 이용하면 여러 가지 이점이 있지만, 교차지원에도 여러 가지 제약이 있으므로 잘 알아보고 지원해야 한다. 대체로 대학은 정시모집에서 자연계열 수험생들에게 인문계 학과 지원을 대폭 허용한다. 그러나 반대로 인문계 학생들이 자연계열 학과에 지원하는 것은 허용하지 않는 대학이 많다. 2022학년도 대학수학능력시험부터는 인문계열과 자연계열의 구분이 폐지되며 이전보다 교차지원이 한층 자유로워졌고, 2025학년도부터는 각 대학이 인문·자연계열 장벽을 허물 예정이다.

하지만 현재 인문계생이 자연계를 선택하기에는 여전히 제약이 있는 상황이다. 대부분의 상위 대학들은 자연계 과목인 「미적분」과 「기하」에다가 과학탐구 두 과목을 지정하고 있기 때문이다. 반면에 인문계의 경우 과목 제한이 없는 경우가 대부분이다. 인문계를 준비하는 학생들의 일반적인 선택 과목은 「확률과 통계」 및 사회탐구 과목이다.

☞ 인문계열침공

## 교차지원 시 유의해야 할 점

주요 대학 대부분은 자연계열에서 「미적분」과 「기하」를 지정하고 있어 교차지원이 불가능하나 인문, 자연 융합적인 학문을 다루는 학과나 중하위권 자연계열 학과 가운데 일부는 우수 학생 선발을 위해 인문계열 학생들의 교차지원을 허용하고 있다. 이들 학과는 수능 유형에 따라 선발 인원을 분리하여 계열별로 따로 선발하거나, 모집 인원은 통합하여 선발하되 과목 간 점수 보정을 위해 백분위를 활용한 변환표준점수를 반영하기도 한다.

한편 「미적분」과 「기하」, 과학탐구에 가산점을 부여하는 경우도 많으므로 점수 보정과 가산점이 적용된 대학별 점수로 환산하여 내가 경쟁력이 있는지를 따져보는 것이 관건이다. 주요 대학을 제외한 대부분의 대학에서는 수학과 탐구 과목을 지정하지 않아 모든 응시자들의 지원이 가능하다.

「미적분」, 「기하」 선택자의 인문계 모집단위 지원의 경우, 과거 많게는 80%까지 자연계생들이 합격한 경우가 있었다. 자연계 수험생 입장에서는 교차지원을 함으로써 한층 높은 서열의 대학에 진학할 수 있으므로, 적극적으로 인문계열 모집단위에 지원할 가능성이 있다. 그러므로 인문계 지원자들은 자연계 수험생들의 진입이 비교적 어려운 수시모집에 좀 더 적극적으로 지원하는 것이 유리하다. 정시모집에서는 교차지원하는 자연계 수험생들뿐 아니라 강력한 N수생들과 경쟁해야 하는 부담이 크다.

그렇다고 과도한 불안감은 절대 금물. 흔들림 없이 현재의 선택과목과 공통과목인 「수학 I」, 「수학 II」에 집중하고 더불어 철저히 수시 준비를 하는 것이 최선이다.

## 구술 면접 고사

구술고사는 입학전형 요소 중 하나로 '말'로 치르는 시험을 뜻한다. 구술고사는 수험생들의 논리적 사고 능력, 창의력, 순발력과 응용력을 평가하고, 자기소개서(현재 폐지)나 추천서(현재 폐지)의 내용을 확인하기도 한다. 교육부는 교과 중심의 문제풀이식 구술형 면접은 지양하고 학생부를 적극적으로 활용하도록 권장하고 있다.

· 이만기 소장의 틈새 컨설팅 ·

### 구술고사 이렇게 대비하자

단순한 면접이 아니고 제시문을 활용하는 구술고사라면 준비가 만만치 않다. 논술고사를 대비하는 자세로 준비해야 한다. 그야말로 '말로 하는 논술'이기 때문이다. 전문가들이 이야기하는 구술 면접고사의 준비 방법은 다음과 같다.

우선 학교생활기록부를 꼼꼼히 살펴 예상 문제와 추가 질문을 만들어 보면서 답변하는 연습을 한다. 둘째, 인성 면접이라 할지라도 지원 학과 교수님이 면접관으로 참여하는 경우가 많기 때문에 지원동기, 학업 계획, 기초적인 지원 학과와 관련된 질문을 미리 준비해야 한다. 셋째, 종종 세특의 내용을 바탕으로 교과적인 성격을 띠는 질문을 하기도 하니 준비해야 한다. 넷째, 공통 문항의 경우 사회적 이슈가 되는 사항들을 정리하고 자신의 의견을 미리 정리해두어야 한다. 다섯째, 제시문 활용 면접이나 논술형 면접의 경우에는 목표 대학의 기출 문제를 풀어보고 자신의 의견을 논술문처럼 조리 있게 정리하여 전달하는 연습을 해야 한다. 마지막으로, 거울을 보며 말하는 훈련을 하거나 휴대전화 등으로 촬영하여 최종 점검을 하면 자연스러운 태도를 유지하는 데 도움이 된다.

## 국가교육위원회

2022년 9월에 정식 출범한 대통령 직속 행정위원회로서, 10년 단위의 국가교육발전계획을 수립하는 기관이다. 국가교육위원회가 교육발전계획을 수립하면, 교육부 등 관계 행정기관과 지방자체단체는 발전계획에 따라 시행 계획을 수립·추진한다.

10년 단위 중장기교육계획 첫 적용 시점은 2026~2035년이 될 전망이다. 대학 입시제도의 발전 방향이 포함될 이번 계획은 2024년 하반기에 첫 시안이 나오고, 이후 공청회 등을 통한 사회적 합의 과정을 거친 후 2025년 초에 처음 공개될 예정이다.

## 기여입학제

기여입학제란 대학에 물질적 또는 비물질적으로 기여하는 수험생을 입학시키거나 가산점 등의 특혜를 주는 제도이다. 부모의 경제력이 수반될 수밖에 없기 때문에 우리나라에서는 고교등급제, 본고사와 함께 금지하고 있다.

## 기회균형전형

기회균형전형이란 「고등교육법 시행령」 제29조 제2항 제14호에 의한 '고등교육을 받을 기회를 균등하게 제공하기 위하여 소득·지역 등의 차이를 고려하여 선발할 필요가 있는 자'를 포함하는 개념으로, 소외계층을 배려한 선발을 말한다. 구체적으로는 기초생활수급자, 차상위계층, 한부모가족 지원대상자, 특성화고 졸업자, 농어촌학생, 북한이탈주민, 장애인 등 대상자, 서해5도 학생, 단원고, 고른기회대상자 등에 해당하는 내용을 의미한다.

2024학년도부터는 사회통합전형을 새롭게 법제화함에 따라, 대학들은 사회적 배려 대상자(기회균형선발)를 10% 이상 의무적으로 모집하게 된다.

대입 필수용어 사전
ㄴ

## 나노 디그리

대학에서 세분화된 특정 주제에 대해 일정 학점을 이수하면 작은 학위를 별도로 받을 수 있는 과정. 즉, 인공지능이나 빅데이터 등 분야별로 지정된 최소 학점을 단기간에 집중적으로 이수하면 일반 학사 학위와 별개로 미니 학위를 별도로 수여하는 소단위 학위과정을 말한다. 정식 학위는 아니지만, 해당 과정을 이수했음을 인증하는 '작은 학위' 증명서류를 발급받아 취업에 활용할 수 있다. 마이크로 디그리micro degree라고도 한다.

## 나이스(NEIS)

2002년부터 사용된 교육행정 지원 시스템으로 교육부와 17개 시·도 교육청, 산하기관과 174개 교육지원청, 1만 여 개의 각급 학교를 아우르는 대형 네트워크이다. 영문 약칭은 NEISNational Education Information System이다. 나이스 시스템을 통해 학생들의 재적 관리와 성적 관리를 하나로 통합하여 교육부에서 관리할 수 있게 되었다. 학부모와 학생들도 교육행정정보에 손쉽게 접근할 수 있고, 대학에 원서를 접수할 때도 전산으로 간단히 정보를 처리할 수 있게 되었다는 점 또한 나이스가 크게 기여한 부분이다. 2023년 6월 21일 4세대 지능형 나이스로 업그레이드 됐다.

## 난이도

시험이 어렵거나 쉬운 정도를 말한다. 모든 시험은 각 응시자의 능력 차이를 식별할 수 있을 만큼 적당히 어려워야 한다. 수험생들의 성적 분포가 종 모양bell-shaped의 정규분포를 나타내는 것이 좋은 시험이다.

1 수능에서 말하는 난이도는 보통 1등급 구분점수의 등락이나 만점자 수, 평균 등으로 기준을 잡는데, 언론에서는 일반적으로 1등급 구분점수나 표준점수 최고점으로 판단한다.

2 문항의 난이도는 주로 문항 정답률로 판단하는데 정답률이 0.8 이상인 경우는 '매우 쉬움', 0.3 이상 0.8 미만인 경우는 '보통', 0.3 미만의 경우는 '매우 어려움'으로 해석한다. 난이도가 높을 경우 '불수능', 낮을 경우 '물수능'이라고 표현하곤 한다. 참고로 '고난이도'라는 말은 어법에 맞지 않으며 '고난도'라고 해야 한다.

## 내신

상급학교 진학과 관련하여 선발의 자료가 될 수 있도록 지원자의 출신 학교에서 학업 성적, 품행 등을 기록한 것, 또는 그 성적. 현재는 내신이라는 용어가 교과 성적의 의미로 통용되고 있다.

1 2015 개정 교육과정에서는 9등급 체계가 사용되고 있다. 한 학기

의 과목별 등급은 두 차례의 지필고사, 즉 중간고사와 기말고사 및 수행평가를 반영 비율에 따라 합산한 후 석차 순서대로 다음과 같이 구분한다. 이는 공통과목과 일반선택과목에 해당한다.

| 등급 | 1 | 2 | 3 | 4 | 5 | 6 | 7 | 8 | 9 |
|---|---|---|---|---|---|---|---|---|---|
| 비율(%) | 4 | 7 | 12 | 17 | 20 | 17 | 12 | 7 | 4 |
| 누적비율(%) | 4 | 11 | 23 | 40 | 60 | 77 | 89 | 96 | 100 |

② 과목별 성취도는 성취율에 따라 다음과 같이 부여하되, 각 학교가 기준 성취율에 따른 분할점수를 과목별로 직접 설정할 수 있다.

| 성취율 | 성취도 |
|---|---|
| 90% 이상 | A |
| 80% 이상 ~ 90% 미만 | B |
| 70% 이상 ~ 80% 미만 | C |
| 60% 이상 ~ 70% 미만 | D |
| 60% 미만 | E |

③ 공통과목의 과학탐구 실험, 체육 · 예술 교과(군)의 일반선택 과목, 진로선택 과목(진로선택으로 편성된 전문교과 포함)은 원점수에 따라 다음과 같이 부여한다.

| 성취율(원점수) | 성취도 |
|---|---|
| 80% 이상~100% | A |
| 60% 이상 ~ 80% 미만 | B |
| 60% 미만 | C |

2022개정 교육과정에서는 등급체계가 변경된다. 고 1 · 2 · 3 모든 과목에서 절대평가(A~E)를 하면서 상대평가 등급(1~5등급)을 병기한다. 상대평가의 등급별 비율은 아래와 같다.

| 등급 | 1 | 2 | 3 | 4 | 5 |
|---|---|---|---|---|---|
| 비율(%) | 10 | 24 | 32 | 24 | 10 |
| 누적비율(%) | 10 | 34 | 66 | 90 | 10 |

☞ 등급, 분할점수, 단위학교 분할점수

· 이만기 소장의 틈새 컨설팅 ·

## 1등급이 지필고사 대비하는 법

내신은 학생의 성실함을 가늠하는 지표라 할 수 있다. 수업 중 필기 내용을 100퍼센트 활용하는 정리, 즉 복습이 내신 준비의 첫걸음이다. 주요 과목은 고1 때부터 체계적으로 관리해야 하는데 단위수(학점수)가 높은 과목부터 집중한다. 사회탐구와 과학탐구는 시험 2~3주 전에 집중 관리해야 한다.

학생들이 명심해야 할 단순한 진리는 바로 '우리 선생님이 출제자'라는 사실이다. 수행평가 실기도 마지막 1점까지 최선을 다하는 자세가 필요하다. 아는 문제일수록 주의 깊게 풀고, 내신 시험의 핵심이라 할 수 있는 족보도 성실히 파악하자. 끝으로 선생님이 귀찮아할 정도로 질문을 하는 것이, 예상 문제를 파악할 수 있는 노하우라는 것을 잊지 말자.

### 〈1등급이 지필고사 대비하는 법〉

**[계획 세우기]**

- 주별, 일별 계획표를 시험 일정에 맞추어 짠다.
- 취약 과목 먼저, 주요 과목은 앞에, 암기 과목은 뒤로 순서를 배치한다.
- 쉬는 시간, 점심시간 등 자투리 시간도 적절히 활용한다.
- 취침 전에 암기 과목을 공부하면 뇌에 오래 남는다.

**[계획 따라잡기]**

- 약점 노트(오답 노트)를 만든다.
- 과목을 돌아가며 공부한다.
- 교과서의 그림과 도표에 집중한다.

**[막판 다지기]**

- 기출문제로 자체 모의고사를 본다.
- 시험 당일에 시간이 모자라지 않도록 여유 있게 문제를 푸는 연습을 한다.

**[실수 줄이기]**

- 문제를 끝까지 읽어라.
- 숫자를 또박또박 써라.

- 중간 단계도 점검하라.
- 문제에 밑줄과 동그라미를 치라.

## 노베이스

'노베이스no base'라는 단어는 '지식이나 정보가 없는 상태'나 '어떤 일에 대해 경험이 전무한 상태'의 의미로, 수험생들 사이에서는 '수학 노베', '정시 노베' 등으로 쓰인다.

## 논술위주전형

① 논술을 주된 전형 요소로 반영하는 전형 유형으로, 논술고사를 실시해도 학생부 반영 비율이 논술 비중보다 높다면 '학생부위주전형'으로 구분한다. 그간 논술위주전형은 감소세였는데 자기소개서 폐지로 다양한 능력의 학생 선발이 어려워지자, 2025학년도에는 고려대에서 논술전형을 부활시키는 등 대학들이 논술전형에 다시 눈길을 돌리고 있다. 이처럼 논술전형 감소세는 주춤할 전망이지만 여전히 선발 숫자가 적기 때문에 학생부 경쟁력이 다소 떨어지는 상위권 수험생들의 경쟁은 치열할 것으로 보인다.

② 대부분 대학의 논술전형은 논술을 70% 이상 반영하고 있다. 논술

반영 비율은 꾸준히 확대되는 추세이다. 수능 최저학력기준이 완화될수록 수능 성적이 합불에 미치는 영향력은 작아지지만, 논술전형 선발 인원의 70% 내외를 수능 최저학력기준을 적용해 선발하고 있어 여전히 논술전형에서 수능의 영향력은 크다.

수능 성적이 우수할수록 선택할 수 있는 대학의 범위가 넓어지므로 모의평가 성적을 기준으로 수능 최저학력기준 충족 여부를 확인하고, 계획적으로 수능을 준비해야 한다.

③ 논술고사는 대학마다 출제 문항과 유형 등이 다르므로 목표 대학의 출제 유형 및 경향을 파악해 준비해야 한다. 계열에 따라 출제 유형이 나뉘며, 인문계열은 통합교과형 논술이나 언어논술이 주로 출제된다. 상경계열은 인문계열이지만 수학적 사고를 필요로 하므로 수리논술이 함께 출제되기도 한다. 자연계열 논술은 수리논술 또는 수리논술과 과학논술로 구성되며 대학에 따라 과학논술은 특정 과목을 지정하거나 세부 과목 선택형으로 출제된다.

· 이만기 소장의 틈새 컨설팅 ·

## 논술위주전형 준비

논술고사를 통해 측정하고자 하는 수험생의 역량은 이해·분석력(논제 및 제시문 파악 단계), 논리·창의력(비판적인 문제해결 단계), 표현력(논술 구성 및 작성 단계)이다. 이를 위해 요약, 비교, 적용, 비판, 선택, 대안 제시, 도표 해석 등의 능력에 초점을 맞추어 평가한다.

**〈통합논술, 이렇게 준비하자〉**

1. 많이 듣고, 읽고, 말하고, 쓰기(다양한 사고 능력을 향상하는 기본 과정)
2. 교과서의 기본 개념과 원리 학습(이해 능력 향상)
3. 통합 교과적인 학습(다양한 교과의 개념과 이론을 연계함으로써 통합적인 사고 능력을 향상)
4. 비판적, 분석적인 사고 훈련(정보에 대한 무비판적 수용에서 벗어나 비판적, 분석적 이해를 통해 해석한다.)
5. 토론 학습과 꾸준한 쓰기 훈련(주장에 대한 전략적 구성과 논증적 사고 훈련)
6. 지속적인 지식, 정보 획득(다양한 개념과 이론, 배경지식의 확장)

**〈통합논술, 실전 대비하기〉**

1. 집중력이 관건이다. 대부분의 경우 처음 문제를 마주하면 어렵게 느껴진다. 문제를 2~3회 읽어야 눈에 들어온다는 것을 염두에 두고, 집중하여 문제를 숙독하는 훈련을 하자.
2. 지원 대학의 정보를 파악하는 것은 기본이다. 전형 방법, 출제 경향, 기출 문제 분석, 특히 모의(예시) 논술에 대한 정보는 필수다. 대교협, 학교 홈페이지 등을 활용하자.
3. 모의 논술 정보를 파악할 때는 예시문과 유사한 문제, 비슷한 내용이나 관련 개념을 다룬 제재, 유형이 비슷한 다른 학교 문제를 활용하면 도움이 된다.
4. 시험이 임박한 시점에는 하루에 한 문제라도 답안을 작성하고 채점하는 훈련을 하여 학습 효과를 최대치로 끌어올린다.
5. 개요는 답안 설계도이므로, 간단하게라도 작성한다.
6. 인문계는 내용 구성, 자연계는 풀이가 관건이다. 비유하자면 인문계는 떡

의 재료를 씻고, 불리고, 빻고, 쪄서 떡을 완성하는 셈이고, 자연계는 떡을 해체하고 나열하여 이것이 떡임을 증명하는 과정에 해당한다.

7. 답안은 두괄식으로 작성한다. 결론부터 내고 근거로 뒷받침한다.
8. 400~500자 짧은 논술의 경우 간단 명료한 문장으로 전개하고, 문장 간의 연결(인과 관계)이 특히 중요하므로 신경을 쓴다.
9. 집중력을 방해하는 주변 여건을 예측하고 대비해야 한다. 실제 고사장의 분위기나 주변 소음으로 집중이 어려울 수 있으므로, 어떤 여건에서도 문제에 집중하는 훈련을 해야 한다. 경우에 따라 조기 퇴실이 가능한 학교도 있다. 조기 퇴실하는 수험생으로 인해 집중력이 흐트러지지 않도록 한다.
10. 답안은 끝까지 포기하지 말아야 한다. 답안에 담을 수 있는 모든 내용을 최선을 다해 표현한다고 생각해야, 채점자에게 정서적인 부분까지 어필할 수 있다.

## 농어촌 특별전형

농어촌 특별전형은 법으로 정한 농어촌 지역에 거주하는 학생을 대상으로 선발하는 전형이다. 지원 자격은【유형 Ⅰ】학생 본인 및 부모가 중학교 입학일부터 고등학교 졸업일까지 농어촌(읍면) 지역에 거주하면서 학생이 농어촌 소재 중·고등학교 전 교육과정을 이수하거나,【유형 Ⅱ】학생 본인이 초등학교 입학일부터 고등학교 졸업일까지 농어촌(읍면) 지역에 거주하면서 농어촌 소재 초·중·고등학교 전 교육과정을 이수할 경우에 해당한다.

농어촌 지역 거주 기간은 연속되는 연수만을 인정하며 (초) · 중 · 고 재학 기간 중에 부모 또는 본인의 주민등록이 농어촌 소재지에서 말소가 된 경우는 지원 자격을 상실한다. 특히 고등학교 졸업일까지 농어촌 거주 기간이 지속되어야 한다는 점에 유의해야 한다. 간혹 대학에 원서 접수를 하고 합격 통보를 받았다고 해서 농어촌 지역에서 이사를 가버리는 경우가 있는데, 이렇게 되면 지원 자격을 바로 박탈당한다.

**행정구역(읍·면)의 적용 등 세부 기준**

1. 고등학교(초등학교·중학교) 재학 당시의 행정구역(읍·면) 단위를 기준으로 적용함.
2. 고등학교(초등학교·중학교) 재학 중에 읍·면이 동으로 행정구역이 개편된 경우, 개편된 동 지역을 읍·면 지역으로 인정함.
3. 고등학교(초등학교·중학교) 재학 당시 읍·면이었던 행정구역이 졸업 이후 동으로 개편된 경우, 개편된 동 지역을 읍·면 지역으로 인정함.
4. 2개 이상의 학교에서 재학한 경우, 해당 학교 모두 반드시 읍·면 지역에 소재하는 학교이어야 하나, 동일한 읍·면 지역이 아니어도 됨.
5. 지원자의 거주지, 부모의 거주지, 재학한 학교 소재지가 동일한 읍·면 지역 또는 도서·벽지 지역이 아니어도 됨.
6. 【지원자격 1】 중학교 입학일부터 고등학교 졸업일까지 주민등록표초본상 본인, 부, 모 중 한 명 이상이 단 하루라도 말소된 기록이 있는 경우는 지원 자격에 해당되지 않음.
7. 【지원자격 2】 초등학교 입학일부터 고등학교 졸업일까지 주민등록표초본상 본인이 단 하루라도 말소된 기록이 있는 경우는 지원 자격에 해당되지 않음.
8. 【지원자격 1】 지원 자격 특이자 구분 세부 내용

부모의 이혼 : 이혼 전 부모의 주소지와 이혼 후의 주민등록상 지원자 본인의 친권 또는 양육권이 있는 부(모)의 주소지가 농어촌 지역이어야 함.

부모의 사망 : ① 부모 모두가 사망한 경우에는 부모 모두가 법률상의 사망일 이전까지 주소지가 농어촌 지역이어야 하며, 사망일 이후부터 지원자의 주소지가 농어촌 지역이어야 함 ② 부(모)가 사망한 경우에는 부(모)가 법률상의 사망일 이전까지 주소지가 농어촌 지역이어야 하며, 지원자 본인과 생존한 부(모)의 주소지가 농어촌 지역이어야 함.

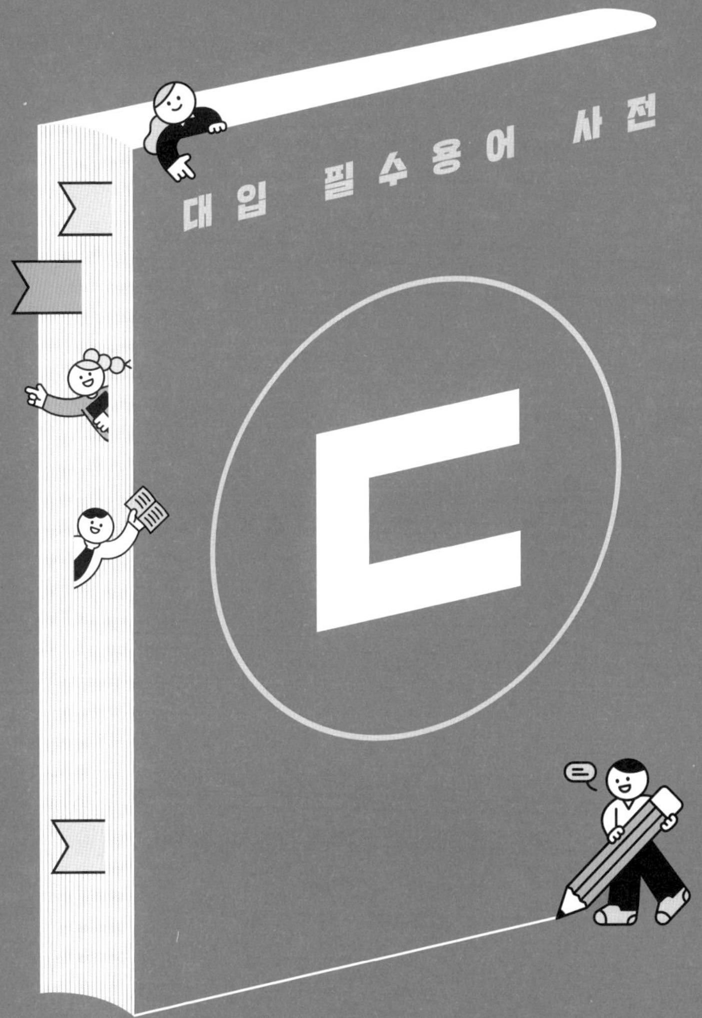
대입 필수용어 사전
ㄷ

## 다전공

대학 재학 중 원전공 이외에 추가로 본교에 설치된 학과(전공)를 제2전공, 제3전공으로 동시에 이수하여 졸업 시 2개 이상의 학위(1개의 학위증에 복수의 학위명 표기)를 취득할 수 있는 제도.

다전공과 부전공은 차이가 있는데, 부전공은 원전공 이외에 학위 취득 목적 없이 타 학과(전공)의 소정 학점을 추가로 이수하여 타 학문에 대한 이해를 넓히는 것을 취지로 한다. 다전공과 달리, 1개의 학위증에 원전공 학위명 및 부전공 학과명이 표기된다.

☞ 부전공

## 다중미니면접(MMI)

① 다중미니면접MMI : Multiple Mini Interview은 일부 대학의 의학계열에서 실시하고 있는 상황 면접으로, 인성과 가치관 등 지원자들의 비인지적 역량soft skills을 종합적으로 평가하기 위한 인터뷰 방식이다. 다수의 주제를 놓고 여러 번의 짧은 인터뷰를 진행하여 다수의 채점자가 평가를 한다. 소규모 면접이 계속해서 이어지는 구조로, 주로 의학적 딜레마 상황에 대처하는 능력을 평가한다. 상황 면접 외에도, 면접실 밖에서 제시문과 질문을 짧은 시간 동안 읽고 숙지한 후 면접실 안에서 면접을 보는 제시문 면접, 서류확인 면접을 병행하는 대학도 있다.

방식은 대학마다 조금씩 차이가 있지만 보통은 3~10개 정도의 각기 다른 면접실을 이동하며 여러 명의 교수와 개별적으로 면접을 진행한다. 하나의 면접실에서 10~15분 정도 문답을 나누는 것이 일반적이다.

② 다중미니면접은 여러 상황을 제시하여 학생들이 평소 가지고 있던 가치관, 인성, 상황 판단력, 의사소통 능력을 평가함으로써 좋은 의사로 성장할 수 있는 인성과 잠재력을 갖춘 학생을 선발하는 것이 목적이다. 기존의 전통적인 의과대학 면접 방식으로는 입학 후의 성취, 의사가 된 뒤의 대인관계, 윤리성, 도덕적 판단력과 같은 비인지적 특성을 예측하기 어렵다는 문제를 극복하기 위해 개발되었다. 2001년 캐나다 맥마스터 의대에서 이 면접 방식을 처음 도입한 후 현재는 북미, 호주, 이스라엘 등 주요 의과대학의 선발 전형 방법으로 자리 잡고 있다. 우리나라는 2008학년도 강원대 의학전문대학원에서 처음 도입했다.

**· 이만기 소장의 틈새 컨설팅 ·**

## MMI의 대비

다중미니면접을 실시하는 대표적인 대학이 서울대 의대다. 서울대 의대는 2013학년도에 다면인적성 심층면접이라는 명칭으로 다중미니면접을 도입, 현재까지 지속하고 있다. 다중미니면접 문제들의 특징 중 하나는, 정해진 답이 없는 윤리적 딜레마 상황을 어떻게 볼 것인가를 묻는 것이다. 최상위권 학생들의 관심이 의대 입시에 쏠린 만큼,

작은 틈만 생겨도 사교육이 걷잡을 수 없이 파고드는 탓에 매년 형태를 바꾸고 있다. 다만, 여러 가지 상황을 제시하고 학생의 생각과 선택을 평가함으로써 지식만을 쌓은 의사가 아닌 인성을 갖춘 의사를 선발한다는 본질은 변함이 없어, 대표적인 인성 면접으로 자리를 굳혔다.

다중미니면접을 철저히 준비하기 위해서는 무엇보다 학생부에 대한 정확한 이해가 필수다. 의학계열 모집단위는 학업역량도 중요하지만 기본적으로 가치관과 인성, 자기주도적 활동 능력을 파악하고자 한다는 점을 분명히 인지해야 한다. 자연계열의 공통 관심사인 과학윤리, 환경 및 정보윤리에 대한 자기만의 생각을 정리해놓는 것은 기본이며, 지원 대학 및 지원 모집단위의 기출문제를 철저히 분석하여 예상 질문에 대비해야 한다. 또한 추가 질문으로 압박을 하는 경우도 흔하므로 자신의 논점에 빈틈이나 반박의 여지가 있는지 충분히 검토해야 한다. 실제 의료 현장에 대한 이해를 높이기 위해 의학 드라마를 시청하는 것도 도움이 되며, 더불어 아마존 같은 해외 온라인 서점에서 'MMI'라는 단어를 검색하여 MMI 대비서를 미리 읽는 방법도 추천할 만하다.

**아마존에서 구입 가능한 'MMI'관련 도서들**

〈SECRETS OF THE MULTIPLE MINI INTERVIEW〉(Dr. Leah Feldman MD 저, 2023년 1월)
〈Untimate Guide to The Multiple Mini Interview(MMI)〉(BeMo Academic Consulting Inc. 저, 2019년 1월)
〈MEDICAL SCHOOL INTERVIEW〉(George Lee 저, 2018년 1월)
〈MULTIPLE MINI INTERVIEW FOR THE MIND〉(Advisor Prep 저, 2017년 5월)

〈THE ULTIMATE MEDICAL SCHOOL INTERVIEW GUIDE〉(Dr Ranjna Garg 저, 2016년 12월)
〈Ace Your Medical School Interview〉(Dr Peter Griffiths 저, 2013년 9월)
〈THE MEDICAL SCHOOL INTERVIEW〉(Samir Desai 저, 2013년 7월)

## 단계별 전형

여러 단계를 거쳐 합격자를 선발하는 전형을 말한다. 주로 학생부위주전형이나 실기위주전형에서 실시한다. 보통 1단계에서 3배수 정도를 선발하고 면접 등을 거쳐 최종 합격자를 선발한다.

☞ 학생부위주전형, 실기위주전형

## 단위(수)

1 2015 교육과정까지 사용되는 개념. 1단위는 1회 50분씩, 총 17회 분량의 수업을 의미한다. 1학기를 통상 17주 정도로 볼 때, 특정 과목을 1단위 이수한다는 것은 주 1회 수업을 한 학기 동안 듣는다는 뜻이다. 일반고에서는 보통 고교 3년간 총 180단위 분량의 수업을 가르친다. 그중 94단위가 학생들이 고등학교 3년간 꼭 이수해야 하는 '필수이수단위'로 정해져 있다.

〈2015 개정 교육과정, 고등학교 이수 단위표〉

<table>
<tr><th></th><th>교과 영역</th><th>교과(군)</th><th>공통과목 (기준 단위)</th><th>필수 이수 단위</th><th>자율 편성 단위</th></tr>
<tr><td rowspan="11">교과 (군)</td><td rowspan="4">기초</td><td>국어</td><td>국어(8)</td><td>10</td><td rowspan="10">학생의 적성과 진로를 고려하여 편성</td></tr>
<tr><td>수학</td><td>수학(8)</td><td>10</td></tr>
<tr><td>영어</td><td>영어(8)</td><td>10</td></tr>
<tr><td>한국사</td><td>한국사(6)</td><td>6</td></tr>
<tr><td rowspan="2">탐구</td><td>사회<br>(역사/도덕 포함)</td><td>통합사회(8)</td><td>10</td></tr>
<tr><td>과학</td><td>통합과학(8)<br>과학탐구실험(2)</td><td>12</td></tr>
<tr><td rowspan="2">체육 ·예술</td><td>체육</td><td></td><td>10</td></tr>
<tr><td>예술</td><td></td><td>10</td></tr>
<tr><td>생활 ·교양</td><td>기술·가정<br>/제2외국어/<br>한문/교양</td><td></td><td>16</td></tr>
<tr><td>소계</td><td></td><td></td><td>94</td></tr>
<tr><td colspan="4">창의적 체험활동</td><td>24</td></tr>
<tr><td colspan="4">총 이수 단위</td><td>204</td></tr>
</table>

② 예를 들어, 위의 표에서 국어 과목의 필수이수단위는 10이고, 공통과목으로 8단위가 편제되어 있다. 모든 학생들이 공통으로 듣는 8단위에서 모자라는 2단위 이상은 학교에 개설된 일반선택과목이나 진로선택과목 중에서 선택하여 채워넣을 수 있다.

③ 2022 교육과정부터는 기존의 단위수가 학점으로 변경된다. 한 과목당 수업 시수가 기존 17주에서 16주로 축소됨에 따라 전체 수업량은 기존 204단위(2,890시간)에서 192학점(2,560시간)으로 줄어

들며, 필수이수학점 또한 줄어든다.

**〈2022 개정 교육과정, 고등학교 단위 학점표〉**

<table>
<tr><th>교과(군)</th><th>공통 과목</th><th>필수<br>이수 학점</th><th>자율 이수 학점</th></tr>
<tr><td>국어</td><td>공통국어1, 공통국어2</td><td>8</td><td rowspan="9">학생의 적성과<br>진로를 고려하여<br>편성</td></tr>
<tr><td>수학</td><td>공통수학1, 공통수학2</td><td>8</td></tr>
<tr><td>영어</td><td>공통영어1, 공통영어2</td><td>8</td></tr>
<tr><td rowspan="2">사회<br>(역사/도덕 포함)</td><td>한국사1, 한국사2</td><td>6</td></tr>
<tr><td>통합사회1, 통합사회2</td><td>8</td></tr>
<tr><td>과학</td><td>통합과학1, 통합과학2<br>과학탐구실험1, 과학탐구실험2</td><td>10</td></tr>
<tr><td>체육</td><td></td><td>10</td></tr>
<tr><td>예술</td><td></td><td>10</td></tr>
<tr><td>기술·가정<br>/제2외국어/<br>한문/교양</td><td></td><td>16</td></tr>
<tr><td colspan="2">소계</td><td>84</td><td>90</td></tr>
<tr><td colspan="2">창의적 체험활동</td><td colspan="2">18(288시간)</td></tr>
<tr><td colspan="2">총 이수 학점</td><td colspan="2">192</td></tr>
</table>

위의 표를 살펴보면, 국어, 영어, 수학, 통합사회, 통합과학 과목에서 기존의 필수이수단위보다 각각 2학점씩 줄어든 것을 볼 수 있다. 소위 주요 과목에 대한 수강 부담이 줄어들어, 학생들이 좀 더 자유롭게 과목을 선택할 여지가 늘어났다.

☞ 최소이수학점, 고교학점제

## 단위학교 분할점수

1 고등학교에서 성취평가제를 시행할 때 학생들의 성취도를 평가하는 방식 중 하나. 고교에서는 과목별로 고정분할점수 방식과 단위학교 분할점수 방식을 혼용해 사용한다. 먼저 '고정분할점수'는, 시험 점수 90점/80점/70점/60점을 일괄적인 기준으로 적용해서 학생들의 성취도를 5단계로 구분하는 것이다.
또 다른 방식인 '단위학교 분할점수'란 해당 학교가 기준 분할점수를 정하는 것이다. 이 경우에는 시험 문항의 내용과 특성을 고려하여 담당 교사들이 논의를 거쳐, 준거 점수가 되는 분할 점수를 산출하고 이에 따라 학생들의 성취 수준을 구분하게 된다.

2 학생들이 어려워하는 과목이나 평균 점수가 낮은 과목에 고정분할점수 방식을 활용하면 성취도 D, E에 해당하는 학생들이 많아져 학습 성취 의욕을 떨어뜨릴 수 있다. 따라서 시험 문제의 난도나 해당 학생들의 수준을 감안해서 단위학교별로 분할점수 방식을 사용한다. 이 경우 과목별로 분할점수가 다르고, A~E의 비율 역시 다양하게 나타난다.

3 분할점수는 각 학교에서 임의로 설정하는 것이 아니라, 교사들이 교육부에서 배부한 분할점수 산출 프로그램을 활용하는데 해당 프로그램에 문항별 난도와 정답률을 입력하면 분할점수가 산출된다. 참고로 단위학교 분할점수 산출은 시험지가 완성된 후 학생들이 시험을 치르기 전에 학업성적관리위원회의 심의를 거쳐 공지해야 한다.

## 대입 공정성 강화 방안

교육부의 〈학생부종합전형 실태조사〉(2019.10월)에서 학생부종합전형의 불공정 요소를 일부 확인한 끝에 대입 공정성 강화 방안을 마련했다. 학종 운영 과정에서 출신 고교가 상당한 영향력을 발휘할 수 있고, 전형 자료를 평가하는 시간이 10분 내외인 점 등 부실한 운영이 문제시되었다.
특히 학종 선발 결과를 보니 과학고>외고·국제고>자사고>일반고순의 서열화된 고교체제가 뚜렷하게 나타났으며 소득별, 지역별 격차가 확인되었다. 이에 교육 당국은 대입전형 자료의 공정성 강화를 내세우고 다음과 같이 구체화했다.

'정규 교육과정 외 활동 대입 반영 금지, 자소서(2024학년도)/추천서(2022학년도) 폐지, 교원의 학생부 기재 역량 강화, 학종 평가 기준 및 선발 결과 공개, 외부 사정관 참여, 입학사정관 전문성 강화, 서울 소재 16개 대학 수능위주전형 확대, 새로운 수능 체계 마련, 사회통합전형(기회균형, 지역균형 등) 도입 법제화, 특기자 전형 및 논술위주전형 폐지를 유도하기로 한다.'

서울 소재 16개 대학이란 당시 학종과 논술위주전형의 모집 인원이 전체 모집 인원의 45% 이상을 차지한 건국대, 경희대, 고려대, 광운대, 동국대, 서강대, 서울시립대, 서울대, 서울여대, 성균관대, 숙명여대, 숭실대, 연세대, 중앙대, 한국외대, 한양대를 지칭한다.

## 대입전형 기본사항

대입 정책의 기본 방향은 적용 대상 학생들이 중학교 3학년이 되기 전 해의 2월 말(대학 입학 4년 전)까지 정부에서 발표한다. 또한 대입전형의 원칙과 준수 사항 등의 '대입전형 기본사항'을 대상 학생들이 고교 1학년에 재학하는 시기의 8월 말(대학 입학 2년 6개월 전)까지 한국대학교육협의회가 발표한다. 여기에는 대학이 대입전형 시행계획을 세우고 모집요강을 작성하기 위한 바탕 자료 즉, 대학입학전형 원칙, 준수 사항, 전형별 기본사항, 전형 요소 등이 포함된다.

## 대입전형 시행계획

대입전형 기본사항을 바탕으로 하여 대학별로 매해 대입전형에 대한 자세한 계획을 공식적으로 제공하는 '대입전형 시행계획'은 대상 학생들이 고교 2학년에 재학하는 시기의 4월 말(대학 입학 1년 10개월

전)까지 발표하게 되어 있다.

여기에는 모집 시기별 선발 인원 및 전형 유형, 모집단위(계열)별 모집 인원, 지원 자격, 수능 필수 응시 영역, 전형 요소 및 반영 비율, 학생부의 반영 교과, 수능 영역별 반영 비율 및 가산점, 최저학력기준 등의 정보가 포함된다.

이후 대상 학생들의 고교 3학년 시기에는 대학별로 최종적인 수시 모집요강(고3 5월 초), 정시모집요강(고3 9월 초)을 발표한다.

## 대학백과

[대학백과]www.univ100.kr는 국내 최대 대학생 플랫폼인 '에브리타임' 앱과 연동되어 대학과 학과 정보를 공유하는  입시 커뮤니티이다. 수험생과 대학생의 멘토링 시스템을 기반으로 하며, 특히 입시를 앞두고 구체적인 입시 정보를 얻고자 하는 수험생들이 많이 이용한다. 학교명과 학과명을 검색하여 구체적인 입시 상담을 할 수 있으며, 특정 전공과 관련한 질문하기를 통해 각 대학 재학생에게 답변을 받을 수 있다. 대학별 합격  후기, 입학 이후의 진로 및 대학 생활 등에 대해서도 현실적인 답변을 구할 수 있다.

## 대학별고사

대학별고사는 대학에서 자체적으로 실시하는 입학시험을 말한다. 넓은 의미로는 논술이나 면접, 실기시험 등도 모두 포함되는 개념이다. 교육부는 대학별고사보다는 학교생활기록부, 대학수학능력시험 등 대다수의 학생이 준비하는 전형 요소 중심으로 시행하도록 권장하고 있다. 더불어 학생과 학부모의 불안 및 사교육비 증가 등의 우려를 감안하여 과거처럼 국·영·수 중심의 본고사 형태의 지필고사가 되지 않도록 해야 하고, 논술 등 필답고사를 시행하는 경우 초·중등교육이 추구하는 본래의 목적을 훼손하지 않도록 운영하여야 한다고 법령으로 규정하고 있다(「고등교육법 시행령」 제35조 제2항).

논술고사를 시행하는 경우, 고교 교육과정 범위와 수준 내에서 출제하여 학생 스스로 논술을 준비할 수 있도록 하며, 교과 중심의 문제풀이식 구술형 면접은 가급적 지양하도록 하고 적성고사는 실시할 수 없다.

☞ 서류확인 면접, 논술위주전형

**고등교육법 시행령**

제35조(입학전형자료) ①대학(교육대학을 포함한다. 이하 이 조에서 같다)의 장은 법 제34조 제1항에 따라 입학자를 선발하기 위하여 고등학교 학교생활기록부의 기록, 법 제34조제3항에 따라 교육부장관이 시행하는 시험(이하 "대학수학능력시험"이라 한다)의 성적, 대학별고사(논술 등 필답고사, 면접·구술고사, 신체검사, 실기·실험고사 및 교직적성·인성검사를 말한다)의 성적 등 교과 성적 외의 자료(자기소개서는 제외한다) 등을 입학전형자료로 활용할 수 있다. ② 대학의 장은 제1항에 따라 논술 등 필답고사를 시행하는 경우 초·중등교육이 추구하는 본래의 목적을 훼손하지 아니하도록 운영하여야 한다.

## 대학별고사, 면접 잘하는 법

### 1. 면접도 역시 첫인상이 중요하다.

모든 만남이 그렇듯이, 면접에서도 첫인상이 중요하다. 좋은 첫인상을 각인시키려면 옷차림부터 단정해야 한다. 블라인드 평가로 교복은 입을 수 없다. 면접장에 들어갈 때는 차분한 발걸음으로 들어가서 밝게 웃으면서 인사를 하는 것이 좋다. 면접관이 지시하는 자리에 앉고 답변 내내 바른 자세를 유지하자. 손은 무릎에 얹고 면접관과 눈을 부드럽게 마주치며 답변한다. 이때도 면접관들을 골고루 바라보는 것이 좋다.

### 2. 표준어를 사용하고 면접 시 불필요한 행동은 삼간다.

평소 말투도 중요하다. 말을 하다 보면 자신도 모르게 속어, 은어, 줄임말, 유행어가 불쑥 튀어나올 수 있다. 면접 중에는 특히 조심해야 한다. 표준어를 사용하는 것이 좋고, 말끝을 흐리지 말고 마지막 답변까지 정확한 발음으로 해야 한다. 사투리가 심한 경우에는 더욱 천천히 말하는 것이 좋다. 평소 습관적으로 하는 어수선한 행동도 삼가도록 하자. 손을 비빈다든지, 다리를 떠는 등의 행동은 주의해야 한다. 면접이 끝났다고 하면 자리에서 일어나 바른 자세로 면접장을 나오도록 하자.

### 3. 질문을 알아듣지 못했거나 돌발 질문을 받은 경우 당황하지 말자.

질문을 알아듣지 못했을 경우 "죄송하지만 다시 한번 말씀해주시면 감사하겠습니다"라고 정중히 부탁한다. 또한 꼬리를 물고 이어지는 질문이나 반문에 당황하지 않고 자신감 있게 말하는 것이 중요하다. 예상하지 못한 돌발 질문이라도 최대한 자신의 생각을 표현할 수 있도록 노력해야 하며, 생각이 정리되지 않았을 때는 답변하지 않고 머뭇거리기보다 면접관에게 양해를 구하고 잠시 생각할 시간을 확보한 다음 성의 있게 답변하도록 한다.

만약 질문 내용을 제대로 파악하지 못했다면 면접관에게 다시 묻도록 한다. 전혀 모르는 내용의 질문을 받았을 때는 모르는 것을 억지로 아는 척 받아넘기려 하지 말고, 아는 부분에 대해서만 분명히 대답하는 것이 좋다.

### 4. 발음과 목소리 크기에 신경 쓰자.

일반적으로 자신의 생각보다 조금 큰 목소리로 답변하는 것이 정확한 전달에 도움이 된다. 속도는 평소보다 천천히 하는 편이 좋다. 또한 단조로운 억양보다는 답변의 내용이나 상황에 맞추어서 적절하게 어조를 변화시키면 효과적이다. 답변할 때는 이왕이면 긍정적인 표현을 쓰고 경어를 바르게 사용하도록 신경 써야 한다.

## 대학수학능력시험

대학수학능력시험에서 '수학修學'은 학문을 닦는다는 뜻이다. 영문으로는 'College Scholastic Ability Test'라고 표기한다. 수능은 대한민국 교육부로부터 권한을 위임받은 한국교육과정평가원에서 주관하는 표준화 시험으로, 대학의 교육과정을 얼마나 잘 수학修學할 수 있는지를 평가하는 것이 목적이다.

최근에는 우리나라 수능 성적을 바탕으로 입학 여부를 결정하는 미국 대학들도 100여 곳에 이르러서 수능 시험의 위상이 많이 올라갔으나 일부에서는 수능의 효능에 문제를 제기하는 흐름도 있다. IB 국제교육과정 옹호론자들을 중심으로 수능에 논·서술형을 도입하자는 움직임도 있다. 그러나 2028 수능 체제까지는 논·서술형 수능은 도입하지 않는다.

· 이만기 소장의 틈새 컨설팅 ·

### 수능 당일, 할까 말까 고민된다면?

수능 당일에는 시험 자체 외에도 소소하게 신경 쓸 사항들이 많다. 고사장으로 이동할 때부터 답안지를 제출할 때까지, 모르면 당황할 수 있는 크고 작은 점검 사항들을 미리 알아두자.

#### 1. 부모님 차, 탈까 말까?

시험 당일, 첫 고민은 교통수단에 있다. 가장 편한 부모님 차를 타는 것이 수험생도 좋고, 고사장까지 데려다주는 부모님도 좋을 테지만, 문제는 교통 상황에 있다. 물론 수능 당일은 공무원 출근 시간도 조정될 만큼 수험생을 위해 많은 배려를 하고 있지만, 오피스 밀집 지역이나 고사장 밀집 지역에서는 막힐 위험도 감수해야 한다. 따라서 일찍 나갈 자신이 없다면 그냥 대중교통을 이용하는 것이 바람직하다. 괜히 차를 끌고 나갔다가 늦을까 봐 노심초사한다면, 시험도 보기 전에 힘 빼는 경우가 생긴다.

입실은 8시 10분까지이므로 여유 있게 8시 이전에 미리 도착해서 준비한 키워드 노트, 정리 노트를 검토하면서 최종 시험에 대비하여 뇌를 미리 깨우는 것이 좋다.

#### 2. 휴대전화, 가져갈까 말까?

휴대전화가 없으면 불안한 것은 수험생도 마찬가지. 고사장에 휴대전화를 가져갈까 말까를 고민하는 수험생이 많다. 휴대전화는 부정행위를 막기 위해 다른 전자기기와 마찬가지로 반입 금지 물품이다. 그러나 고사장 밖에서 가장 필요한 물품 중의 하나이기도 하다. 따라서 되도록 가져가지 않는 것이 좋지만 휴대전화가 없으면 영 불안한 수험생이라면, 가져가서 시험감독관에게 제출하는 것이 낫다. 만일 가져갔는데 전원을 꺼두고 가방에 넣어둔 경우, 적발되면 부정행위자로 간주한다. 따라서 반드시 제출해야 한다.

**3. 체육복, 입을까 말까?**

공항 패션으로 주목받는 연예인은 있어도 수능 고사장 패션으로 주목받는 수험생은 없다. 그야말로 고사장 패션은 가장 편안한 옷이 최고! 재학생이라면 편안하고 익숙한 학교 체육복을 입고 수능 고사장으로 향하는 것도 좋다. 가장 편안한 복장이 최적의 컨디션을 만든다는 점을 잊지 말자.

시험장의 난방으로 더운 경우가 많으니, 얇은 겉옷을 여러 벌 껴입고 가서 본인에게 맞는 온도와 컨디션을 유지하자.

**4. 정답, 고칠까 말까?**

모든 시험에서 가장 많이 고민하는 부분이 정답 고치기다. 사실 여기에 정해진 답은 없지만, 확신이 들지 않는 한 고치지 않는 것을 권한다. 물론 오류를 발견했다면 바로 고쳐야겠지만, 문제는 답안지를 제출하기 직전까지 확신이 없는 경우다. 이럴 때는 처음에 판단했던 답이 맞을 확률이 높으며, 그래야 덜 후회한다.

시험 종료 후 답안을 작성할 경우 부정행위로 간주되어 0점 처리 되므로 각별히 주의해야 한다. 특히 4교시 탐구영역의 경우, 2선택과목 시간에 1선택과목의 답안을 수정하는 것은 부정행위이기 때문에 절대로 해당 과목의 답안지에는 손을 대지 말아야 한다.

**5. 예비 마킹, 할까 말까?**

실전 수능에서 가장 하기 쉬운 실수, 억울한 실수 중의 하나가 마지막

OMR 카드 마킹 실수이다. 실수하지 않으려고 예비 마킹을 하다가 오히려 실수하는 경우가 있다. 요즘 답안지 채점은 이미지 스캐너를 이용한다. 펜의 종류와 상관없이 예비 마킹 등 필기구의 흔적이 남아 있는 경우에는 중복 답안으로 처리되어 불이익을 받을 수 있다. 따라서 되도록 예비 마킹은 하지 않는 것이 좋다.

### 6. 고기 반찬, 싸 갈까 말까?

점심을 거르는 게 더 속 편한 수험생을 빼놓고는 수능 도시락은 필수. 부모 입장에서는 고사장에서 한 끼를 든든하게 먹게 해주고 싶은 마음에 평소보다 푸짐하게 도시락을 싸주기도 한다. 그러나 소화가 잘되지 않는 기름진 고기류나 튀김 종류는 오히려 탈이 날 수 있다. 그렇다고 채소 반찬만 싸주면 장 활동이 지나치게 활발해져서 화장실 문제가 생길 수도 있다. 가장 좋은 수능 도시락은, 수험생이 좋아하는 반찬 중 평소에 즐겨 먹어도 탈이 나지 않았던 반찬으로 정성껏 싸주는 것이다.

### 7. 초콜릿, 가져갈까 말까?

적절한 당분 섭취는 두뇌를 활성화하고 감정에도 긍정적인 영향을 미친다. 따라서 초콜릿, 사탕, 껌 등을 적당히 챙겨가면 도움이 된다. 다만, 너무 과한 간식을 섭취하면 속이 더부룩해지거나 갈증이 날 수 있으므로 조심해야 한다.

## 대학수학능력시험 반영 영역

① 각 대학이 수시에서 설정하는 수능 최저학력기준이나, 정시에서 반영하는 수능 영역은 각기 다르다. 그러므로 수험생들은 수능 성적표를 받으면 자신의 영역별 성적이 어느 대학에 지원할 때 유리한지 파악하는 것이 가장 중요하다. 지원하려는 대학의 수능 반영 영역과 영역별 반영 비율, 수능 활용 지표 등을 살펴봐야 한다.

② 많은 대학이 국어, 수학, 영어, 탐구 등 4가지 영역을 활용해 성적을 산출하지만 2개 또는 3개 영역만 반영하는 학교나 모집단위도 있다. 이때 반영영역의 수를 '3+1', '2+1'과 같은 형태로 흔히 표현하곤 한다. '3+1' 수능 반영이란 국어 · 수학 · 영어 영역은 필수로 반영하고 사회 · 과학 · 직업탐구 영역 중 1개를 반영하는 방식을 말한다. '2+1' 수능 반영이란 국어 · 수학 · 영어 영역 중 두 영역을 반영하고 사회 · 과학 · 직업탐구 영역 중 하나를 반영하는 방식을 말한다.

③ 수능 영역별 반영 비율 또한 대학과 모집단위에 따라 차이가 많이 난다. 따라서 수능 총점이 같더라도 영역별 점수에 따라 유불리가 발생하므로 대학별 모집요강을 숙지해야 한다.

예를 들어 서울대는 수학 영역의 반영 비율이 40%로 상당히 높은 편이며, 서강대는 43.3%, 중앙대 상경계열은 45%로 수학 반영 비율이 서울대보다도 더 높다(2024학년도 기준).

국어 영역의 경우 중앙대 인문계열, 건국대 인문계열이 40%로 가장 높으며, 서강대 인문계열(36.7%), 고려대 인문계열(35.7%), 경희대 인문계열(35%), 중앙대 상경계열(35%)도 상당히 높은 편이다(2024학년도 기준).

④ 학교마다 표준점수, 백분위, 등급 중 활용하는 지표도 다르다. 대체로 상위권 대학은 표준점수를, 중위권 대학은 백분위를 많이 사용한다.

· 이만기 소장의 틈새 컨설팅 ·

## 수능 난이도와 N수생, 정말 관계 있을까?

N수생의 숫자와 수능의 난이도는 밀접한 관련이 있으며, N수생의 비율에 따라 출제진이 출제 방향을 조절하기도 하는 것으로 알려져 있다. 다음은 2023년 대학수학능력시험 시행계획 발표 브리핑에서 취재 기자와 평가원 관계자의 질의응답 내용을 정리한 것이다.

**질문:** 지난해부터 N수생 비율이 최고일 것이라는 예측이 많았고, 실제로 N수생 비율이 굉장히 늘 것으로 예상된다. 지난해의 경우에는 응시 졸업생 비율을 예측해서 가중치를 두는 식으로 난이도 조정이 있었다고 하는데, 이번에도 그와 유사한 방식으로 조정이 될 계획인가?

**답변(한국교육과정평가원 대학수학능력시험본부장):** 6월 모의평가와 9월 모의평가에 응시하지 않은 졸업생들을 흔히 반수생이라고 부르는데, 이들을 예측하는 것이 쉽지 않다. 6모, 9모에 응시한 졸업생들의 학력은 모의고사 데이터를 바탕으로 어느 정도 예측도 하고 난이도 조절할 때 참고도 하는데 반수생들은 올해 학력 수준을 알 수 없으니 예측이 어렵다. 작년부터 졸업생들의 비율이 좀 더 늘어나고 있는 것은 사실이다. 이전 2~3년 사이의 수능에서 졸업생들과 반수생의 비율이 어느 정도였는지를 참조해서 예측하고 난이도를 조정하는데, 올해도 그 방식은 여전히 유효하다.

## 대학수학능력시험 부정행위

해마다 적지 않은 인원이 부정행위로 적발되어, 안타깝게도 수능 시험 전체 성적이 0점 처리되는 상황에 놓인다. 주요 부정행위 유형은 종료령 이후 답안 작성, 휴대전화 등 반입 금지 물품 소지, 4교시 응시 방법 위반으로, 해당 수험생은 「대학수학능력시험 부정행위자 처리규정」에 따라 해당 시험의 결과가 무효 처리된다.

**〈수능 시험장 휴대 가능 물품 및 반입 금지 물품 종류〉**

| 구분 | 물품 예시 | 비고 |
|---|---|---|
| **휴대 가능 물품** | • 신분증<br>• 수험표<br>• 검은색 컴퓨터용 사인펜<br>• 흰색 수정테이프<br>• 흑색 연필<br>• 지우개<br>• 샤프심(흑색, 0.5㎜)<br>• 시침·분침(초침)이 있는 아날로그 시계로, 통신·결제 기능(블루투스 등) 및 전자식 화면표시기(LCD, LED 등)가 모두 없는 시계<br>• 마스크(감독관 사전 확인 필요) 등 | 시험 중 소지 가능 |

| | | |
|---|---|---|
| **휴대 가능 물품 이외 물품** | • 투명종이(기름종이)<br>• 연습장<br>• 개인 샤프<br>• 예비 마킹용 플러스펜<br>• 교과서 · 참고서(문제집) · 기출문제지<br>• 볼펜 등 | 쉬는 시간은 휴대가 가능하나, 시험 중 휴대 불가. 특히 교과서, 참고서, 기출문제지는 발견 즉시 부정행위 처리 |
| **시험장 반입 금지 물품** | • 휴대전화<br>• 스마트기기(스마트워치 등)<br>• 디지털 카메라<br>• 전자사전<br>• MP3 플레이어<br>• 태블릿PC<br>• 카메라펜<br>• 전자계산기<br>• 라디오<br>• 휴대용 미디어 플레이어<br>• 통신·결제 기능(블루투스 등) 또는 전자식 화면표시기(LCD, LED 등)가 있는 시계<br>• 전자담배<br>• 통신(블루투스) 기능이 있는 이어폰 등 모든 전자기기 | 소지한 경우 1교시 시작 전 감독관에게 반드시 제출 필요 |
| **※ 다만, 보청기, 돋보기 등 개인의 신체조건 또는 의료상 특별한 이유로 휴대가 필요한 물품은 매 교시 감독관의 사전 점검 후 휴대 가능하다.** | | |

수능 부정행위 유형 및 제재는 다음과 같다.

〈수능 부정행위 유형 및 제재〉

| 부정행위 유형 | 제재 |
|---|---|
| • 다른 수험생의 답안지를 보거나 본인의 답안지를 보여주는 행위<br>• 다른 수험생과 손동작, 소리 등으로 서로 신호를 하는 행위<br>• 부정한 휴대물을 보거나 무선기기 등을 이용하는 행위<br>• 대리시험을 의뢰하거나 대리로 시험에 응시한 행위<br>• 다른 수험생에게 답을 보여주기를 강요하거나 위협하는 행위<br>• 기타 부정행위 심의위원회에서 중대한 부정행위로 판단한 경우 | 당해 시험 무효<br>+<br>다음 연도 1년간 시험 응시자격 정지 |
| • 응시 과목의 시험 종료령이 울린 후에도 계속해서 종료된 과목의 답안을 작성하거나 수정하는 행위<br>• 4교시 탐구영역의 경우 선택과목 시간별로 해당 선택 과목이 아닌 본인의 다른 선택과목의 문제지를 보거나 동시에 본인이 선택한 2과목의 문제지를 보는 행위<br>• 감독관의 본인 확인 및 소지품 검색 요구에 따르지 않는 행위<br>• 시험장 반입 금지 물품을 반입하고 1교시 시작 전에 제출하지 않는 행위<br>• 시험 시간 동안 휴대 가능 물품 외 물품에 대해 감독관의 조치에 응하지 않거나 안내와 달리 임의의 장소에 보관한 행위<br>• 기타 부정행위 심의위원회에서 경미한 부정행위로 판단한 경우 | 당해 시험 무효 |

## 대학 어디가

한국대학교육협의회에서 운영하는 대입정보포털. [대학 어디가adiga] www.adiga.kr는 'Admission Information Guide for All'의 약자로 모든 사람을 위한 대학지원 정보 가이드라는 의미를 가지고 있다. 실제로 진로 정보, 대입전형, 성적 분석, 대입 상담 등 대입과 관련된 유용한 정보들이 체계적으로 구축되어 있다. 전국 190여 개 4년제 대학과 130여 개 전문대의 대학·학과·전형 정보를 제공한다. 대학별 산출식에 맞춘 수험생의 학생부 교과 및 수능 성적 분석 서비스도 실시하고 있다. 그 외에도 대입제도 안내, 대입 일정, 대입 전략 자료실, 대학별 입시 정보와 행사 등 최신 대입 정보를 제공한다.

## 대학 원서 접수

① 대학 입학 지원 방법은 「고등교육법 시행령」(제42조)에 나와 있다. 그 내용은 다음과 같다. 대학(산업대학, 교육대학, 전문대학 포함)에 입학하고자 하는 자는 수시모집, 정시모집 및 추가모집에 지원할 수 있다. 대교협은 개별 대학으로부터 관련 자료를 제출받아 이를 확인하여 지원 방법을 위반한 자의 명단을 각 대학에 통보하고, 이를 통보받은 대학은 해당자의 입학을 무효로 한다. 이를테면 수시모집에 합격한 학생이 정시모집에 지원하면 대입 지원 방법 위반이다.

대학은 모집시기별 합격자, 등록자 명단 등의 자료를 대교협 요청 기간에 맞춰 즉시 제공하여 대입지원 위반자가 발생하지 않도록 해야 한다. 대학은 등록자에 대한 고교 졸업 사실 및 최종적으로 지원 자격을 충족하는지 여부를 확인해야 한다.

② 원서 접수는 온라인 접수를 권장하며, 접수된 원서의 취소는 원칙적으로 불가하다. '접수된 원서'란 수험번호가 부여된 원서를 의미한다. 대학은 원서 접수 횟수와 관련된 정보를 수험생에게 안내해야 하

며, 이를 위반하면 입학이 무효가 됨을 모집요강에 반드시 명시해야 한다. 온라인으로 접수한 경우에는 전산에 입력된 시간을 기준으로 하며, 창구 접수의 경우에는 대학이 지원자의 원서를 접수한 시간을 기준으로 한다. 우편접수의 경우에는 대학에 우편이 접수된 시간을 기준으로 한다.

③ 원서 접수 시 하나의 전형에서는 하나의 모집단위에만 지원할 수 있다. 해당 대학에서 금지하고 있지 않을 경우, 동일 대학 내 다수의 전형에 지원이 가능하다. 예를 들어 종합전형으로 A대학의 B학과와 C학과에 동시에 지원할 수 없으며 하나의 학과에만 지원이 가능하다. 종합전형으로 A대학의 B학과, 교과전형으로 A대학의 C학과에 지원하는 것은 원칙상 가능하다. A대학의 B학과에 한 명의 수험생이 서류전형과 교과전형으로 동시에 지원하는 것도 가능하다.

수시와 정시의 모집 시기는 일반적으로 아래와 같다.

**〈수시 및 정시모집 시기와 절차〉**

| 구분 | | 내용 |
|---|---|---|
| 수시 모집 | 원서 접수 | 9월 중순에 기간 설정(3일 이상) |
| | 전형 기간 | 원서 접수 후 약 90일간 |
| | 합격자 발표 | 12월 중순까지 |
| | 합격자 등록 | 12월 중순 |
| | 수시 미등록 충원합격 통보 마감 | 12월 중 · 하순까지<br>※ 홈페이지 발표는 14시까지,<br>14~18시까지는 개별 통보만 가능함. |
| | 수시 미등록 충원 등록 마감 | 12월 하순 |

| 구분 | 항목 | | 일정 |
|---|---|---|---|
| 정시 모집 | 원서 접수 | | 12월 하순에서 1월 초까지(3일 이상) |
| | 전형기간 | 가군 | 1월 초순 |
| | | 나군 | 1월 중순 |
| | | 다군 | 1월 하순에서 2월 초순 |
| | 합격자 발표 | | 2월 초순까지 |
| | 합격자 등록 | | 2월 중순 |
| | 정시 미등록 충원합격 통보 마감 | | 2월 중순까지<br>※ 홈페이지 발표는 14시까지,<br>14~18시까지는 개별 통보만 가능함 |
| | 정시 미등록 충원 등록 마감 | | 2월 중 · 하순 |
| 추가 모집 | 원서 접수, 전형일,<br>합격자 발표, 등록 | | 2월 하순<br>※ 홈페이지 발표는 14시까지,<br>14~18시까지는 개별 통보만 가능함 |
| | 등록 기간 | | 02. 28.(금) 22시까지(2025학년도 기준) |

· 이만기 소장의 틈새 컨설팅 ·

## 경쟁률과 커트라인은 꼭 비례할까?

원서를 넣을 때 수험생들은 경쟁률을 확인한다. 경쟁률이 낮으면 합격 가능성이 올라가고 경쟁률이 높으면 합격 가능성이 떨어지는 것은 당연지사. 그런데 경쟁률과 커트라인이 반드시 비례하는 것은 아니다.

보통은 3개년 경쟁률을 확인하되 이른바 실시간 경쟁률을 보라고 한다. 어떤 모집단위가 지난 3년 동안의 경쟁률 평균에 비추어서 너무 높거나 낮으면 입결이 요동 칠 가능성이 크므로 주의해야 한다. [유웨이]나 [진학사] 사이트에는 지난 3년 내의 실시간 경쟁률 데이터가 축적되어 있다. 원서 접수 첫째 날 오후 3시, 둘째 날 오전 10시 등 접수

시작부터 마감 직전까지 대학의 발표에 따른 데이터를 확인하여 현재와 비교해볼 수 있다. 마감 직전 경쟁률이 너무 낮은 곳은 최종적으로 급상승할 가능성이 있으니, 경쟁률이 너무 낮은 모집단위는 신중하게 지원해야 한다.

문제는 이런 전략이 전형별로 다르다는 것이다. 학생부종합전형은 서류와 진로·적성의 연관이 크기 때문에 함부로 모집단위를 바꾸는 것은 조심해야 한다. 하지만 학생부교과나 논술전형의 경우는 경쟁률에 따라서 학과를 바꾸는 것도 한 방법이다.

## 대학입학전형 지원시스템(ASSIST)

한국대학교육협의회에서 운영하는 시스템으로 ASSIST라고 한다. 각 대학은 여기에 해당 대학의 대입전형계획을 입력한다.

## 대학평가

교육당국이 실시하는 대학평가는 정권에 따라 여러 차례 개념과 명칭의 변화가 있어 왔다. 수치화된 평가 기준을 도입하여 대학을 평가한 후, 하위권에 속하는 대학에는 정부 재정 지원 및 학자금 대출이 제한된다.

2021년에 정비된 분류 체계는 아래와 같다.

【일반재정지원 선정 대학】: 일반재정지원(대학혁신지원사업) 가능, 특수목적 재정지원(국가, 지자체) 신청 가능, 국가 장학금 및 학자금 대출 가능
【일반재정지원 미선정 대학】: 일반재정지원(대학혁신지원사업) 제한, 특수목적 재정지원(국가, 지자체) 신청 가능, 국가 장학금 및 학자금 대출 가능
【미참여 대학】: 일반재정지원(대학혁신지원사업) 제한, 특수목적 재정지원(국가, 지자체) 일부 신청 가능, 국가장학금 및 학자금대출 가능
【재정지원제한 대학 유형I】: 일반재정지원(대학혁신지원사업) 제한, 특수목적 재정지원(국가, 지자체) 제한, 국가 장학금 일부 제한 및 학자금 대출 50% 제한
【재정지원제한 대학 유형II】: 일반재정지원(대학혁신지원사업) 제한, 특수목적 재정지원(국가, 지자체) 제한, 국가 장학금 및 학자금 대출 전면 제한
윤석열 정부는【학자금대출제한 대학】제도를 도입 '학자금 대출 50% 제한 및 국가 장학금 일부 제한, 정부 재정 지원 불가, 학자금 대출 및 국가 장학금 전면 제한, 정부 재정 지원 불가'로 나누었다.

# 도수분포

자료를 여러 구간으로 나누어서 각 구간별 도수(빈도수)를 파악하여 이해하기 편리하게 만든 표를 도수분포표라 한다. 수능 실시 후 한국교육과정평가원은 수험생들의 진학 지도를 위해 '영역/과목별 표준점수 도수분포'를 공개하는데 보통 공식적인 성적 통지일보다 하루 먼저 엑셀 파일로 언론에 제공한다. 영어, 한국사, 제2외국어/한문 영역은 표준점수를 산출하지 않으므로 제외한다. 표준점수를 1점 구간으로 나누어 남자 도수, 여자 도수, 계, 누적(계) 도수를 보여준다.

☞ 백분위, 표준점수

· 이만기 소장의 틈새 컨설팅 ·

## 수능 도수분포표 제대로 비교하기

사실 수능 성적표가 나오면 가장 중요한 자료는 도수분포표이다. 도수분포표와 백분위를 보면서 비교해야 한다. 2022와 2023학년도 국어를 가지고 이야기해보자. 다음 페이지의 표를 보면 2022학년도 표준점수 최고점은 149점이고 28명이었으며 1등급 컷은 131점이었다. 백분위로 따지면 표준점수 140~149(10개 도수)가 백분위 100(상위 1%이내)에 해당하고 인원으로 따지면 1,891명이다.

2023학년도 표준점수 최고점은 134점이고 371명이었으며 1등급 컷은 126점이었다. 백분위로 따지면 표준점수 131~134(4개 도수)가 백분위 100에 해당하고 그 숫자는 3,081명으로 전년도보다 늘어났다. 표준점수 최고점이 내려갔다는 것은, 평균점이 높아져서 개인의 원점수와 평균 점수와의 차이가 좁아졌다는 의미이다. 즉, 그만큼 시험이 쉬웠다는 이야기다. 일반적으로 최고점이 145점 이상이면 어려운 수능, 135점 이하이면 쉬운 수능으로 본다. 2023학년도에는 표준점수 최고점이 하락하고 더 좁은 점수대에 고득점자들이 몰려 있는 것으로 보아, 그만큼 시험이 쉬웠던 것으로 보인다. 즉, 2023학년도에는 국어 최상위권의 변별력이 상대적으로 낮았으며, 누적 인원으로 비교했을 때, 2022학년도의 표준점수 144점은 2023학년도의 표준점수 최고점(134점)과 비슷한 위력을 가진다고 해석할 수 있다.

**〈2022학년도와 2023학년도의 국어 영역 도수분포표 비교〉**

| 2022학년도 | | | | 2023학년도 | | | |
|---|---|---|---|---|---|---|---|
| 표준점수 | 계 | 누적(계) | 백분위 | 표준점수 | 계 | 누적(계) | 백분위 |
| 149 | 28 | 28 | 100 | 134 | 371 | 371 | 100 |
| 147 | 33 | 61 | 100 | 133 | 753 | 1,124 | 100 |
| 146 | 67 | 128 | 100 | 132 | 244 | 1,368 | 100 |
| 145 | 113 | 241 | 100 | 131 | 1,713 | 3,081 | 100 |
| 144 | 154 | 395 | 100 | 130 | 1,904 | 4,985 | 99 |
| 143 | 332 | 727 | 100 | 129 | 1,779 | 6,764 | 99 |
| 142 | 257 | 984 | 100 | 128 | 4,146 | 10,910 | 98 |
| 141 | 544 | 1,528 | 100 | 127 | 3,686 | 14,596 | 97 |
| 140 | 363 | 1,891 | 100 | 126 | 5,262 | 19,858 | 96 |
| 139 | 857 | 2,748 | 99 | 125 | 7,299 | 27,157 | 95 |
| 138 | 903 | 3,651 | 99 | 124 | 7,772 | 34,929 | 93 |

| 137 | 955 | 4,606 | 99 | 123 | 8,457 | 43,386 | 91 |
|---|---|---|---|---|---|---|---|
| 136 | 1,444 | 6,050 | 99 | 122 | 7,632 | 51,018 | 89 |
| 135 | 1,627 | 7,677 | 98 | 121 | 10,960 | 61,978 | 87 |
| 134 | 2,135 | 9,812 | 98 | 120 | 8,397 | 70,375 | 85 |
| 133 | 2,050 | 11,862 | 98 | 119 | 11,505 | 81,880 | 83 |
| 132 | 2,713 | 14,575 | 97 | 118 | 9,835 | 91,715 | 81 |
| 131 | 3,339 | 17,914 | 96 | 117 | 11,172 | 102,887 | 78 |

## 독서활동

학생부 항목 중의 하나로, 독서활동상황란에 학생이 읽은 책의 제목과 저자를 교과 담당교사 또는 담임교사가 입력하도록 했으나 2024학년도 대입(졸업생 포함)부터 상급학교 진학 시 '독서활동상황'은 제공하지 않는다. 다만 학생들이 읽은 책의 제목과 활동 내용 등을 교과세특 및 자율활동, 진로활동 등의 창의적 체험활동에 입력은 가능하다.

**· 이만기 소장의 틈새 컨설팅 ·**

### 독서는 어떻게 활용하나

독서는 학생들이 교과 학습에서 충족되지 못한 지적 호기심을 채울 수 있는 가장 손쉽고도 주도적인 학습 수단이다. 평가자들은 학생의 독서 활동을 통해, 전공과 관련하여 어떤 노력과 관심을 가지고 있는지, 이 학생이 지니고 있는 포괄적인 학업 역량의 수준과 발전 가능성이 어느 정도인지를 미루어 짐작하게 된다.

학생의 지적 역량이나 지적 호기심을 보여주는 폭넓은 독서도 의미가 있고, 관심 영역에 대한 심화된 독서를 통해 역량을 기르는 활동도 바람직하다. 고교 수준에 맞지 않는 어려운 책을 읽는 것은 권장하지 않는다. 실제 교과 영역과 관련하여 좀 더 찾아보고 알고 싶은 욕구가 생겨서 주도적으로 심화된 내용의 독서를 했을 때 긍정적인 평가를 받을 수 있다.[1]

## 동료평가(서) 

1 2024학년도 대입부터는 수시모집 평가에서 자기소개서 항목이 폐지된다. 하지만 교육부의 〈학교생활기록부 기재요령〉에 의하면 학생부의 서술형 항목은 교사가 직접 관찰·평가한 내용을 근거로 입력하며, 학교교육계획에 따라 실시한 교육 활동 중 교사 지도하에 학생이 직접 작성한 자료는 활용할 수 있다.

활용 가능한 자료는 ①동료평가서, ②자기평가서, ③수업산출물(수행평가 결과물 포함), ④소감문, ⑤독후감에 한정한다.

2 자기평가서란 수업 중 관심 있었던 주제나 단원, 수업 중에 발표했던 내용이나 수행평가 등의 참여 활동, 추가로 학습한 내용 등을

1 건국대, 경희대, 연세대, 이화여대, 중앙대, 한국외대 공동 출간, 〈학생부종합전형 101가지 이야기〉(2019년)

적어서 제출하는 것이다. 보통 담당 교과 교사가 자기평가서 양식을 제공하면 학생들이 직접 채워 넣는다.

③ 동료평가서는 학습 과정이나 수행 과정에서 학생들이 서로를 평가하는 방법을 말한다. 담당 교사 혼자서 관찰하고 평가한 내용을 보완할 수 있다는 장점이 있다. 단, 평가 결과를 성적에 반영할 때는 학생들에게 사전에 공지하여 내용을 충분히 설명해야 하며, 학생들의 동료평가 내용을 교사가 면밀하게 검토하여 반영 여부를 최종 판단한다. 동료평가는 학습자가 평가 과정의 주체가 된다는 점에서 자기주도적 학습을 지향한다는 의미가 있으며 학생들의 학습에도 긍정적인 영향을 미친다.

· 이만기 소장의 틈새 컨설팅 ·

### 세특에 동료평가는 어떻게 반영될까?

세특을 기술하는 방법은 크게 세 가지로 나눌 수 있다. 먼저 '사실 나열 위주 기술'은 교사의 주관적 평가는 배제한 채 학생의 활동 과정과 수행 결과를 사실대로 나열하는 방식이다. 다음으로 '교사 평가 위주 기술'은 교사의 평가를 중심으로 하기에 교사의 주관이 중요하다. 마지막 '동료평가 기반 기술'은 조별 활동 시 조원들의 평가, 수행 과정과 결과물에 대한 학급 구성원의 평가 등을 포함한다. 수학 과목의 동료평가를 예로 들면 아래와 같다.

"집합 단원의 집합의 연산을 이용하는 문제를 집합과 함수와 연계한 문제로 변형하여 문제를 제작하고 관련 내용을 정리하여 친구들에게 소개함. 친구들로부터 색다른 문제라는 칭찬을 받음."[2]
동료평가를 잘 받기 위해는 같이 프로젝트를 하는 친구들을 배려하고 솔선수범하는 자세가 필요하다. 무엇보다 학생부 기록의 주체는 교사이므로, 교사의 평가가 가장 중요하다. 해당 교사의 수업에 성실하게 임하는 기본적인 태도를 잊지 말자.

## 동아리 활동

창의적 체험활동 중 하나. 동아리 활동은 학생의 진로, 흥미와 적성에 부합하도록 동아리를 구성하거나 가입하여 다양한 체험을 하는 것으로, 학술 · 문화 및 여가 활동, 봉사활동 등으로 구성된다.
봉사활동은 동아리 활동의 하위 활동으로 편성되어 있으나, 성격상 창의적 체험활동 모든 영역의 활동과 연계, 통합하여 운영할 수 있다. 2024학년도 대입부터는 정규 교육과정 이외의 모든 비교과 활동을 폐지하는 조치(대입제도 공정성 강화 방안)에 따라 동아리 활동 중 자율동아리는 대입에 반영되지 않는다. 그 밖에 수상 경력, 개인 봉사활동 실적, 독서활동 등도 마찬가지다(소논문, 진로희망 분야는 2022학년도부터 폐지).

2 이정림, 〈학생부종합전형의 학생부 평가 방안 연구〉(2021년)

· 이만기 소장의 틈새 컨설팅 ·

## 동아리 활동에서 중요한 것

동아리 활동을 통해 대학은 학생의 관심 분야, 전공에서 필요로 하는 역량을 키우기 위한 노력, 전공(계열) 적합성, 자기주도성, 적극성, 도전정신, 문제해결 능력 등 다양한 특성을 파악할 수 있다. 고등학교 과정에서 2년 혹은 3년간 꾸준히 활동하면서, 단순 참여가 아닌 주도적 참여를 통해 자신의 관심과 특기를 계발했는지를 확인하므로 최소한의 성과, 발전된 모습, 과정과 결과를 모두 보여줄 필요가 있다.

하지만 반드시 지원하고자 하는 전공과 일치하는 동아리 활동을 해야 한다거나, 3년 동안 동일한 동아리를 유지해야 한다는 강박관념에 얽매일 필요는 없다. 어떤 동아리를 했는지도 중요하지만 동아리에서 발현된 창의성, 리더십, 참여도 등이 더 중요하기 때문이다.

동아리 공동 활동에 대한 내용이 주를 이루기보다 학생 개인의 특성, 관련된 내용을 탐구하고자 추가로 시도한 내용이 학생부에 서술될수록 좋다. 담당 교사는 다음과 같은 내용을 적어주면 좋다.

- 학생의 특별한 노력에 대한 구체적 활동 내용
- 학생의 변화와 성장 과정(창의성, 우수성, 지속성 등)
- 자기 주도성/ 성실성 / 리더십 / 협업과 소통에 관한 역량
- 정량적 + 정성적 기록, 진로를 중심으로 타 영역과 연계된 내용

## 동점자 처리기준

입학 사정 단계에서 같은 점수를 부여받은 동점자를 처리하는 기준을 말한다. 동점자 선발기준, 동점자 선발 우선순위라고도 한다.

① 예를 들어 성균관대학교의 경우, 학생부종합전형 가운데 면접을 보지 않는 모집단위에서는 서류 평가의 우선순위 영역 기준을 아래와 같이 설정하고 있다.

학업수월성 > 학업충실성 > 전공적합성 > 활동다양성 > 자기주도성 > 발전가능성

상위 동점자들 가운데, 우선순위가 가장 높은 영역 점수가 더 높은 지원자부터 선발한다. 한편 이 대학의 학생부종합전형 가운데 면접을 시행하는 모집단위는 면접 점수 상위자를 우선으로 뽑는다. 그래도 동점자가 나올 경우 앞의 '서류 평가 우선순위 영역'을 기준으로 하여 취득 점수 상위자순으로 선발한다.

② 학생부교과전형 또한 동점자 처리 기준은 대학별로 차이가 크다. 가장 일반적인 방법은 주요 교과의 성적순으로 우위를 가리는 것이다. 예를 들어 건국대와 중앙대, 한양대의 경우 자연계열은 수학·과학·영어 교과 성적순으로, 인문계열은 영어·국어·수학 교과순으로 성적이 우수한 학생을 우선 선발한다. 특히 한양대는 상경계열을 인문계열과 구분해 영어·수학·국어 교과 성적순으로 선발한다. 만약 교과 성적도 같다면, 교과 이수 단위를 비교한다. 반면 단계별 전형을 실시하는 연세대는 최종 점수가 같을 경우 면접 평가에서 높은 점수

를 받은 학생이 유리하다.

③ 정시의 경우, 서울 주요 대학들은 대부분 수능 주요 과목 성적순으로 학생을 선발하는 경우가 일반적이다. 예를 들어 한양대의 경우 자연계열은 수학 · 과학탐구 · 국어 · 영어 · 한국사 성적이 높은 순으로, 인문계열은 국어 · 수학 · 탐구 · 영어 · 한국사 성적이 높은 순으로 동점자를 가린다(2023학년도 기준).

눈여겨볼 점은 교과 성적을 반영하는 대학도 있다는 것이다. 연세대, 고려대, 성균관대, 이화여대 등은 수능 과목별 성적으로 동점자를 가리지 못할 경우 학생부 교과 성적을 반영한다.

특히 연세대 의대의 경우는 단계별 전형으로, 면접 점수>수능 수학 점수>탐구 점수>학생부 교과 성적순으로 학생을 선발하는데 최상위권 학생들이 워낙 치밀하게 몰리기 때문에, 교과 성적으로 인해 순위가 뒤로 밀려나는 경우가 있다.

대학에 따라서는 최종적으로 남은 학생들을 모두 선발하거나, 혹은 대학의 심의위원회 회의를 통해서 결정하는 경우도 있다.

## 듄

EBS를 한글 두벌식 자판으로 놓고 쳤을 때 나오는 오타인데, 일종의 애칭의 개념으로 통용된다. EBS도 이를 인정하고 방송에 대한 별칭으로 직접 사용하기도 하며, 실제로 EBSi는 '듀냐'라는 단어를 '듀나

프렌즈' '듀나패스'와 같은 식으로 활용하곤 한다.

## 등급

① 【9등급제】 : 수능에서 영역별로 산출된 표준점수를 기준으로 9등급으로 구분하여 수험생이 속해 있는 등급을 표시한 점수 체제이다. 2024학년도 수능에서는 상대평가인 국어, 수학, 탐구영역이 9등급제를 따른다. 또한 2015 개정 교육과정에서는 내신도 원점수에 의한 9등급을 사용한다.

9등급제에서는 전체 응시생의 상위 4%까지를 1등급으로, 1등급을 제외한 전체 응시생의 상위 11%까지를 2등급으로 하여 순차적으로 9등급까지의 등급을 부여하며 등급별 비율은 다음과 같다.

| 등급 | 1 | 2 | 3 | 4 | 5 | 6 | 7 | 8 | 9 |
|---|---|---|---|---|---|---|---|---|---|
| 비율(%) | 4 | 7 | 12 | 17 | 20 | 17 | 12 | 7 | 4 |
| 누적비율(%) | 4 | 11 | 23 | 40 | 60 | 77 | 89 | 96 | 100 |

등급은 정수로 표기된 표준점수로 결정하며, 등급과 등급 사이의 점수를 받은 동점자에게는 상위 등급을 부여한다. 우리나라만이 아니라 전 세계적으로 쓰이는 개념이다. 동점자 발생으로 기준 비율을 초과하는 경우, 마찬가지로 상위의 등급을 부여한다.

절대평가를 적용하는 영어 영역은 다음과 같이 등급 분할 원점수에 따라 등급을 부여한다.

| 등급 | 1 | 2 | 3 | 4 | 5 | 6 | 7 | 8 | 9 |
|---|---|---|---|---|---|---|---|---|---|
| 분할 기준 (원점수) | 100~90 | 89~80 | 79~70 | 69~60 | 59~50 | 49~40 | 39~30 | 29~20 | 19~0 |

절대평가를 적용하는 한국사 영역은 다음과 같이 등급 분할 원점수에 따라 등급을 부여한다.

| 등급 | 1 | 2 | 3 | 4 | 5 | 6 | 7 | 8 | 9 |
|---|---|---|---|---|---|---|---|---|---|
| 분할 기준 (원점수) | 50~40 | 39~35 | 34~30 | 29~25 | 24~20 | 19~15 | 14~10 | 9~5 | 4~0 |

절대평가를 적용하는 제2외국어/한문 영역은 다음과 같이 등급 분할 원점수에 따라 등급을 부여한다.

| 등급 | 1 | 2 | 3 | 4 | 5 | 6 | 7 | 8 | 9 |
|---|---|---|---|---|---|---|---|---|---|
| 분할 기준 (원점수) | 50 ~ 45 | 44 ~ 40 | 39 ~ 35 | 34 ~ 30 | 29 ~ 25 | 24 ~ 20 | 19 ~ 15 | 14 ~ 10 | 9 ~ 0 |

②【5등급제】: 2022 개정 교육과정 내신 평가에서 사용한다. 학생들의 지나친 내신 경쟁과 사교육을 완화하고 협력 학습을 유도하는 것이 목적이다. 상대평가 5등급에서 등급별 비율은 다음과 같다.

| 등급 | 1 | 2 | 3 | 4 | 5 |
|---|---|---|---|---|---|
| 비율(%) | 10 | 24 | 32 | 24 | 10 |
| 누적비율(%) | 10 | 34 | 66 | 90 | 10 |

## 등급 블랭크

수능이나 내신에서 특정 등급이 비게 되는 현상을 말한다. 예를 들어 1등급의 비율이 바로 아래 등급인 2등급까지 누적 비율을 넘어서게 되면, 2등급은 사라지고 그다음 등급이 3등급으로 바로 넘어가게 된다. 실제로 2021학년도 대학수학능력시험 사회탐구 영역 「세계지리」 과목에서 50점 만점자가 13.64%여서 전원 1등급으로 처리되고, 48점을 맞은 수험생은 2등급이 아닌 3등급을 받았다. 마찬가지로 「물리학II」도 1등급이 11.52%여서 2등급 블랭크가 발생했다. 등급 블랭크가 생겼다는 이야기는 문제를 너무 쉽게 출제하여 난이도 조절에 실패했다는 뜻이다. 수능에서는 이런 경우를 '물수능'이라고 말한다.

## 등급컷(등급구분점수)

① 시험을 치르고 나서 각 등급을 구분하는 점수가 나오는데 이를 등급컷이라고 한다. 시험 직후 각 입시기관에서 공개하는 것은 원점수를 바탕으로 한 것이고, 성적 발표 후에 나오는 것은 표준점수를 바탕으로 한다. 이제는 문·이과 통합 수능이 되면서 조정점수제를 실시하기 때문에 입시기관들의 예상컷과 차이가 벌어지는 경향이 있다.

② '등급컷'은 엄밀히 말하자면 보편화된 속어이고, 평가원과 교육청 측에서 공식적으로 부르는 명칭은 '등급구분점수'이다. 현재는 수능 성적이 발표되기 전 대학별고사를 실시하기 때문에 각 수험생이 수능 최저등급을 충족했는가의 여부가 초미의 관심사가 된다. 수험생들은 사교육 기관들이 내놓는 가채점 등급에만 의존하여 대학별고사에 응시할지 말지를 판단하는 상황이다.

사교육 기관들은 시험 당일 오전부터 소속 강사들의 난이도 평가를 바탕으로 하여 체감 등급컷을 발표한 뒤, 시험 종료 후에는 각 기관의 채점 서비스에 점수를 입력한 학생들의 성적 데이터를 가공하여 예상 등급컷을 추정 발표한다. 이 수치를 보고 수험생들은 자신의 대략적인 전국 위치와 정시모집 지원권, 수능 최저등급 충족 여부를 판단하여 수시모집 대학별고사의 참가 여부를 결정해야 한다.

문제는 이 등급컷이 발표하는 기관마다 다르고 정확도도 완벽하지 못하다는 것이다. 이런 불확실한 데이터를 바탕으로 수험생들은 인생의 중대한 결정을 내려야 하는 셈이다.

☞ 가채점, 대학별고사, 조정점수

## 등록

대학에 합격한 수험생이 대학 측에 문서 등록을 하거나, 등록 확인 예치금을 납부한 상태를 의미한다. 수시모집 합격자가 합격한 대학에 등록하는 경우에는 문서 등록을 원칙으로 하며, 대학은 수험생의 부담을 덜어주기 위해 총 납부 금액의 10% 이내에 해당하는 '등록 확인 예치금'을 징수할 수 있다.

☞ 등록 예치금, 이중등록

## 등록금 환불

입학 예정자가 대학에 납부한 등록금을 돌려주는 일. 등록 포기(입학 허가를 받은 자가 등록 포기를 표시한 경우) 등에 따른 등록금 환불은 「대학 등록금에 관한 규칙」 제6조 제2항에 따라 처리한다. 대학은 입학 허가를 받은 자가 학기 개시일 이전에 입학 포기 의사를 밝힌 경우 해당자를 등록 포기자로 처리해야 하며, 납부한 등록금 전액을 반환해주어야 한다.

## 등록 예치금

수시모집 본등록 전에 등록 의사를 밝히는 의미에서 일정 금액을 납부하는 것을 말한다. 돈을 내지 않아도 되는 문서 등록도 있다. 다른 말로는 등록확인 예치금, 수시합격 예치금, 확인 예치라고도 부른다.

## 등록 포기

대학입학전형에 합격하여 등록하였으나, 다른 대학의 충원합격 통보를 받는 등의 이유로 등록을 하지 않는 것. 반드시 등록 포기 절차를 진행해야 이중 등록으로 합격이 취소되는 것을 막을 수 있다.

☞ 충원합격, 이중등록

ㄱ ㄴ ㄷ ㄹ ㅁ ㅂ ㅅ ㅇ ㅈ ㅊ ㅋ ㅌ ㅍ ㅎ

대입 필수용어 사전
ㄹ

## 라인을 잡는다 

정시나 수시에서 대학별 학과별 순위에 따라, 본인의 성적으로 갈 수 있는 대학들을 대략적으로 가늠하는 것을 말한다. 자신의 수능 백분위를 너무 후하게 예상해서 라인을 높게 잡을 경우, 수시모집의 수능 최저를 못 맞추는 것은 물론 정시에서도 고배를 마실 수 있다. 반대로 라인을 너무 낮게 잡을 경우, 일명 '수시 납치'를 당하는 사태가 벌어질 수 있다.

· 이만기 소장의 틈새 컨설팅 ·

### 나를 도와줄 컨설턴트, 어떻게 선택해야 할까?

수험생을 도와 최선을 성과로 이끌어줄 컨설턴트를 어떻게 찾아야 할까? 전문 지식과 경험은 기본이고, 관찰력과 분석력이 있어야 한다. 창의적으로 미래를 예측할 수 있어야 하며, 이를 기반으로 협상과 소통을 거쳐 합리적 대안을 제시해야 한다. 좋은 컨설턴트의 자질을 간략히 정리하자면 아래와 같다.

- 수험생의 올바른 판단과 결정을 위해 본인만의 자료를 제공해야 한다.
- 입시에 대한 해박한 지식을 보유하고 순발력 있게 업데이트 해야 한다.
- 현장 경험을 바탕으로 학생의 문제를 해결해주어야 한다.
- 수험생을 도와 경쟁력을 강화해주어야 한다.
- 정확한 진단을 바탕으로 해결 방안을 제시해야 한다.

- 찾아온 수험생에 대한 강한 집념을 보여야 한다.
- 긍정적이며 합리적이고 자신감이 있어야 한다.
- 단정한 외모 관리와 깔끔한 복장이 필수이다.

## 라플라스 클럽

시대인재북스 출판사의 수험서 《수학의 명작》 저자들이 시작한 입시 수학 커뮤니티. 자연계열 상위권 수험생들과 수과학 교육계(사교육계 포함) 종사자들이 모여, 모의고사 등 직접 제작한 자료들을 공유한다. 회원들 사이에서는 'L.C'로 줄여 말하거나 '라플' 혹은 '랖'으로 표현한다.

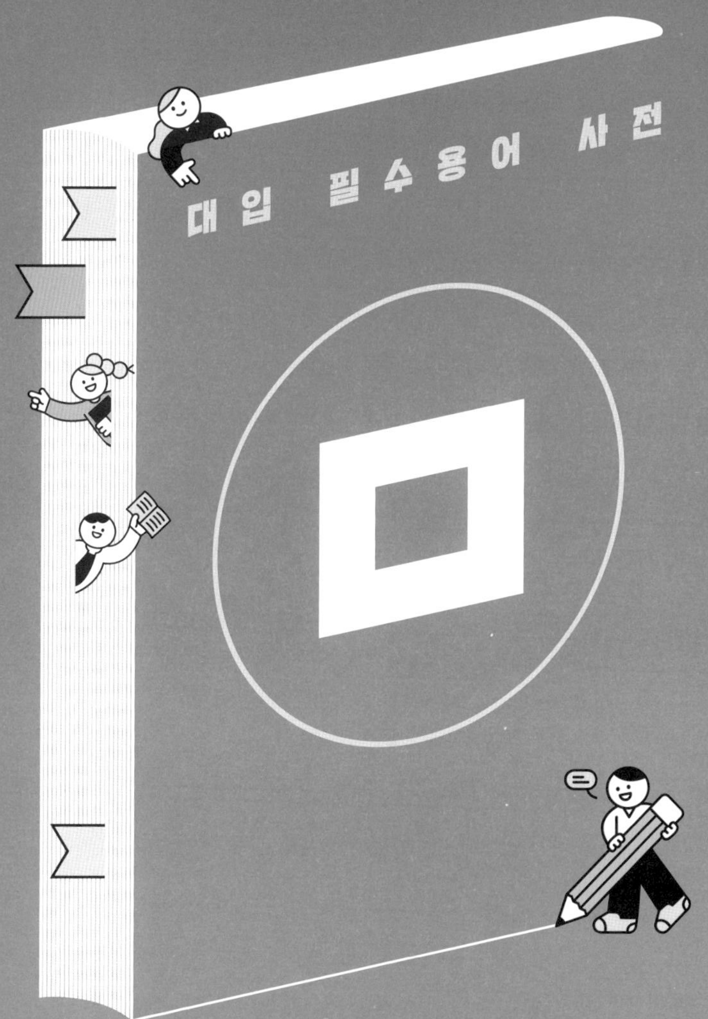
대입 필수용어 사전
ㅁ

## 마이스터고

① 「초·중등교육법시행령」 제90조 제1항 제10호의 '산업수요 맞춤형 고등학교'에 해당하는 학교로, '전문적인 직업교육의 발전을 위하여 산업계의 수요에 직접 연계된 맞춤형 교육과정 운영을 목적으로 하는 고등학교' 로 정의된다. 거의 모든 비중이 취업에 쏠려 있고 거의 모든 학생들이 고등학교 졸업 후 산업 현장에 취업한다.
② 고등학교 분류는 특성화고가 아니라 특목고에 해당한다. 마이스터고 졸업 직후 대학에 진학하는 것이 불가능하다고 알고 있는 경우가 흔하지만, 법적으로나 현실적으로 졸업 직후 대학 진학은 가능하다.
☞ 직업계 고등학교

## 메이저맵

데이터AI 기반으로 학과, 학교, 직업 등 입시 관련 정보 및 진로 탐색 서비스를 제공하는 사이트www.majormap.net. 특정 대학교 내에 어떤 학과들이 존재하는지 검색할 수 있으며, 각 학과의 경쟁률과 취업률도 확인할 수 있다. 관심 있는 학과를 입력하면 커리큘럼에 대해 키워드 형태로 정보를 제공하며 유사한 학과는 무엇인지, 다른 학과와는 어떤 커리큘럼으로 연결되는지를 한눈에 보여준다. 전공과 관련한 진로 추천 도서 정보도 제공하며 모의고사 성적을 입력하면 지원할 수 있는 대학을 확인할 수 있다.

## 면접 유형

시험관과 응시자가 얼굴을 맞대거나 영상을 통해 구술(말로 하는 논술)로 치르는 면접은 다음과 같은 유형으로 나뉜다.

① 면접에 참여하는 인원의 구성에 따라【일대일 면접】(면접관 1인이 지원자 1인을 대상으로 질의 응답하는 면접),【일대다 면접】(면접관 1인이 다수를 대상으로 질의 응답하는 면접) 등이 있다. 개별 면접이 아닌 그룹 면접 형태의【다대다 면접】도 늘어나는 추세다. 한 가지 질문에 여러 지원자가 답을 하기도 하고, 지원자 각각에게 다른 질문을 하기도 한다.

②【구조화 면접】이란 질문 내용, 질문 방법에 관한 지침이나 기준이 표준화된 형식으로 미리 정해진 상태에서 진행되는 면접이고,【비구조화 면접】이란 일정한 지침이나 기준 없이 면접 현장에서 즉흥적으로 진행되는 면접을 말하며【반구조화 면접】이란 사전에 준비된 질문을 중심으로 면접을 진행하지만, 면접자에게 약간의 재량권을 허용하는 면접(구조화 면접과 비구조화 면접의 절충형)을 말한다.

③ 어떤 자료를 토대로 면접을 진행하느냐에 따라 면접의 형태를【서류확인 면접】과【제시문 활용 면접】【출제문항 활용 면접】으로 나눌 수도 있다. 서류확인 면접은 학교생활기록부를 바탕으로 서류 내용의 진위 여부를 확인하면서 평가 요소에 따라 학생의 역량을 확

인하는 면접을 말한다. 제시문 활용 면접은 주어진 제시문과 질문을 바탕으로 면접관과 수험생 사이의 자유로운 상호작용을 통해 문제해결 능력과 논리력 및 창의적인 사고력을 종합적으로 평가하는 면접을 말하고 【출제문항 활용 면접】은 대학에서 사전에 출제한 문항을 활용하여 지원자를 평가하는 면접을 말한다.

④ 학생과 평가자가 직접 만나느냐를 기준으로 【대면 면접】과 【비대면 면접】으로 나누기도 한다. 그중 【방문 비대면 면접】은 학생이 직접 대학에 방문하지만 평가자와 대면하지 않고 온라인으로 진행하는 면접을 말하고, 【미방문 비대면 면접】은 학생이 대학에 방문하지 않고 각자 별도의 공간에서 온라인을 활용하여 평가자와 실시간으로 진행하는 면접을 말한다. 【동영상 업로드 면접】은 학생이 주어진 면접 질문을 확인하고, 정해진 기한 내에 답변 내용을 촬영하여 업로드하면 평가자가 이를 활용하여 평가하는 면접을 가리킨다.

☞ 서류확인 면접, 제시문 활용 면접, 심층 면접

· 이만기 소장의 틈새 컨설팅 ·

### 면접 전에 반드시 확인해야 할 것

면접에 임하는 기본자세는 우선 대학의 인재상, 지원 학과의 교육 목표와 교육과정을 꼼꼼히 살펴보는 것이다. 면접 시간은 제한이 있기 때문에 장황하게 설명하면 안 된다. 추가 질문을 받았다면 그 의도를 빠르게 파악하여, 타당한 근거를 제시하면서 조리 있게 말할 수 있어야 한다. '전년도 기출문제'와 매해 3월에 발표되는 〈선행학습 영향평가 보고서〉를 참고하여 각 대학이 실시하는 면접 출제 내용과 의도, 평가 기준 등을 미리 확인하자. 모든 시험은 연습만이 살 길이다.

## 모의고사

공공기관이 실시하는 모의고사는 【전국연합학력평가】와 【대학수학능력시험 모의평가】 두 가지가 있다.

① 【전국연합학력평가】는 수험생들의 현재 학력 수준을 측정하기 위해 실시하는 수능 형태의 모의고사다. 주관 기관은 각 시·도교육청이다. 보통 '학평'이라고 부르는데, 이 시험을 통해 주기적으로 학생들의 학력을 확인할 수 있으며, 넘쳐나는 사설 모의고사를 대신하여 학부모의 경제적 부담을 줄인다는 목적도 포함한다.

② 【대학수학능력시험 모의평가】는 대학수학능력시험을 출제하는 한국교육과정평가원에서 그해 수험생의 능력 수준을 파악하고 본수능의 난이도 조정을 위해 실시하는 모의고사를 말한다. '모평'이라고 부르며, 6월과 9월에 고3과 졸업생을 대상으로 실시한다.

③ 학평과 모평은 일단 공식 명칭과 학년도 표기 방식이 다르다. 이를테면 2023년에 치르는 학평은 '2023학년도 고3 전국연합학력평가 문제지'로 표기되지만, 동년도에 치르는 모평은 '2024학년도 대학수학능력시험 모의평가 문제지'로 표기된다(2024학년에 대학에 입학하게 될 수험생들을 대상으로 한다는 의미이다).

출제하는 기관이 다르다 보니 문제의 질 또한 차이가 크다. 실제 수능을 출제하는 한국교육과정평가원에서 출제하는 6, 9월 모의평가가 고등학교 교사들이 출제하는 타 학력평가보다 문제의 질이 월등히 좋고 수능의 문제 유형을 제대로 보여주며, 특히 본 수능과 마찬가지로 EBS 교재와 연계된 문제가 출제된다. 학평의 경우 정답과 해설을 모두 제공하는 것에 비해, 모평은 정답만 인터넷을 통해 공개하며 해설은 전혀 제공하지 않는다.

두 시험 모두 채점은 주로 평가원에서 하는데 두 시험의 차이점은 다음 표와 같다.

**〈학평과 모평의 비교〉**

| 명칭 | 전국연합학력평가(학평) | 대학수학능력시험 모의평가(모평) |
|---|---|---|
| 주관 기관 | 각 시·도교육청 | 한국교육과정평가원 |
| 시행 학년 | 고1, 2, 3 | 고3 및 졸업생 |
| 출제 및 검토 | 고등학교 교사 | 대학교수 및 교사 |
| 문제의 질 | 평이한 수준,<br>EBS 연계 의무 아님 | 수능 수준, EBS 50% 연계 |
| 비용 부담 | 교육청 | 재학생은 국고, 졸업생 등은 개인 부담 |
| 시험 과목 | 시기별 학년별로 다름 | 대학수학능력시험 전 과목 |
| 정답 및 해설 | 모두 제공 | 정답만 제공 |
| 성적표 정보 | 각종 정보 자세히 제공 | 수능과 같이 표준점수,<br>백분위, 등급만 제공 |

☞ 모평, 학평

· 이만기 소장의 틈새 컨설팅 ·

## 6월 모의평가의 의미

6월 모의평가 때는 지금까지 포함되지 않았던 N수생이 유입되므로 자신의 전체적인 위치를 객관적으로 진단할 수 있다. 6월 모평 성적이 현재 자신의 실력이라고 판단해도 무방하다. 이를 토대로 수시모집 지원 가능권 대학을 결정하고 정시에 대비할 수 있다. 지원 가능 대학은 사설 교육평가기관이나 대학 입학처, 대입정보포털 [대학 어디가]에서 제공하는 지난해 입시 결과를 기준으로 한다.

이때 중요한 한 가지가 바로 수능 최저기준이다. 주요 대학의 경우, 수시모집에서 수능 최저학력기준은 합불을 가르는 중요 요소이다. 주로 논술전형과 학생부교과전형에 수능 최저학력기준이 적용되며, 학생부종합전형의 경우는 상위권 일부 대학이나 의약학 계열 등 일부 학과(학부)에 한하여 적용된다. 매년 수시에서 마지막 관문인 수능 최저학력기준을 충족하지 못해 불합격하는 사례가 많다.

모의평가 결과 열심히 했는데도 성적이 나오지 않는 학생이라면, 공부 방법이나 계획을 점검하고 필요하다면 과감히 바꾸어야 한다. 그런 의미에서 6월 모의평가는 전환점이 되는 시험이다. 상위권 수험생의 경우 새로운 유형, 고난도 문항을 집중 공략하여 최상위권으로 도약하기 위한 발판을 다지고 중위권 학생들은 오답을 충분히 분석하여 틀린 원인을 찾아 집중적으로 채워나가야 한다. 하위권 수험생들은 기본 점수를 확보하기 위한 전략을 세우고, 빈틈이 있는 개념 부분을 메우기 위해 집중해야 한다. 덧붙이자면, 모든 성적대에서 EBS 변형 문제의 위력이 크다는 점에 주목해야 한다.

많은 수험생들이 선택과목에서 불리하다는 판단을 하고 모평 이후 슬럼프에 빠지는 경우가 생기는데, 이때는 공통 파트에 집중하는 대책으로 빠르게 전환해야 한다. 실제로 원점수 총점에서 뒤졌으나 공통 파트에서 고득점을 함으로써 최종 표준점수에서 역전한 사례, 같은 원점수라도 공통 파트에서 고득점한 수험생이 최종 표준점수에서 2~3점 높게 나오는 사례가 있었다. 선택과목별 유불리를 판단하는 것 외에도 인원 비율 추이, 문제의 유형과 난이도, 반수생들의 비율 추이 등 다양한 측면에서 6월과 9월 모의평가를 활용할 수 있다.

## (사설) 모의고사

사설 모의고사는 교육청이나 평가원 같은 국가 교육기관이 아닌 사설 기관에서 주최하는 모의고사를 뜻한다. 대표적으로 대성학원과 메가스터디가 공동으로 주최하는 '메가 대성 더 프리미엄 모의고사'가 있다. 줄여서 '메대프', '더프'라고 부른다. 그 밖에도 서바이벌 모의고사(시대인재학원), 이투스 모의고사, 종로 모의고사 등이 유명하다. 이런 사설 모의고사들은 실제 수능 시험 시간표에 맞추어 진행된다.

특정 과목만 치르는 과목별 모의고사도 있다. 국어는 이감, 바탕, 상상, 한수 모의고사가, 수학은 이해원 모의고사, 현우진 강사의 킬링캠프Killing Camp 등이 유명하다.

## 모의지원

모의지원은 합격 진단이나 합격 예측의 기본이 되는 서비스이다. 본인의 수능 성적과 내신 성적을 입력하고 실제로 원서를 접수하기 전에 모의로 원서를 접수하면 합불 결과를 가상으로 보여준다. 이 결과를 바탕으로 수험생들은 지원 대학이나 학과를 변경하기도 한다. 수험생들에게 필수가 된 이 서비스는 유웨이를 비롯하여 모든 입시 기관이 제공한다.

모의지원 결과를 바탕으로 합불 예측 결과를 알려주는 시스템을 합격 진단, 합격 예측이라고 하는데, 한편으로는 이런 서비스가 하향 지원을 부추긴다는 비판도 있어서 신중히 접근해야 한다. 어느 사이트나 합격 예측의 정확도는 원서 접수일이 가까워질수록 올라간다. 대략 원서 접수 마감 하루 이틀 전에 최종 업데이트가 되며 최고의 정확도를 갖춘다.

☞ 합격 진단

· 이만기 소장의 틈새 컨설팅 ·

### 모의지원 이용하기

전문가들은 한 회사의 프로그램에 올인하지 말고 적어도 두 개 이상의 프로그램을 이용해볼 것을 권장한다. 최근의 유료 프로그램 흐름은 [진학사], [유웨이] 등의 모의지원과 고속성장 분석기를 이용하는 것이다. 모든 프로그램들의 적중률이 일관된 것은 아니다. 적중률이라는 것은 사실 단순히 합격·불합격을 의미하는 것이 아니라, 얼마나 점수를 알뜰하게 사용하느냐의 문제이다. 즉, 커트라인을 얼마나 남겨두고 합격했느냐 하는 것이 관건이다. 너무 넉넉하게 붙으면 성적이 아깝기 때문에, 상향 지원에 대한 아쉬움이 남을 수밖에 없다. 커트라인보다 살짝 높은 선에서 추가합격하는 것이 가장 효율적인 지원 전략이라 할 수 있다.

## 모집군

모집군이란 4년제 대학의 정시모집 전형 실시 기간에 따른 구분을 말한다. 대학 전형일(실기 고사, 면접 등)에 따라 가/나/다 군으로 구분되며 수험생들은 군별로 각 한 번씩 총 세 번 이내의 지원 기회를 가진다. 다만, 수시와 마찬가지로 특별법에 의해 만들어진 과기원 등은 횟수에서 제외된다.

· 이만기 소장의 틈새 컨설팅 ·

### 지원할 대학의 모집군이 변경되었다면?

주요 대학이 모집군을 변경하는 경우 지원 경향이 달라질 수 있어 유의해야 한다. 이 경우 다른 대학까지 연쇄적으로 영향을 미쳐서 경쟁률과 합격선 등 입시 결과에 중요한 변수가 될 수 있다. 그러므로 지망 대학이 모집군을 변경했다면 경쟁 대학 및 상향 대학 모집군의 경향까지 꼼꼼히 살펴본 후 지원 대학 및 학과를 선택해야 한다.
특히 다군의 경우는 중상위권 모집 대학이 적기 때문에 수많은 중위권 학생들 간에 경쟁이 치열하다. 일반적으로 경쟁률이 매우 높게 나타나고 추가합격되는 인원도 많으므로 지나친 하향 지원보다는 적정 또는 소신 지원을 하는 것이 바람직하다.

## 모집단위

대학에서 학생을 모집하는 단위이다. 일반적으로 학과 단위로 모집하며, 학과나 전공 인원을 나누지 않고 계열 단위, 학부 단위, 단과대학 단위로 모집하는 경우도 있다. 시대에 따라 모집단위가 달라지기도 한다. 모집단위의 설정은 「고등교육법 시행령」의 규정을 위반하지 않는 범위 내에서 대학이 자율적으로 결정하는데 학칙에 편제된 모집단위에 따라 학생을 선발해야 한다.
모집단위별 모집 인원은 사전에 확정된 인원을 대상으로 신입생 모집요강과 함께 대학 홈페이지 등에 사전 공고해야 한다. 본교와 분교, 주간 모집단위와 야간 모집단위는 각각 분리하여 모집한다.

· 이만기 소장의 틈새 컨설팅 ·

### 모집단위 광역화 추세

최근 대학들이 학생을 모집하는 단계에서 전공이나 학과를 구분하지 않는 방식을 시도하려는 움직임이 있다. 이른바 모집단위 광역화이다. 갈수록 학령인구가 감소하는 데다가, 미래지향적인 융합인재를 양성하겠다는 대학들의 취지와 맞물려 모집단위 광역화는 향후 확대될 가능성이 있다.

모집단위 광역화는 교육부의 대학 개혁정책과도 맥을 같이한다. 교육부는 학생들이 입학한 후 실질적인 전공 선택권을 보장하고, 재학 중에도 전공 학생 수를 기준으로 공간이나 교원 비율을 수시로 점검하여 지원금과 연계하겠다고 밝혔다. 교육부는 고등교육법 시행령에서 '대학에는 학과 또는 학부를 두는 것을 원칙으로 한다'는 조항을 폐지하겠다고 발표하는 등 무無학과·무학년제, 융합전공 운영 등을 활성화하는 행보를 보이고 있다.

## 모집 시기

모집 시기는 수시모집 · 정시모집 · 추가모집으로 구분하고, 모집 시기 간의 분할모집은 대학이 자율적으로 결정하여 시행한다.

☞ 분할모집

## 모집요강

대학별로 입학에 필요한 사항들을 적어놓은 것. 한국대학교육협의회에서 권장하는 일반적인 모집요강의 편제는 다음과 같다.

**〈대학별 모집요강의 편제〉**

Ⅰ. 전형 요약 및 주요 사항(변경 사항)
Ⅱ. 모집단위·전공(입학정원)
Ⅲ. 전형별 모집 인원
Ⅳ. 원서 접수 및 전형 일정, 충원합격 발표 및 등록(미등록 충원 등) 등 안내
Ⅴ. 세부 전형별 안내
1. 모집단위 및 모집 인원
2. 지원 자격(※ 수능 최저학력기준)
3. 전형 방법
4. 선발 원칙(※ 동점자 처리기준)
5. 전형 일정
6. 제출 서류
Ⅴ-1. 제출서류 안내사항(양식 포함)
Ⅵ. 수시 : 학생부 반영 방법 / 정시 : 수능 및 학생부 반영 방법
Ⅶ. 지원자 유의사항
- 대학입학전형 기본사항 유의사항
- 대학별 유의사항
Ⅷ. 등록 포기 및 환불 안내
Ⅸ. 전형료
Ⅹ. 학사안내(장학금, 기숙사, 학사, 취업)

## 모평

한국교육과정평가원에서 실시하는 대학수학능력시험 모의평가. 다

가올 차학년도 수능의 준비 시험이며 시험의 성격, 출제 영역, 문항 수 등이 수능과 동일하다. 수험생들은 모평을 통해 수능에 얼마나 준비가 되었는지 스스로 진단하고 보충하는 계기로 삼을 수 있으며, 문항 수준 및 유형을 미리 접해보고 적응할 수 있다. 평가원 또한 모의평가를 통해서 문제 출제 및 채점 과정의 개선점을 찾아 다가올 수능에 반영할 수 있다.

모의평가의 출제 기본 방향, 영역별 출제 방향 및 EBS 수능 교재와의 연계 비율 등은 보통 시험 당일 별도의 보도자료를 통해 안내한다. 답안지 채점은 수능과 같이 이미지 스캐너를 이용하여 실시하고, 성적은 20여 일 후에 수험생에게 통보된다. 성적통지표에는 영역/과목별로 표준점수, 백분위, 등급, 영역별 응시자 수가 표기된다(영어 및 한국사, 제2외국어/한문은 등급과 응시자 수). 한국사 영역 미응시자는 수능 성적 전체가 무효 처리되며 성적통지표가 제공되지 않는다.

## 문과 침공

1 '문과 침공'이란 주로 정시모집에서 자연계열 수험생들이 인문계열 모집단위로 지원하는 현상을 말한다. 일반적으로 인문계열 수험생들은 수학에서는 「확률과 통계」, 탐구에서는 사회탐구를 선택하고, 자연계열 수험생들은 수학에서는 「미적분」이나 「기하」, 탐구에서는 과학탐구를 선택한다. 2022학년도 입시에서 문·이과 통합

형 수능으로 인해 자연계열 수험생들의 '문과 침공'이 현실화되었다. 2023학년도에는 사회탐구가 어렵게 출제되어 이런 현상이 다소 줄었다.

② 현행 문·이과 통합형 수능은 조정점수제에 따라서 난도가 높은 「미적분」과 「기하」의 표준점수가 「확률과 통계」보다 높도록 설계되어 있다. 그렇기에 수학 과목에서 표준점수의 우위를 점한 자연계열 생들이 '대학 간판'을 바꾸기 위해 상위권 인문계열로 대거 교차지원을 하는 경우가 생긴다. 그래서 과거 몇 년간 입시에서는 상경계열 모집단위를 중심으로 인문계열 침공 현상이 두드러졌고, 인문계열 학생들의 불만이 이어졌다.

2025학년도부터는 교육 당국의 요청에 따라 인문계열생들도 자연계열 모집단위의 지원 기회가 많이 늘어났다. 2028학년도부터 수능이 공통으로 치러지게 되면 '문과 침공'이라는 개념도 사라질 것이다.

☞ 교차지원, 선택과목 조정점수

· 이만기 소장의 틈새 컨설팅 ·

## 문과 침공을 막기 위한 대안은?

실제로 학교 레벨을 높이기 위해 인문계로 교차지원한 자연계열 학생들은 적성에 안 맞아 반수를 선택하는 경우가 적지 않다. 또한 교차지원으로 대부분 상경계를 택하는데, 이후 이공계로 전과를 하거나 복수전공을 하는 사례도 많다.

문과 침공을 막기 위한 방안 한 가지는 인문계열생들에도 자연계열 모집단위 진입을 허용하는 것이다. 이는 교육 당국이 각 대학에 요청하는 내용이기도 하다. 자연계열 모집단위에 적용된 「미적분」 이나 「기하」, 과학탐구 지정을 해제하고 해당 과목에 가산점을 부여하는 방법이 있을 수 있다. 쉬운 과목으로 쏠림 현상이 있을 수 있으나 조정점수제도가 원천적으로 「확률과 통계」 선택자에게 불리하다는 점에서 어느 정도 조율이 될 가능성이 크다. 실제 효과가 있느냐, 즉 인문계생들이 자연계열 모집단위로 가느냐 하는 문제가 있으나 이것은 기회의 형평성 문제이며, 실제 지원 여부는 두 번째 문제다.

문과 침공을 막을 다른 방법으로 자연계열생들에게 인문계열 모집단위 진입 시 허들을 주는 방안도 있다. 자연계열과 마찬가지로 인문계열 모집단위에도 과목을 지정하여 「확률과 통계」와 사회탐구 선택자로 제한하는 것이다. 그러나 융합형 인재 양성을 목표로 하는 2015 교육과정 취지에 어긋나고 계열 간 통합을 추구하는 4차 산업혁명시대에 역행하며 문·이과를 구분하는 과거로 회귀하는 것이라 문제가 있어 보인다.

또 하나의 방안은 각 대학별로 발표하는 변환표준점수를 이용해 사회탐구 영역에 높은 편차를 두어 자연계열생을 통제하는 방안이다. 이 경우 일부 효과는 있겠지만 변환표준점수를 인위로 만드는 것은 논리적이지 않다. 현재 일부 대학이 시행하고 있는 방안인데 적용 기준을 응시 과목에 두느냐 지원 모집단위에 두느냐에 따라 인문계열 모집단위에 지원하는 과탐 응시 수험생들의 유불리 여부가 달라진다. 변환표준점수는 선택과목 간 유불리를 보정하기 위해 동일한 백분위를 받은 수험생은 동일한 표준점수를 부여받도록 하는 방법이다. 이 역시 2028학년도 새 수능에 의해 의미 없어질 내용이다.

## 문항변별도

문항변별도란 문항이 피험자(시험을 보는 사람)를 변별하는 정도를 나타내는 지수를 말한다. 성취 수준이 높은 피험자가 대부분 정답을 택하고, 성취 수준이 상대적으로 낮은 피험자가 대부분 오답을 택했다면 이 문항은 피험자들을 제대로 변별하는 문항이라 할 수 있다. 반대로 어떤 문제를, 성취 수준이 높은 피험자가 대부분 틀리고 능력이 낮은 피험자가 대부분 맞혔다면, 시험 문제로 적합하지 않은 문항이라 할 수 있다. 만약 답을 맞힌 피험자나 틀린 피험자 모두가 같은 점수를 받는 문항이 있다면 이것은 변별력이 없는, 즉 변별지수가 0인 문항이 될 것이다.

## 문항의 유형

평가 문항은 학생의 응답 방식에 따라서 선택형, 서답형으로 나눌 수 있다.

1 미리 제시된 답지 중에서 알맞은 것을 선택하는 선택형 문항은

【진위형】(어떤 진술이 옳으면 ○, 틀리면 ×로 표기하는 형태), 【배합형】(서로 관계되는 것을 연결하는 형태), 【선다형】(여러 개의 답지에서 하나를 선택하는 형태)으로 구분된다.

2 서답형 문항은 학생이 독자적으로 답안을 작성하는 것인데 【완성형】(제시된 빈칸에 적절한 단어, 숫자, 기호 등으로 작성하는 형태), 【단답형】(제시된 질문에 적절한 단어나 구, 숫자, 수식, 그림 등 제한된 형태로 작성하는 형태), 【서술형】(지식이나 개념, 원리, 의견 등을 한 단락 이하의 비교적 짧은 길이로 작성하는 형태), 【논술형】(자신의 주장과 근거를 완결된 글의 형태로 작성하는 형태) 문항으로 나눌 수 있다.

## 문항정보표

교육과정에 근거하여 타당한 지필평가를 시행하기 위해, 문항 출제 전 시험에 대한 정보를 담는 표를 작성해야 하는데 이를 문항정보표라고 한다. 문항정보표에는 평가 요소, 성취기준, 난이도, 배점, 정답 등의 항목이 포함된다.

## 물보정

1 표준점수를 변환표준점수로 만드는 과정에서 각 대학에서는 보

정을 거친다. 동일 백분위라면 동일한 표점을 받도록 만드는 것이다. 탐구과목마다 표준점수의 편차가 크기 때문에, 이렇게 하지 않을 경우 선택과목에 따라 유불리가 발생할 수 있다. 이처럼 대학마다 일정한 공식에 의해서 변환표준점수를 산출하는 것을 표준보정(평균보정)이라고 한다.

② 백분위 96~100 사이의 상위권에서 변환표준점수를 만들 때, 보정치를 높게 주어 급간 차를 키울 경우는 '불보정'이라 하고, 반대로 급간 차를 줄일 경우는 '물보정'이라 한다. 물보정의 경우, 예를 들어 백분위 100의 변환표준점수와 백분위 99의 변환표준점수 차이가 상대적으로 작기 때문에 변별력이 낮아진다.

☞ 변환표준점수, 불보정

## 물수능

전반적으로 쉽게 출제된 수능 시험을 가리키는 속어. 반대말인 불수능은 너무 어렵게 출제된 수능을 의미한다. 2001학년도 수능이 워낙 쉬워서 언론에서도 무르다는 의미로 '물수능'이라 표현했는데, 그 다음 해인 2002학년도 수능은 전년도와는 정반대로 너무 어려워져서 '불수능'이라는 이름을 얻었다. 물수능보단 어렵지만 불수능이라 할 정도는 아닌 경우 '끓는 물수능'이라고도 한다.

참고로 2015학년도 수능은 '역대급 물수능', 2016학년도 수능은 너무 어렵지도 쉽지도 않은 '끓는 물수능', 2017년도 수능은 '불수능'으로 평가받는다.

· 이만기 소장의 틈새 컨설팅 ·

### 물수능에 대비하려면?

물수능이든 불수능이든 어느 한쪽으로 치우치면 문제가 되기 마련이다. 그러면 물수능일 때는 어떤 문제점이 있을까. 무엇보다 상위권 변별력에 문제가 생기며, 실력이 아닌 실수로 득점 범위가 달라지는 양상도 펼쳐질 수 있다. 특히 물수능은 수능 최저에 미치는 영향이 크다. 최저 충족률이 높아지면서 내신 및 논술고사에 대한 중요도가 커진다는 것을 예상해야 한다.
물수능에 대비하여 수험생들은 한 문제라도 실수하지 않겠다는 각오를 다져야 하며, 모든 과목에서 고루 득점하도록 노력해야 한다. 평소 자신 있던 과목이 쉽게 출제되어 변별력이 떨어질 수 있고, 반대로 자신 없는 과목에서 점수를 잃으면 손해가 커지기 때문이다.

## 미기재

미기재는 학생부에 기록하지 않는다는 것. 미반영은 학생부에는 기재하되, 대입 자료로 미전송한다는 뜻이다. 입시 현장에서는 미기재와 미반영(미전송)의 효력은 같다고 본다. 예를 들어 2024학년도 입시에서 수상 경력은 학생부에 기재하지만 대입에는 미반영(적지만 반영하지 않음)이고 청소년 단체활동은 아예 미기재(적지 않음)한다. 결과적으로는 둘 다 대입에는 반영하지 않는다.

## 미등록 충원(미충원)

모집 시기별로 미달 또는 미등록으로 인해 발생한 결원(전형 기간 중의 등록금 환불자 포함)을 채우는 것. 최초 합격자가 등록을 하지 않고 빠져나갈 경우, 다음 합격자 순위의 학생에게 등록 기회를 줌으로써 정원을 채우게 된다. 수시 및 정시모집에서 예비 합격자를 충원할 때는, 지원자 전원에게 발표한 순위 또는 합격자 사정 시 미리 확정해 둔 예비 합격자 순위에 따라 충원한다. 수시의 경우에는, 수시 미등록 충원으로도 정원을 채우지 못하면 정시로 이월하여 학생을 선발한다.

☞ 이월 인원, 결원

ㄱ ㄴ ㄷ ㄹ ㅁ ㅂ ㅅ ㅇ ㅈ ㅊ ㅋ ㅌ ㅍ ㅎ

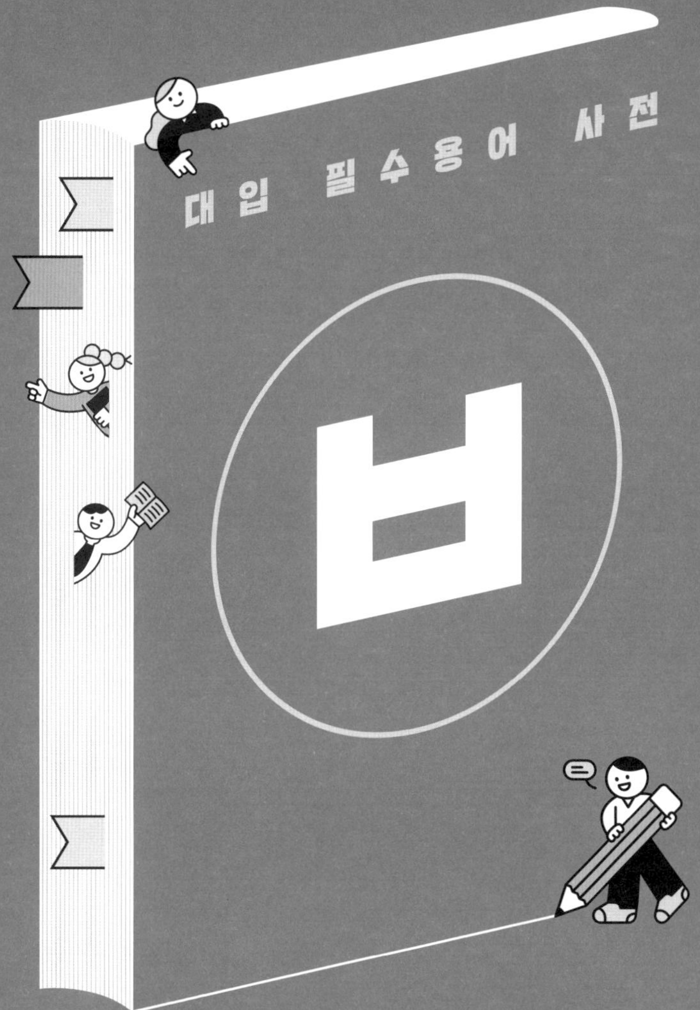

대입 필수용어 사전
ㅂ

## 반수(생)

1 대학교에 입학한 후에 입시를 다시 치르는 경우를 반수라고 부른다. 입학한 대학이 마음에 들지 않거나 더 좋은 학교에 진학하기 위해서 재학 중에, 혹은 대학을 휴학하거나 중퇴하고 다시 대입에 도전하는 일을 가리킨다. 반수라는 말 그대로, 대학생이면서도 반은 재수생인 어중간한 상태라 할 수 있다.

재수로 들어간 학교에서 다시 반수를 준비하거나, 현역으로 들어간 학교에서 첫 번째 반수에 실패하고 2년째 반수를 준비 중인 경우는 삼반수라고 칭하기도 한다.

2 최근 의학계열에 대한 선호도 증가로 자연계열생을 중심으로 반수생이 증가하는 추세에 있는데, 대학 입장에서는 반수생의 존재가 부담스럽다. 유지충원율에 문제가 되기 때문이다. 대학들이 정시모집 지원자들을 수시, 특히 학종으로 지원한 학생들에 비해 부정적으로 보는 큰 이유 중 하나가 바로 반수생 때문이다. 정시모집 수험생들은 아무래도 수능 점수에 맞춰 대학을 결정하는 경우가 많기 때문에, 학교에 충성도가 높지 않다.

· 이만기 소장의 틈새 컨설팅 ·

### 반수생의 자세

보통 재수생이나 반수생들은 수시모집보다는 정시모집에 강점을 보인다고 알려져 있지만, 요즘은 수시모집에서 반수생들의 지원이 거세다. 대입 공정성 강화 방안에 따라 학생부종합전형에서 자기소개서가 폐지되고, 수능시험에서는 킬러 문항이 배제되면서 수능 최저에 대한 부담이 사라지며 반수생들이 수시모집에도 적극적으로 응시하고 있다. 특히 수능 최저가 없는 논술전형에는 준비 안 된 반수생들도 응시를 해서 수시 지원율을 끌어올리는 현상도 나타난다.
개인적으로 나는 반수를 결심한 학생들에게, 가급적 재수학원에 등록하라고 권한다. 대학 생활과 병행한다면 절대적인 공부 시간이 재수생에 비해 부족할 수밖에 없기 때문이다. 현실에 맞는 목표를 세우고, 모든 역량을 공부에 투자해야 한다. 또한 규칙적인 생활+공부 분위기+경쟁 의식+수험 정보까지 고려해야 한다. 자기관리가 철저하고 의지가 투철한 학생이거나 원래 공부를 잘하는 최상위권 학생이 아닌 이상, 혼공이나 독학재수는 효율적이지 않다.

## 배치표(배치기준표)

1 수능이나 평가원 모의고사 등 중요 모의고사를 치른 후 각 입시기관에서 만들어 배포하는 대학 지원 참고표. 종이 크기가 장판지처럼 커다랗다고 해서 속칭 '장판지'라고도 한다. 전국 대학의 모집단위를 점수별로 배치하여 놓은 것이다. 전국 대학과 모집단위의 상대적 위치가 시각적으로 드러나므로, 정확도를 떠나 대학들이 매우 신경을 쓰는 편이다.

배치기준표는 정시모집의 가, 나, 다 각 군별로 한 면은 인문계 모집단위, 다른 한 면은 자연계 모집단위를 수능 반영 영역별로 정리하여 종이에 인쇄한다. 한눈에 전국 모든 대학의 모집단위별 합격선을 파악하는 데 도움이 되며, 수능 반영 영역별로 정리를 했기 때문에 수험생들이 본인의 응시 영역 중 어떤 영역을 활용하면 유리한지를 쉽게 알 수 있다. 또한 지원 가능 대학을 한꺼번에 파악하는 데도 도움이 된다.

② 배치표가 처음 탄생한 1980년대부터 1990년대 중반까지는 모든 대학이 같은 시험을 보고 그 점수로 대학에 지원하는 구조였다. 그러다 보니 점수를 이용한 상대 비교가 가능하여 배치표가 유용했다. 그러나 현재는 대입전형이 복잡해졌다. 각 대학은 수능 점수의 단순 합산이 아닌 영역별 반영 비율, 가산점 등을 적용하고 대학 자체 환산 공식을 활용하며, 더군다나 교차지원이 가능한 학과의 경우 배치표만으로는 정확한 위치를 반영해내기 힘들다.

따라서 종이 배치표 하나만을 기준으로 합격 가능성을 판단하면 오류가 발생할 수밖에 없다. 특히 이 배치표는 최상위권에선 어느 정도 들어맞지만 아래로 내려갈수록 정확도가 급격히 떨어지는 경향이 있다.[3]

☞ 온라인 배치표

---

3 이영덕 대성학력개발연구소장, 〈대학배치표 공청회 자료집〉, 유웨이중앙교육(2010년)

## 백분위

수험생이 받은 표준점수보다 낮은 표준점수를 받은 수험생 집단의 비율을 백분율로 나타낸 점수. 예를 들어 백분위가 90%라는 것은 자신보다 표준점수가 낮은 응시생이 전체의 90%라는 뜻이다. 정시를 생각하고 있다면 백분위가 표준점수만큼이나 중요하다. 현재 대학수학능력시험에서 백분위는 소수 첫째 자리에서 반올림한 정수로 제공하는데 사회탐구 영역이나 과학탐구 영역은 과목마다 표준점수가 들쭉날쭉하다. 그래서 상위권 대학에서는 자체적으로 만든 변환표준점수를 쓰는데 그때 백분위가 필수적인 요소가 된다.

☞ 변환표준점수, 석차 백분율

· 이만기 소장의 틈새 컨설팅 ·

### 나는 표준점수가 유리할까, 백분위가 유리할까?

일반적으로 수능에서 잘 본 과목과 못 본 과목의 차이가 큰 경우 표준점수가 좀 더 유리하고 전 영역이 엇비슷하다면 백분위가 유리하다. 예를 들어 A학생은 세 개 영역의 백분위가 96, 96, 96으로 골고루 나왔고, B학생은 100, 94, 94라고 한다면 백분위 평균은 96으로 두 학생이 같으나 표준점수의 합은 B학생 쪽이 더 높을 확률이 크다. 낮은 백분위 쪽보다 높은 백분위 쪽에서 표준점수 차가 크게 벌어지기 때문이다. 즉 백분위 차이가 똑같이 2더라도 백분위 96과 94의 표준점수 차이보다는 100과 98의 표준점수 차이가 크다는 얘기다.

## 변별력

변별력이란 시험 응시자를 성적순으로 나열하는 능력을 말한다. 일반적으로 변별력이 있다는 말은 어렵다는 의미와도 통한다. 변별력이 낮으면 학생들의 성적을 세밀하게 구분하기 힘들고, 변별력이 높으면 학생들을 좀 더 뚜렷하게 구분할 수 있다. 보통은 시험이 어려운 경우 변별력이 높고, 쉬울수록 변별력이 낮다고 볼 수 있다. 정답률이 성적 상·하위집단 간에 별 차이가 없다면 문항 변별력은 전혀 없다고 볼 수 있다. 보통 난이도 지수 50% 정도일 때 변별력이 높다고 하는데, 여기에 맞추어 문제를 출제하기가 상당히 어렵다.

☞ 문항변별도

## 변환표준점수(변표)

1 1999학년도 대학수학능력시험에서 선택과목을 시도하면서, 그에 따른 부작용을 최소화하고 더 합리적인 점수 척도로 전환하기 위해 표준점수제를 도입했다.

요즘에는 변환표준점수가 주로 다른 의미로 쓰이는데, 수능 탐구영역의 난이도가 달라서 표준점수의 차이가 커지는 것을 막는 일종의 조정 점수 역할을 한다. 한마디로 말해, 같은 백분위를 가지면 같은 표준점수를 받도록 하는 것이다. 수능 탐구영역에서는 어떤 과목을 선택하느냐에 따라 같은 점수를 받았는데도 백분위가 높게 나올 수도 혹은 낮게 나올 수도 있다. 그래서 서울에 소재한 일부 대학들은 이 백분위 점수를 보정하기 위해 변환표준점수를 사용한다.

정리하자면, 수능 탐구영역에서 과목 선택에 따른 유불리를 최소화하기 위해 각 학생의 취득 백분위 점수를 기준으로 대학이 변환한 점수가 곧 변환표준점수, '변표'다.

2 변표는 표준 공식에 따라 산출하는데, 보통은 해당 과목 동일 백분위의 표준점수 평균값을 토대로 한다. 동일 백분위가 없을 때는 분산分散의 개념을 적용하기도 하며, 학교별로 임의로 조정할 수도 있다. 각 대학이 변표를 적용하는 방식을 보면 문·이과 교차지원에 대한 그 대학의 인식을 알 수 있다. 사회탐구의 변별력을 높이거나 과학탐구와의 점수 차이를 줄이면 이과 학생들의 문과 모집단위 지원을 억제하려는 의도가 있는 것이다.

3 변표의 적용 기준을 응시 과목에 두느냐, 지원 모집단위에 두느냐에 따라 인문계열 모집단위에 지원하는 과탐 응시 수험생들의 유불리 상황이 달라진다. 모집단위별로 변표를 적용하는 경우에는, 지원자가 과학탐구에 응시했든 사회탐구에 응시했든 해당 모집단위에 주어진 변표를 동일하게 적용한다. 따라서 과학탐구 응시자가 인문계열에 지원하더라도 동일한 백분위의 사회탐구 응시자와 같은 변표를 받게 된다.

예를 들어 A대는 탐구(응시 과목) 기준, B대는 지원 모집단위 기준으로 변표를 적용한다고 가정해보자. 일반적으로 과탐의 표준점수가 높으므로 과탐 선택자들은 응시 과목에 기준을 둔 A대가 더 유리할 것이다. 만약 사탐이 어렵게 출제되면 다른 양상이 나타날 수도 있다. 이 경우 과탐 선택자들은 B대가 더 유리해질 수도 있다.

☞ 환산점수

· 이만기 소장의 틈새 컨설팅 ·

### 대학별 변표를 반드시 확인해야 하는 이유

수능 성적이 발표되면 주요 대학들은 탐구 영역의 과목 간 유불리를 완화하기 위하여 탐구영역 변환표준점수를 발표한다. 보통 주요대는 국어와 수학은 표준점수를 반영하고 탐구영역은 백분위에 의한 변환표준점수를 사용한다. 변표의 산정 방법, 적용 방법이 대학별로 다르므로 지원 대학의 산정 방법을 확인해야 한다. 서울대는 2022 대입부터 변환표준점수를 사용하고 있지 않다.

## 복수전공

복수전공은 대학에 재학 중인 학생이, 해당 대학에 입학했을 때 선택한 전공 이외에 추가로 하나 이상의 전공 과정을 더 이수하는 것을 의미한다. 줄여서 '복전'이라고도 부른다.

복수전공plural major과 부전공minor은 서로 다른 개념이다. 부전공과 복수전공의 가장 큰 차이는 '학위'를 하나 더 받느냐 아니냐 하는 것으로, 복수전공을 이수할 경우 주전공 학위 외에도 복수전공 학위를 하나 더 받을 수 있지만, 부전공의 경우에는 추가적인 학위를 받을 수 없고 오직 주전공 학위만 취득할 뿐이다.

· 이만기 소장의 틈새 컨설팅 ·

### 복수전공을 노리고 대학을 선택해도 될까?

수험생들이 대학을 선택할 때, 복수전공이 얼마나 용이한가를 고려하는 경우가 많다. 대학 네임 밸류가 우선인가 학과의 유망성이 우선인가를 고민하는 수험생 입장에서, 상위 대학의 하위권 학과를 택하는 전략을 취할 수 있기 때문이다. 그러나 복수전공이나 융합전공이 가능한 대학이라 할지라도, 실제로 두 개의 전공을 동시에 공부한다는 것은 정신적, 육체적으로 생각보다 훨씬 벅찬 일이라는 사실을 미리 알아두어야 한다.

## 복수지원

복수지원이란, 4년제 일반 대학에 지원하는 경우 수시 6회, 정시 3회 내에서 복수의 대학이나 복수의 학과에 지원하는 것을 말한다.

① 수시모집에서는 최대 6회 지원을 할 수 있다. 여기에는 재외국민과 외국인 특별전형 등 정원 외 전형도 포함된다. 6회 내에서는 대부분의 대학들이 전형 간에 복수지원을 허용하고 있다. 서강대, 성균

관대, 세종대, 이화여대 등은 모든 전형 간에 복수지원이 가능하다(2024학년도 기준). 즉, 한 대학 내에서 다른 전형으로 두 학과 이상을 지원해도 되고, 혹은 다른 전형으로 한 학과에 두 번 이상 지원해도 된다. 다만 동일한 전형으로 여러 학과에 지원하는 것은 불가능하다. 예를 들어 고려대 학교장추천전형으로 서로 다른 두 군데 학과를 지원할 수는 없다.

서울대는 예외적으로 복수지원을 원천적으로 허용치 않으며, 연세대는 학생부교과(추천형)와 학생부종합(활동우수형) 간에 중복 지원이 불가능하다(2024학년도 기준).

유의할 것은, 복수지원이 허용되더라도 면접이나 논술, 실기 등 대학별고사 날짜와 시간이 겹치는 경우는 실질적으로 한 군데만 선택해야 하므로 지원이 불가능한 셈이나 마찬가지라는 점이다. 이럴 경우 소중한 수시 카드를 한 장 날리게 되므로 대학별고사의 일정을 확실히 체크해야 한다.

2 정시모집의 경우 모집군이 가, 나, 다 군으로 서로 다른 대학인 경우, 또는 동일 대학 서로 다른 모집단위의 모집군이 가, 나, 다 군으로 각기 다를 경우에 각각 지원할 수 있다.

## 복수지원 금지사항

1 수시모집 대학의 합격자(추가합격 포함)는 정시모집 및 추가모집

에 지원할 수 없다. 또한 대학은 수시모집의 모든 전형에서 6개 전형을 초과하여 지원한 자에 대해서는 접수를 인정하지 않는다. 단, 부모가 모두 외국인인 외국인 전형은 지원 횟수에 제한이 없다. 전문대학은 수시모집 지원 횟수에 제한이 없다.

② 정시모집 지원 시 모집 기간 군(가·나·다 군)이 같은 대학 간, 또는 동일 대학 내 모집 기간 군이 같은 모집단위(일반전형과 특별전형 포함) 간 복수지원이 금지된다.

전문대는 정시모집 지원 횟수에 제한이 없다. 4년제 대학 또는 전문대학 간 중복지원도 허용된다. 단, 수시모집에 지원해 4년제 대학과 전문대에 합격(추가합격 포함)한 사람은 실제 등록 여부와 관계없이 정시모집에는 지원할 수 없다.

③ 정시모집에 합격하고 등록(추가합격 포함)한 자는 추가모집에 지원할 수 없다. 다만, 정시모집 미등록 충원 등록 마감일 16시까지 등록을 포기한 자에 한해서만 추가모집에 지원 가능하다. 산업대학, 전문대학 합격자는 정시모집 등록을 포기하지 않아도 추가모집에 지원이 가능하다.

④ '특별법에 의해 설치된 대학'의 경우 수시모집 6회, 정시모집 3회의 횟수 제한을 받지 않는다. 여기서 '특별법에 의해 설치된 대학'이란 육·해·공군사관학교, 국군간호사관학교, 경찰대학, 광주과학기술원GIST, 대구경북과학기술원DIGIST, 울산과학기술원UNIST, 한국과학기술원KAIST, 한국에너지공과대학교KENTECH, 한국예술종합학교, 한국전통문화대학교, 한국폴리텍대학, 한국방송통신대학교 등이다. 종

종 포항공대POSTECH도 여기에 포함된다고 오해하는 경우가 있는데, 포항공대는 사립 과학특성화대학이므로 복수지원 금지 원칙에 당연히 적용을 받는다.

☞ 수시 지원 제한, 이중등록, 이중등록 금지

## 본고사

논술을 제외하고 국영수 과목 중심의 교과 지식을 평가하는 지필고사를 가리킨다. 본고사는 정식 용어는 아니고, 1969학년도부터 대학입학예비고사가 시행되면서 예비고사의 상대 개념으로 쓰이기 시작한 말이다. 그 후로도 국영수 중심의 교과 지식을 묻는 필기시험을 가리키는 명칭으로 정착하여 통용되고 있다.

1994학년부터 기존의 대입학력고사를 대체하여 수능이 도입되고, 동시에 논술고사를 포함한 대학별 본고사가 허용되었다. 그러나 얼마 못 가 본고사는 사회적 여론에 밀려 대입전형 자료에서 사라지고, 현재는 논술고사만 남아 있다. 1994년부터 1996년까지는 수능과 고교 내신, 본고사 체제를 병행했는데 대학별로 대입전형 요소 반영 비율과 방법을 자율적으로 결정했다. 교육 당국은 3불 정책(고교등급제 금지, 기여입학제 금지, 본고사 금지)을 고수하지만, 논술로 대표되는 대학별고사의 비중은 여전히 위상을 잃지 않고 있다.

## 봉사활동

창의적 체험활동의 하나. 봉사활동 실적에는 학교교육계획에 의해 실시한 봉사활동과 학생 개인 계획에 의해 실시한 봉사활동의 구체적인 실적을 입력한다. 다만 2024학년도 대입부터 상급학교 진학 시 학교 봉사활동 실적은 제공하나, 개인 봉사활동 실적은 제공하지 않는다.

· 이만기 소장의 틈새 컨설팅 ·

### 봉사활동의 평가 방법

개인 봉사활동 실적은 대입에 반영하지 않기 때문에 과거에 비해서 봉사활동의 비중이 줄었다고 할 수 있다. 그렇다고 해도 학교 봉사활동 실적은 남아 있기 때문에 다음과 같은 봉사활동 평가의 의미를 알고 있으면 유익하다. 봉사활동 평가는 활동의 내용과 진정성, 자발성, 변화 과정, 지속성을 평가한다. 봉사활동을 통해 배운 점과 공동체 일원으로 갖춘 기초 소양 등을 평가하는 것이다. 봉사활동 시간 부풀리기는 자제해야 한다. 학생의 본분을 넘어서는 많은 시간의 봉사는 오히려 마이너스 요인이다. 실적이나 시간보다는 봉사의 내용과 진정성이 더 중요하다. 전공과 관련 있는 봉사활동을 하거나, 지속적인 활동을 통해 나눔을 실천한 이력이 있다면 의미 있는 평가를 받을 수 있다.

## 부전공

부전공은 소속 학부, 또는 학과 이외의 타 전공 교과목을 일정 학점 이상 추가 이수하는 것을 말한다. 학위는 나오지 않는다.

## 분교

1 대학교의 분교는 '분캠'이나 '지방캠'이라는 별칭으로 부르기도 한다. 이름만 동일한 학교를 타 지역에 새로 개교한 것에 가깝고, 교육부에서도 분교의 경우에는 두 학교를 분리해서 평가한다. 재정적으로도 서로 분리되어 있으며, 대교협에서 발행하는 〈대학입학전형기본사항〉의 대학 현황에도 분교는 별도의 대학으로 기재되어 있다.

2 그에 비해 이원화 캠퍼스는 '두 개 이상의 지역에서 운영되는 본교'의 개념이다. 분교가 본교와는 별도로 운영되는 것에 비해, 이원화 캠퍼스는 교육 체계나 행정적인 측면에서 차이가 나지 않는다. 위치만 다를 뿐 사실상 같은 대학이라고 볼 수 있다. 일반적으로 서로 다른 캠퍼스에 각기 다른 단과대를 설치하거나 계열별 차이를 부각해 대학의 역량을 강화한다는 취지가 강하다.

3 분교의 경우, 본교와 중복되거나 유사한 학과가 많으면 많을수록 경쟁력은 떨어질 수밖에 없다. 그래서 각 분교들은 중복 학과들을 특성화시켜 학과 이름을 차별화하는 전략을 꾀하고 있다. 공시된 현행

분교는 모두 5곳으로, 건국대 글로컬캠퍼스(충주), 고려대 세종캠퍼스(세종), 동국대 WISE캠퍼스(경주), 연세대 미래캠퍼스(원주), 한양대 ERICA캠퍼스(안산)가 여기에 해당한다.

☞ 이원화 캠퍼스, 캠퍼스 간 소속 변경

· 이만기 소장의 틈새 컨설팅 ·

### 분교 지원에 어떤 이점이 있을까?

분교는 본교에 비해 하위 대학이라는 사회적 인식 때문에 지원을 꺼리는 경향이 있으나, 가장 큰 이점은 본교로 캠퍼스 간 소속 변경이 가능하다는 점이다. 본교 학과의 결원이 발생하는 경우, 기준을 충족하는 분교 학생들에 한해서 소속 변경을 허용하는 제도가 일부 대학에 존재하는데 다른 학교 출신 학생들이 편입학을 하는 것에 비하면 유리한 것이 사실이다. 다만, 소속 변경 후에도 '분교 출신'이라는 꼬리표 때문에 차별이나 편견을 감당해야 하는 문제가 있다. 졸업 후에는 본교 출신과 동등한 출발선상에 놓이지만, 여전히 편견을 가지고 보는 시각도 존재한다.

## 분할모집

대학에서 한 모집단위의 정원을 2개 이상의 군으로 나누어 모집하는 경우이다. 예를 들어, 한 대학이 경영학과와 의예과는 정시 가군

에서 모집하고, 나머지 학과들은 정시 다군에서 모집하는 식이다. 과거에는 200명 넘는 학과나 학부에서 모집정원의 50%는 가군에서 선발하고, 나머지 50%는 나군에서 선발하는 경우 등을 말했으나 지금은 같은 모집단위의 분할모집은 하지 않는다.

· 이만기 소장의 틈새 컨설팅 ·

## 번거롭게 왜 분할모집을 할까?

여러 대학들이 분할모집을 시행하는 이유는, 우수한 학생들을 유치하고 충원율을 높이기 위해서다. 일반적으로 상위권 대학은 하나의 모집군에서만 모집을 하고, 중위권 이하 대학들은 가나다 군에 모두 걸쳐서 모집을 하는 경우가 많다. 물론 상위권 대학들도 분할모집을 하는 경우가 있는데 경쟁 대학에 대해 우위를 점하고자 하는 것이 가장 큰 이유다. 예를 들어 중앙대는 2024학년도 정시모집에 국어국문학과는 나군에서, 영어영문학과는 가군에서, 경영경제대학의 경제학부는 나군에서, 경영학부 경영학 전공은 다군에서 모집한다. 그리고 지원자 풀이 겹치는 성균관대는 인문과학계열은 가군에서, 사회과계열은 나군에서, 글로벌경제학과는 가군에서, 글로벌경영학과는 나군에서 모집한다. 같은 모집군에서 동일한 계열, 동일한 학과를 동시에 모집하는 상황을 피해 가거나, 아니면 경쟁대학에 앞서 우수한 지원자들을 확보하기 위한 전략으로 다양하게 전형을 설계한다.

## 분할점수

절대평가(성취평가제)를 하기 위해서는 분할점수가 필요하다. 분할점수는 응시자가 받은 점수의 등급을 구분하기 위해 사용하는 점수로, 절대평가의 기준이 된다. 성취평가제에서는 학생들의 학기말 원점수를 바탕으로 하여 A, B, C, D, E(또는 A, B, C/ P)로 학생들의 성취도를 구분한다. 이때 고정분할점수(90/80/70/60)를 일괄 적용하거나, 각 학교에서 분할점수를 산출해야 한다.

☞ 고정분할점수, 단위학교 분할점수

## 불보정

각 대학이 백분위에 의한 탐구 변환표준점수를 만들 때 급간 차이를 넓혀서 변별력을 높게 만드는 보정 방식. 즉, 탐구 백분위 96~100 사이의 변환표준점수 간의 차이를 크게 둬서, 1등급 급간 내에서도 백분위에 따라 격차가 커지게 만드는 것을 불보정이라고 한다. 보통 수능의 변별력이 낮아 이를 만회하고자 할 때 쓰는 방법이다. 불보정이 되면 사회탐구와 과학탐구의 비중이 높아지는 효과를 가져온다.

☞ 물보정

## 불수능

전반적으로 어렵게 출제된 수능 시험을 가리키는 속어. 반대말인 물수능은 너무 쉬운 수능을 의미한다. 간혹 불수능 단계를 넘으면 용암 수능, 마그마 수능이라는 표현을 쓰기도 한다.

불수능과 물수능의 기준은 과목별 표준점수 최고점을 기준으로 삼기도 한다. 시험이 어려워 평균이 낮으면 표준점수 최고점이 높아지고, 그 반대일 경우 표준점수 최고점은 낮아진다. 국어나 수학의 경우 표준점수 최고점이 145점을 넘으면 불수능, 135점 이하면 물수능이라 부른다. 2023학년도 수능의 경우, 국어의 표준점수 최고점은 134점으로 지난해에 비해 쉬웠던 반면, 수학은 145점으로 '불수학' 수준이었다.

2019학년도부터 2023학년도까지 5년 연속으로 수능이 어렵게 출제되어 불수능 기조가 최근 강해진 상황이다. 이런 상황에서 공정성 문제가 대두되자, 정부는 2023년 킬러문항 배제라는 정책을 내놓기도 했다. 하지만 2024학년도 수능 역시 국어와 수학의 표준점수 최고점이 145점을 넘기면서 불수능이라는 평가를 받았다.

☞ 물수능

## 블라인드 평가

대입전형 공정성 강화 방안(2019.11.29)에 따라 학생부종합전형 서류 평가에서 고교명, 고교 유형, 인적사항 등을 가리고 평가하는 것을 말한다. 인적사항은 성명, 주민번호, 사진을 블라인드 처리하고 학적사항에서는 학교명을, 수상경력은 수여 기관을, 창체활동에서는 봉사활동 실적(주관 기관)을 가린다.

**〈학생부 블라인드 처리 항목〉**

| 학교생활기록부 항목 | 기본 항목 | 추가 고려 항목 |
|---|---|---|
| 인적 학적 사항 | 학교 코드, 성명, 주민등록번호, 학교명 | |
| 수상 경력 | 고교명이기재된 수상명, 수여 기관(고교명) | 수여 기관(학교 정보를 유추할 수 있는 지역명 포함) |
| 창의적체험활동상황 | 고교명이 기재된 프로그램명 | 봉사활동 기관(학교 정보를 유추할 수 있는 지역명 포함) |
| 봉사활동 실적 | 장소 또는 주관 기관명(고교명) | 주관 기관(학교 정보를 유추할 수 있는 지역명 포함) |
| 교과학습발달상황 | 고교명이 기재된 프로그램명, 과제명, 방과후 활동명 등 | 학교(지역) 정보를 유추할 수 있는 프로그램명 |
| 행동특성 및 종합의견 | 수험생 이름, 고교명 기재된 수상명, 프로그램명, 과제명, 방과후학교 활동명 및 부모 친인척 정보 | |

· 이만기 소장의 틈새 컨설팅 ·

### 입학사정관이 말하는 블라인드 평가

입학사정관들은 블라인드 평가에 긍정적인 측면과 부정적인 측면이 모두 있다고 말한다.

일단 고교 정보가 제한적이기 때문에 '세부능력 및 특기사항'에 더 집중하게 되고, 확실한 평가 근거를 찾기 위해 학생의 잠재력이나 성장 가능성에 대한 기대감보다는 현재의 역량에 더 집중하여 평가하게 된다는 점은 블라인드 평가의 장점으로 꼽힌다.

하지만 한편으로 학생부종합전형 평가의 기저가 되는 매우 중요한 자료인 고교 프로파일을 더 이상 제공하지 않기 때문에 양적인 수치에 의존도가 더 커졌다는 점은 블라인드 평가의 단점으로 꼽힌다. 블라인드 평가의 실효성에 의문을 제기하는 입학사정관들도 있다. 확연히 구별 가능한 특목고의 교육과정과 달리 일부 광역 자사고와 일반고의 교육과정상 차이점은 확인이 어려운 측면이 있다는 것이다. 결국 교육과정 및 교과목 편성이 향후 중요해질 것으로 예상된다.

## 비교내신제

다른 평가 요소를 기준으로 하여 내신 성적을 부여하는 것. 검정고시 합격자, 재수 및 삼수생, 외국 고교 출신자 등 학생부 성적을 확인할 수 없거나 기준이 불분명한 경우를 대상으로 하여, 대학에서 정한 기준에 따라 학생부의 점수를 환산하는 제도이다.

대학마다 비교내신을 적용하는 대상이 각각 다르며 비교내신 산출 기준도 다르므로, 지망하고자 하는 대학의 비교내신 적용 대상과 반영 과목을 정확하게 파악해야 한다. 가장 많은 대학이 선호하는 비교내신 방식은, 수능 등급을 기준으로 하는 것이다. 수능과 학생부가 똑같이 9등급 체계에 맞추어진 것도, 비교내신 산출이 용이한 요인이 된다.

ㄱ ㄴ ㄷ ㄹ ㅁ ㅂ ㅅ ㅇ ㅈ ㅊ ㅋ ㅌ ㅍ ㅎ

대입 필수용어 사전
ㅅ

## 사교육 

공교육公敎育과 대비되어 쓰이는 말. 국가가 관리하는 교육기관 밖에서 이루어지는 교육을 가리킨다. 역대 정부는 사교육비를 줄이기 위해서 부단히 애를 쓰고 있으나 근본적으로 해결책을 찾기는 쉽지 않아 보인다. 과도한 사교육은 사교육을 이용하는 학생과 그렇지 않은 학생 모두의 사회·정서적 발달을 저해하고, 학교 교육과정 및 교실 수업에 부정적인 영향을 끼친다. 또한 높은 사교육비는 가계의 전반적 소비와 저축 여력을 감소시키고, 저출산의 원인이 되기도 한다.

· 이만기 소장의 틈새 컨설팅 ·

### 사교육 효과는 언제가 가장 좋을까?

초등학교 6학년, 중학교 3학년, 고등학교 1학년을 대상으로 실시된 국가 수준 학업성취도 자료를 바탕으로 일평균 사교육 시간에 따른 학업성취도를 살펴보면, 사교육 시간이 긴 학생들의 평균적 학업성취도가 전반적으로 높다는 것을 알 수 있다.

그런데 초등학교 6학년의 경우 사교육 시간의 증가에 따른 영어 및 수학의 성적 향상 효과가 하위권 학생일수록 높았다. 상위권에서는 초등학교 문제로 더 이상 높은 점수를 받기 어려우며, 이들의 사교육은 중학교 선행학습인 경우가 많기 때문인 것으로 보인다. 이에 반해 영어와 수학이 어려워지는 중학교 3학년과 고등학교 1학년에서는 사교육 시간의 증가에 따른 성적 향상 효과가 상위권 학생일수록 높게 나타났다.

다음으로, 같은 학생들을 중1 때부터 매년 추적 조사하고 있는 한국교육종단연구에서는, 몇 가지 흥미로운 사실들이 발견되었다.

첫째, 중학생의 사교육은 그해 성적에만 직접 영향을 주는 단기적인 효과를 가진다. 중학교 수준에서 1년 이상을 뛰어넘는 사교육이 이듬해의 성적에 직접 도움을 주는 경우는 일반적이지 않다.

둘째, 수학 사교육의 효과는 중위권 학생에게서 상대적으로 크고, 하위권 학생은 학년이 높아질수록 효과가 감소하며, 상위권 학생은 중2 때의 효과가 가장 큰 패턴을 보이고, 전반적으로 중3 때는 효과가 낮아진다.

셋째, 영어 사교육의 효과는 중위권 학생에게서 상대적으로 크고, 성적에 관계없이 학년이 높아질수록 효과가 감소한다. 영어가 주요 교과목으로 처음 들어오는 중1 때 사교육의 효율성이 상대적으로 높고 그 이후에는 점차 감소한다.

넷째, 국어 사교육의 효과는 하위권 학생에게서 상대적으로 크고, 상위권에게는 미미하며, 대체적으로 중2 때 효과가 있는 편이었다가 중3 때는 미약해진다.[4]

---

4 김희삼, 〈학업성취도, 진학 및 노동시장 성과에 대한 사교육의 효과 분석〉(2010년)

## 사정 모형

사정査定이란 조사하거나 심사하여 결정한다는 뜻으로, 입시에서는 합격자를 선정하는 것을 가리킨다. 사정 모형이란, 학생 선발을 위한 전형 요소별 사정 방법을 의미하는데 크게 세 가지로 나눈다.

먼저【일괄합산 사정】은 대학에 반영하는 전형 요소를 일괄적으로 합산하여 선발하는 방법이다. '학생부 40% + 수능 60%'로 학생을 뽑은 경우를 예로 들 수 있다. 다음으로【단계별 사정】은 1단계에서 일정 전형 요소로 모집 정원의 일정 배수 인원을 선발한 후 2단계에서 최종적으로 모집 정원을 선발하는 방법이다. 예를 들어 1단계에서 '학생부 50% + 수능 50%'로 3배수를 뽑고, 2단계에서 최종적으로 '학생부 40%+ 수능 40% + 논술 20%'로 학생을 선발할 수 있다.

【혼합 사정】은 각각 다른 사정 방법을 혼용하여 선발하는 방법을 말한다. 예를 들어 모집정원의 50%는 수능 성적만으로 선발하고, 나머지 50%는 면접 + 학생부로 선발하는 경우가 여기에 해당한다.

모집단위별 사정 원칙과 모형은 모집단위의 특성에 맞게 대학에서 자율적으로 결정하되, 전형 요소의 반영 점수는 최고점과 최저점 등을 포함하여 모집요강 공표 시 미리 안내해야 한다(단, 입학사정관 등이 평가하는 학생부종합전형은 예외로 한다).

☞ 전형 방법, 전형 요소

## 삼룡의

1 지방 의대 세 곳을 묶어서 지칭하는 용어. 인제대학교, 한림대학교, 순천향대학교의 의과대학을 묶어서 삼룡의, 삼룡대 등으로 부른다. 이 세 곳의 특징은 지방 사립대면서도 부속병원의 TO가 많아 수련에 유리하다는 것이다. 세 곳 대학 모두 병원의 규모가 상당한데 인제대는 4개, 한림대는 5개, 순천향대는 4개의 부속병원을 보유하고 있다.

참고로 소위 '빅 5'로 꼽히는 의과대는 서울대, 연세대, 성균관대, 가톨릭대, 울산대이다. 이들 대학은 입결도 물론 높지만 각종 국제대학 평가에서나 대학병원의 경쟁력 측면에서도 세계 최고 수준으로 평가받고 있다.

2 의대를 선택할 때 중요한 고려 요인 중 하나는 '자대에서 인턴을 할 수 있는가'이다. 보건복지부에 따르면, 지난 10년간 지방 의대를 졸업한 의대생 절반은 서울과 경기, 인천 등 수도권으로 지역을 옮겨서 인턴 수련 과정을 밟은 것으로 나타났다. 특히 경북권 소재 의대 졸업생들의 지역 이탈 현상이 가장 심해서 무려 90%가 인턴 과정을 위해 수도권 소재 병원을 택했다. 그에 비해 수도권 의대를 졸업한 의대생들은 대부분이 수도권에 남았고 비수도권 병원에서 인턴을 하는 경우는 인천 2%, 서울 2.5%, 경기 3.7%에 그쳤다.

3 의학계열은 부속/협력병원의 재단 규모나 소재지 등이 지원에 큰 영향을 미친다. 가톨릭대와 같이 부속병원이 많거나 울산대(서울아산

병원), 성균관대(삼성서울병원)와 같이 대기업이 운영하는 대형병원을 협력병원으로 두고 있는 경우 선호도가 높다. 순천향대, 인제대, 한림대 역시 산하 부속병원의 규모가 크고 부속병원이 수도권에 소재해 선호도가 상당히 높다.

## 상대평가

응시자 내부에서 상대적인 서열을 매기는 것. 현재 수능에서 사용하는 표준점수 기반 상대평가 방식은, 함께 시험을 치르는 규준 집단을 토대로 결과를 해석하게 되므로 집단 내 경쟁을 심화하는 방식이라 할 수 있다. 학생들이 교육적으로 필요한 내용을 얼마나 알고 있는가 하는 성취수준보다 다른 학생들과의 경쟁에서 얼마나 우위를 점하고 있는가에 따라 평가하게 되는데, 이것이 수능이 비판을 받는 이유 중 하나이기도 하다.

· 이만기 소장의 틈새 컨설팅 ·

### 수험생의 가장 큰 스트레스 요인은?

유웨이가 약 800명의 수험생을 대상으로 조사한 바에 의하면, 대다수 수험생의 스트레스는 아무래도 '학업 성적'에서 오는 것으로 나타났다. 83.3%의 수험생이 '학업 성적'이 가장 큰 스트레스 요인이라고 답했고, '친구관계' 6%, '가족관계' 5.5%, '용돈, 경제적 문제' 3.1%, '외모' 2.1%순이었다. 스트레스를 가장 많이 받는 장소로는 65.8%가 학교라고 답했으며 가정이 25.6%, 학원이 8.6%순이었다.

학업과 성적에서 스트레스를 받는 구체적인 이유를 물었을 때는 '오르지 않거나 떨어지는 성적'이라고 60.3%가 답했으며, '미래에 대한 진로 고민'이 29.7%, '다양하고 복잡한 전형 요소'가 7.2%, '학교나 학원 선생님들과의 관계' 2.8% 순이었다.

가정에서의 스트레스 요인은 '부모님의 지나친 기대감'이 44.7%로 가장 높았고 '부모님의 잔소리' 29.7%, '형제들 간의 비교 및 열등감'이 9.7%, '부족한 용돈' 9.7%, '가족의 무관심' 6.4%순이었다.

친구 관계에 있어서는 '친구들 간의 학업 경쟁'이 48.6%, '마음을 나눌 친구의 부재' 38.4%, '이성 친구와의 교제' 10.4%, '친구들 간의 따돌림' 2.6%순이었다.

## 상위누적 백분위

[1] 수능 성적에 따라 전체 수험생을 총점순으로 배열하여 놓은 것. 한마디로 전국 석차 추정치라고 보면 된다. 2002학년도 수능부터는 그 이전의 수능과 달리, 평가원이 총점 백분위 및 그에 의한 누적분포를 공개하지 않기 때문에 학생들이 자신의 위치를 정확히 알 수 없다. 그래서 사설 입시기관의 전국 석차 추정치만으로 입시 전략을 세워야 하는 실정이다.

② 정시모집은 대학별로 수능 반영 과목이나 비율이 다르므로, 어느 과목을 잘 보고 어느 과목을 못 봤느냐에 따라 지원 가능한 대학이 달라진다. 균등한 비율의 상위누적만을 따져서는 안 된다.

· 이만기 소장의 틈새 컨설팅 ·

## 상위누적 백분위는 어떻게 추정할까?

한국교육과정평가원이 과목별 합산 누적 백분위를 공개하지 않아 민간 교육평가기관이나 전문가들이 누적 백분위를 추정하고 있지만 통계적 모델이나 표본 수집 방법 등이 조금씩 달라 동일한 점수에 대해서도 추정치가 다르게 나타날 수 있다. 더군다나 문·이과 통합 수능 체제로 개편되면서 상위누적 점수 파악이 더 어려워졌다. 이 상위누적 백분위가 얼마나 정확하냐에 따라 배치표(수험생의 점수로 지원 가능한 대학교와 모집단위를 한눈에 확인할 수 있도록 기재한 표)의 정확도도 좌우된다.
과거 한양대 입학처장 출신인 배영찬 교수가 총점 누적분포표 추정 공식을 만들어 언론에 배포한 일도 있었다. 입시 업계에서는 오르비와 이투스에듀의 상위누적 백분위가 많이 알려져 있다.
상위누적 백분위를 추정할 때는 수시에 합격해 빠져나가는 인원을 고려하기는 하지만, 매년 그 비율이 달라지므로 추정이 어렵다. 그러나 정시에서 제일 중요한 것은 대학별 환산점수이다. 실제 그 대학 그 학과에 지원한 학생 중 나보다 더 높은 환산점수를 가진 학생들이 얼마나 있느냐가 관건이다.

## 서답형 문항

서답형 문항은 학생이 직접 답안을 작성하도록 하는 문항으로, 【서술형 문항】과 【논술형 문항】이 대표적이다. 【서술형 문항】은 특정 사안에 대한 지식이나 개념, 원리, 의견 등을 한 단락 이하의 비교적 짧은 길이로 작성하도록 하는 것이고, 【논술형 문항】은 자신의 주장과 근거를 완결된 글의 형태로 작성하는 문항이다.

## 서류 평가

수험생이 제출한 학생부를 비롯하여 기타 자료들을 평가하는 일. 〈서울대 학종 안내서〉(2021)에 의하면 서류 평가는 학생부종합전형의 첫 번째 단계이며 수험생이 제출한 학교생활기록부를 종합적으로 평가하는 과정이다.

서울대의 경우, 수시모집 지역균형선발 전형에서는 서류 평가와 면접 결과를 바탕으로 합격자를 선발하며, 수시모집 일반전형과 기회균형선발 특별전형 I에서는 서류 평가 결과가 우수한 학생들을 1차 선발하여 면접 또는 면접 및 구술고사를 거쳐 최종 합격자를 선정한다.

학생이 제출한 서류는 복수의 입학사정관이 여러 단계의 평가, 협의, 검토를 거쳐 평가한다. 이를 위해 다수의 전임 입학사정관 및 각 대학의 교수들로 구성된 위촉 입학사정관들이 선발 과정에 참여하고 있다. 각 평가 단계별로 다수의 평가자가 참여하므로 개인의 주관에 따라 평가가 이루어지는 것을 배제할 수 있다.
입학사정관은 서류 평가 과정에서 크게 학생의 학업 능력과 학업 태도, 학업 외 소양에 대해 평가한다. 이때, 한 종류의 항목만으로 학생을 평가하지 않으며 제출된 학교생활기록부의 내용을 모두 반영하여 종합적으로 평가한다. 예를 들어, 적극적인 학업 태도를 갖춘 학생인지를 판단하기 위해서는 학생부에 기재된 수업 참여도와 과목 선택 내역, 교내 프로그램 참여 현황, 학업 관련 학내 활동 참여 노력 등 제출 서류에서 드러나는 모든 부분을 종합적으로 고려한다.
학생부의 항목별 반영 비율은 정해져 있지 않으며, 특정 부분만을 평가에 활용하는 것이 아니라 교과성취도, 세부능력 및 특기사항, 행동특성 및 종합의견, 창의적 체험활동 등 기재된 모든 내용을 평가 대상으로 한다.

· 이만기 소장의 틈새 컨설팅 ·

## 대학마다 다른 서류 평가시스템

각 대학은 학생부종합전형의 서류 평가를 할 때 나이스에 나와 있는 학생부를 그대로 보는 것이 아니고 각자 대학에 커스터마이징이 된 서류 평가 시스템을 통해서 학생들의 서류를 재가공하여 평가한다. 서류 평가 시스템은 여러 가지 기능을 가지고 있는데 지원자의 정보를 요약하여 보여주거나, 그 학생의 내신 성적을 과목별, 학년별 그래프를 통해 해석하여 성적 추이를 보여줄 수도 있다. 이 그래프를 통해서, 지원 계열별 주요 반영 교과의 3년간 학업 성취도와 성적 추이가 모집단위에 적합한지를 파악할 수 있다. 또한 행동발달상황이나 세특에 기재된 특정 단어를 하이라이트 기능을 통해 일괄 확인하는 것도 가능하다.

## 서류확인 면접(서류기반 면접)

지원자가 제출한 서류 내용을 확인하는 면접. 지원자가 제출한 학교생활기록부를 바탕으로 이루어지며 복수의 면접위원이 서류 내용을 바탕으로 기본적인 학업 소양을 확인하고, 서류에 적힌 고등학교 시절의 활동과 경험에 대해 질문하면 지원자가가 답하는 방식으로 진행된다.

**· 이만기 소장의 틈새 컨설팅 ·**

### 학생부에서 면접에 가장 매력적인 항목은?

학생부를 중심으로 면접 문항을 출제한다면 여러 기재 항목 중 어떤 항목에서 문제를 출제할 확률이 높을까? 고려대의 연구에 의하면, 외부 교육전문가들은 세부능력 및 특기사항이 가장 적합하다고 보았고 다음으로 행동특성 및 종합의견, 창의적 체험활동 중 동아리활동순이었다. 그에 비해 봉사활동, 출결 상황. 진로희망사항은 면접 문항에 적합한 항목은 아닌 것으로 평가했다.

특히 외부 교육전문가 12명 중 7명이 평가에 활용하기 가장 적합한 항목으로 세부능력 및 특기사항을 1순위로 꼽았는데 지원자의 학업 능력과 같은 인지적 영역뿐만 아니라 수업 태도와 같은 정의적 영역의 모습까지 확인할 수 있다는 점, 교과목 교사들의 총체적 기록이라는 점을 그 이유로 들었다. 이와 더불어 행동특성 및 종합의견은 1년간 학생을 가장 가까운 곳에서 관찰한 담임교사의 기록인 만큼 학생에 대해서 가장 중요하고 정확한 정보가 담겨 있는 항목이라고 보았다. 창의적 체험활동 중 동아리활동은 오랜 기간 스스로 선택하여 활동한 동아리에 대한 내용이므로 지원 학과에 대한 관심과 노력 정도를 살펴보기 적절한 것으로 평가했다.[5]

## 서연고

수험생들 사이에 통용되는 대학 서열을, 흔히 아래와 같이 줄임말로 구분 지어 부른다.

서연고(서울대, 연세대, 고려대) /포카(포항공대, 카이스트)/ 서성한(서강대, 성균관대, 한양대) / 중경외시이(중앙대, 경희대, 한국외대, 서울시립대, 이화여대) / 건동홍(건국대, 동국대, 홍익대) / 국숭세단(국민대, 숭실대, 세종대. 단국대) / 광명상가(광운대, 명지대, 상명대, 가톨릭대) /한서삼(한성

---

5 고려대, 〈학교생활기록부 기반 면접 연구〉(2017년)

대, 서경대, 삼육대) / 인아단숭(인하대, 아주대, 단국대, 숭실대) 등으로 구분된다.

## 석차 백분율

학생부의 교과 성적 석차를 백분율로 표시한 것을 말한다. 예를 들어 100명 중에 10등을 했다면 석차백분율은 $\frac{10}{100}\times100=10\%$ 이다.

## 선발 일정

대입전형은 선발 일정에 따라 수시모집, 정시모집, 추가모집으로 구분한다. 수시모집은 정시모집에 앞서 학생의 다양한 능력과 재능을 반영하여 신입생을 선발하는 방식이다. 미충원이 발생할 경우, 그 모집단위는 정시모집에서 선발할 수 있다.

정시모집은 수시모집 이후 대학이 일정 기간을 정해 신입생을 모집하는 것으로 수능 성적표가 배부된 후 가군, 나군, 다군의 3개 모집기간 군으로 나누어 신입생을 모집한다. 추가모집은 정시모집 이후 결원 보충을 위해 실시한다.

☞ 수시모집, 정시모집, 추가모집, 미등록 충원

ㄱ ㄴ ㄷ ㄹ ㅁ ㅂ ㅅ ㅇ ㅈ ㅊ ㅋ ㅌ ㅍ ㅎ

## 선택과목

① 학생들은 2015 개정 교육과정과 2022 개정 교육과정에 따라 2, 3학년 때 자신의 진로 및 대학에서 전공하고자 하는 학과에 맞춰서 선택과목들을 연계하여 선택해야 한다. 선택과목에는 【일반선택과목】과 【진로선택과목】, 【융합선택과목】이 있다. 【일반선택과목】은 교과별로 기초적이고 핵심적인 기본 내용들을 다룬다. 【진로선택과목】은 일반선택과목의 심화 과목을 포함하며, 해당 전공을 희망하는 학생들을 위한 과정이다. 【융합선택과목】은 교과 내 · 교과 간 주제를 융합한 과목, 실생활 체험 및 응용을 위한 과목이다.

② 경희대, 고려대, 성균관대, 연세대, 중앙대 5개 대학은 2022년 공동연구를 통해, 대학의 자연계열 전공과 연계하여 학생이 고교 교육과정에서 선택하여 이수해야 할 권장과목을 안내하고 있다. 인문계열은 경영경제학과를 제외하면 선택과목의 제한이 거의 없다. 다만, 수능 때 선택할 과목과 3학년 선택과목이 일치해야 공부의 효율이 높아지기 때문에 자신에게 어떤 과목이 잘 맞는지를 미리 확인하고 결정하는 편이 좋다.

5개 대학들은 자연계열 전공 모집단위를 14개 학문 분야(수학, 컴퓨터, 기계, 화학, 의학, 약학, 전기 · 전자, 건설 · 건축, 산업 등)별로 범주화하여, 고등학교 수학 · 과학 교과목을 중심으로 핵심과목과 권장과목을 제시하고 있다.

③ 【핵심과목】은 학과(부)에서 수학修學하기 위해 '필수'로 이수해야

하는 과목이며, 【권장과목】은 '가급적' 이수를 권장하는 과목이다. 따라서 학생들은 선택과목을 고르기 전에 진로에 대한 고민을 큰 틀에서 먼저 하는 것이 바람직하다. 특히 수시 학생부종합전형에서는, 학과나 전공과 관련된 활동을 통해 학생이 배움을 확장해나가는 모습을 보여줄 필요가 있기 때문에 진로와 관련된 과목을 듣는 것이 유리하다.

☞ 고교학점제, 선택과목 조정점수, 전공연계 교과이수 과목

## 선택과목 조정점수

1 2015 교육과정에 의한 문·이과 통합 수능부터는 수험생들이 공통과목과 선택과목으로 나누어 시험을 치르고 있다. 공통과목은 모든 수험생들이 똑같은 문제를 푸는 것이지만, 선택과목은 각 과목의 난이도에 따라 유불리가 차이 날 수밖에 없으므로 점수 조정이 필요하다.

내용이 어렵고 학습 분량이 많은 선택과목을 응시한 수험생 집단의 공통과목 점수가 평균적으로 높은 경우, 이들의 선택과목 점수는 다른 선택과목을 응시한 수험생들에 비해 상향 조정될 수 있다. 이처럼 어려운 과목을 선택한 수험생들에게 일정 부분 보상을 해줌으로써, 점수를 받기 쉬운 선택과목으로 쏠림 현상이 일어나거나 선택과목 간 유불리 차이가 나는 문제를 제한적이지만 완화할 수 있다.

② 수능 선택과목의 점수 조정 방식을 간단하게 그림으로 나타내면 아래와 같다.

**〈공통과목 점수를 활용한 선택과목 점수 조정 방식〉**

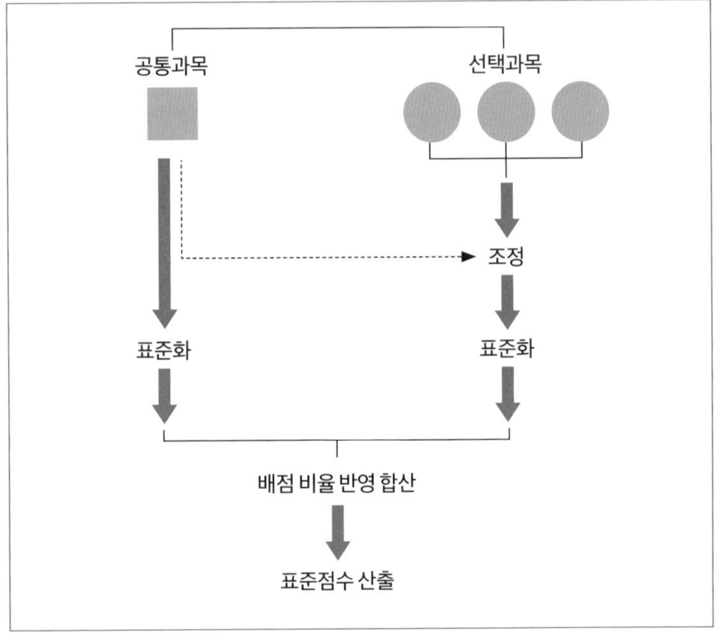


출처 : 〈2023학년도 대학수학능력시험 Q&A 자료집〉, 한국교육과정평가원(2022년)

선택과목의 점수를 조정하면, 두 학생의 원점수가 서로 같더라도 최종 표준점수는 다르게 산출될 수 있다.

먼저, 두 수험생의 원점수 총점(공통과목 원점수 + 선택과목 원점수)은 동일하고 선택과목은 서로 다르다면, 각 선택과목에 응시한 수험생 집단의 공통과목 원점수 평균과 표준편차, 혹은 선택과목 원점수 평균과 표준편차가 어떻게 다른가에 따라서 조정 과정을 거쳐 최종 표준점수를 산출한다.

만약 두 수험생의 선택과목이 같다면 조정 과정에서 공통과목과 선택과목의 배점 비율을 반영하기 때문에 배점 비율이 큰 공통과목 원점수를 높게 받은 수험생의 최종 표준점수가 공통과목 원점수를 낮게 받은 수험생에 비해 높아질 수 있다(선택과목 조정점수를 구하는 구체적인 계산 과정은 404페이지 부록을 참조).

이 방식의 특징은 다음과 같다.

① 선택과목 원점수

② 선택과목 집단의 공통과목 원점수 평균

③ 선택과목 집단의 공통과목 원점수 표준편차

④ 선택과목 원점수 평균

⑤ 선택과목 원점수 표준편차

여기서 ①②③이 높고 ④ ⑤가 낮을수록 선택과목 조정 원점수는 높게 나오게 된다. 실제로 원점수가 같더라도 「미적분」, 「기하」의 표준점수가 「확률과 통계」보다 높게 나오는 경향이 있기 때문에 인문계열과 자연계열 사이에 유불리 논쟁이 벌어지고 있다.

☞ 조정점수, 문과 침공

## 선택형 문항

선택형 문항이란 학생이 미리 제시된 답지 중에서 알맞은 답을 선택하는 형태이다.

① 선택형 문항은 일반적으로 '대발문', '발문', '지문', '보기(또는 자료)', '답지(선택지)' 등으로 구성한다. 발문은 【긍정형】(예: 윗글에 대한 설명으로 적절한 것은?), 【부정형】(예: 윗글에 대한 설명으로 적절치 않은 것은?), 【합답형】(예: 윗글에 대한 설명으로 적절한 것만을 〈보기〉에서 있는 대로 고른 것은?)으로 구분할 수 있다.

② 발문은 가급적 하나의 문장으로 표현하는 것이 적절하나, 보기에 대한 설명이 필요한 경우에는 문장을 나누는 것이 좋다. 선택지의 배열은 주로 길이에 따라 짧은 것에서 긴 것의 순으로 배열되는 것이 일반적이다. 그러나 필요한 경우에는 보기에서 내용 출현 순서나 논리적 순서에 따라서 배열되는 경우도 있고, 정답 번호 배분을 맞추기 위해서 선택지를 긴 것에서 짧은 것의 순으로 역배열하는 경우도 있다. 출제자가 지문이나 보기(또는 자료)를 사용하는 경우, 언급된 내용과 상관없는 선택지를 구성하게 되면 '판단 불가'한 선택지가 되어 문항 자체가 오류가 될 수 있으므로 유의해야 한다.

## 선행학습

학생이 교육과정에 지정된 학습 순서보다 먼저 배우는 것이 선행학습이다. 대한민국의 교육열을 단적으로 보여주는 사례로, 상위권으로 갈수록 선행학습이 만연해진다. 특목고 정도면 학교 수업 자체가 사실상 선행학습을 전제로 행해지는 것이 현실이다.

· 이만기 소장의 틈새 컨설팅 ·

### 어느 정도 선행해야 적당할까?

선행학습은 '일어서서 영화 보기'에 비유할 수 있다. 영화관에서 맨 앞자리 관객이 일어서서 영화를 보기 시작하면, 그 뒷좌석 관객들도 줄줄이 일어서야 해 결국 모두가 서서 볼 수밖에 없다는 것이다. 선행학습의 가장 문제점은, 해당 교과목의 내용을 미리 알고 있는 학생들이 학교 수업 시간에 집중하지 않는 경우가 많다는 것. 이런 식으로 교과목 반복 학습을 할 경우 창의력이 저하될 수밖에 없으며 공교육이 쇠퇴해 국가 경쟁력 하락으로도 이어질 수 있다.

특히 수학 과목의 선행학습에 투자하는 경우가 많은데, 요즘은 고등학교 입학 전에 고2 과목인 「수I」, 「수II」는 물론이고 고3 선택과목인 「미적분」, 「확률과 통계」나 「기하」까지 예습하는 경우도 적지 않다. 그러나 과도한 수학 선행은 오히려 독이 된다. 수학은 앞서 배운 개념을 제대로 이해하고 그걸 바탕으로 또 다른 개념으로 나아가야 하는 나선형 과목인데, 무리한 선행으로 개념을 제대로 이해하지도 못한 상태에서 바로 다음 개념으로 넘어가게 되면 역효과가 날 수 있다. 특히 최근 입시 경향을 보면, 고난도 킬러 문항은 사라지고 중간 난도 문제의 폭이 넓어지는 추세이기 때문에 기본을 탄탄히 쌓는 것이 더 중요해지고 있다. 이 때문에 선행은 최대 1년 정도 앞서는 것이 가장 적절하다는 의견도 있다.

## 선행학습 영향평가서

1 각 대학들은 교육부에서 제시한 가이드에 따라 대학에서 실시한 선행학습 영향평가와 관련하여 보고서를 작성하고, 현직 교사를 포함한 위원회를 통해 검토한 자료를 홈페이지에 공개하고 있다. 이는 「공교육 정상화 촉진 및 선행학습 규제에 대한 특별법」 제10조에 따라 진행되는 것으로, 대학은 대입전형에서 대학별고사에 대한 선행학습 영향평가를 하여야 한다. 대상 범위는 논술고사 등 필답고사, 면접/구술고사, 실기/실험고사, 교직적성/인성검사 등이며, 예체능 계열의 실기고사는 제외된다.

예를 들어 어떤 대학에서 논술우수자전형과 학생부종합전형을 진행하여 논술고사와 면접 구술고사를 실시했다면 이에 대한 선행학습 영향평가를 다음 연도 3월 31일까지 공개해야 한다. 이 자료에는 출제 의도, 출제 근거, 자료 출처, 문항 해설, 채점 기준, 예시 답안 등이 나와 있어 이후 시험을 치를 수험생들에게 좋은 참고 자료가 된다.

② 교육부는 2023년부터 논술과 구술, 면접 고사와 필답고사뿐 아니라 학생부위주전형의 면접 등 대학별고사의 모든 전형에서 선행학습 영향평가를 실시하겠다고 발표했다. 만약 특정 대학이 2년 연속, 대학별고사에 선행학습 유발 요소가 있는 것으로 단속될 경우는 재정 지원이 중단되거나 정원 감축 등의 불이익을 받을 수 있다.

## 성취기준

성취평가제에서 기본이 되는 개념으로, 각 교과목에서 학생들이 학습을 통해 성취해야 할 지식, 기능, 태도 등을 제시한 것이다. 교수·학습 및 평가의 실질적인 근거가 되며 교사가 무엇을 가르치고 평가해야 하는지, 학생이 무엇을 공부하고 성취해야 하는지에 관한 실질적 지침이 된다.

다음은 고등학교 「화법과 언어」 성취기준을 예시로 든 것이다.

【12화언01-01】언어를 인간의 삶과 관련지어 이해하고, 국어와 국어생활이 시간의 흐름에 따라 변화하는 양상을 분석한다.
【12화언01-02】표준 발음을 이해하고 정확하게 발음하는 국어생활을 한다.
【12화언01-03】품사와 문장 구조에 대한 지식을 활용하여 언어 자료를 분석하고 설명한다.

## 성취수준

학생이 성취하기를 기대하는 지식, 기능, 태도를 기술한 것. 예를 들어 '단원/영역별 성취수준'이란 각 단원 또는 영역에 해당하는 교수 및 학습이 끝났을 때 학생이 어느 정도의 지식, 기능, 태도에 도달했는지를 수준별로 진술한 것이다.

## 성취평가제

2011년 12월 13일에 발표된 〈중등학교 학사관리 선진화 방안〉에 따라 학업성취의 수준을 평가하는 성취평가제가 도입되었다. 성취평가제는 '학생이 무엇을 어느 정도 성취하였는가'라는 평가의 본래적 의미를 강조하는 평가 제도이다.
교육과정에 근거하여 개발된 교과별 성취기준을 바탕으로 학생들이 학습하여 도달한 성취 정도에 따라 성취수준을 평가하고 구분한다('A-B-C-D-E'로 성취도를 부여). 학교는 다양한 교수학습 활동을 통해 성취기준을 가르치고, 이에 부합하는 평가를 실시함으로써 학생의 목표 도달 정도를 확인한다. 상대적 서열에 의해 '누가 잘했는지' 평가하는 것이 아니라, '학생이 무엇을 어느 정도 성취했는지'를 중요하게 생각하는 평가이다.

☞ 과정 중심 평가, 고정분할점수

## 세특 기록 금지항목

현재 '세부능력 및 특기사항'란에 입력 불가한 항목은 다음과 같다.

- 각종 공인어학시험 참여 사실과 그 성적 및 수상 실적
- 교과 · 비교과 관련 교외 대회 참여 사실과 그 성적 및 수상 실적(학교장의 참가 허락을 받아 참여한 각종 교외 대회에서의 수상 실적도 기재 불가)
- 교외 기관이나 단체(장) 등으로부터 수상한 교외 상(표창장, 감사장, 공로상 등도 기재 불가), 교내 · 외 인증시험 참여 사실이나 그 성적
- 모의고사, 전국연합학력평가 성적(원점수, 석차, 석차등급, 백분위 등 성적 관련 내용 일체) 및 관련 교내 수상 실적
- 논문을 학회지 등에 투고 또는 등재하거나 학회 등에서 발표한 사실
- 도서 출간 사실, 지식재산권(특허, 실용신안, 상표, 디자인 등) 출원 또는 등록 사실
- K-MOOC, MOOC, KOCW 등 대학의 온라인 공개 강좌 수강 사실
- 자율탐구활동으로 작성한 연구보고서(소논문) 관련 사항 일체는 기재할 수 없으며, 탐구보고서 등으로 편법적 기재 금지
- 이외 '학교생활기록부 작성 시 유의사항'에서 기재 금지한 사항 일체

※대회와 관련하여, 대회의 명칭을 단순행사로 변경하여 입력하는 행위 불가(세부능력 및 특기사항을 포함하여 수상 경력 이외 학교생활기록부 어떠한 항목에도 변경 입력 불가)

## 입학사정관들이 높이 평가하는 세특이란?

'잘 쓴 세특'이 무엇인가는 결국 평가자인 입학사정관이 어떤 세특을 원하는지에 달린 일이다. 입학사정관이 세특과 관련하여 고교 및 정책 당국에 바라는 점을 정리하였다.[6]

### 교사의 세특 기재 방향

- 수업 시간에 배운 교과 내용 기재보다는 학생 관찰 내용 위주로 기재
- 감성적인 문장, 불필요한 미사여구는 최소화
- 과목별 성취수준/석차등급 등 객관적 점수를 고려한 세특 내용 기재 필요
- 교과 세특 기재 시 대학 진로와 무리하게 연결 짓는 글쓰기는 지양
- 동일 내용을 반복하거나 막연한 긍정 평가 대신 학생의 개인별 차이를 기재
- 너무 어려운 내용보다는 학생의 핵심 역량을 파악할 수 있는 종합적 글쓰기
- 주요 교과 대비 비주요 교과의 세특을 충실히 기재
- 학생의 셀프 학생부는 지양하고, 고교 차원의 독자적 신뢰성을 확보

입학사정관이 보기에 '이 아이는 교사가 학생을 제대로 파악했구나, 이 아이는 수업에 적극적으로 참여했구나, 수업 시간 중심으로 학습 태도나 분석, 발표, 토론한 것을 보니 이 아이의 교과 역량이 충분하구나' 등을 알 수 있으면 좋다. 무엇보다 과목의 성취수준 도달 정도를 기록해야 하고 수업 중에 배운 지식을 얼마나 확장했는가도 볼 수 있

---

6 이정림, 〈학생부종합전형의 학생부 평가 방안 연구〉(2021년)

어야 한다.

독서나 탐구활동은 수업에 기반을 두어야 하며, 학생의 개별활동이 개별적이고 구체적일수록 좋다. 또한 수업 중심의 주제탐구에 덧붙여 활동 동기, 과정, 활동 후 소감까지 기재되는 것이 바람직하다. 교사가 관찰한 모습이나 에피소드를 구체적으로 기술하고 학습 경험을 수행 과정으로 풀어서 기술하면 그 학생의 탐구력과 학업 역량이 드러날 수 있다.

세특을 대학 전공과 관련된 내용만으로 채우거나, 일종의 전공 보고서처럼 꾸미는 것은 오히려 불리하다. 그 학생이 수업 시간에 무엇을 했는지 뚜렷하게 드러나지 않아 평가 근거가 불충분해지기 때문이다.

## 소인수과목

수강자 수가 13인 이하인 과목. 2015 개정 교육과정에서 수강자 수가 13인 이하인 소인수 과목은 학생부에 석차 등급이 기재되지 않고 원점수, 과목 평균, 표준편차, 성취도, 수강자 수가 기재된다. 석차 등급이 기재되지 않기 때문에 석차 등급을 기준으로 교과 환산점수를 계산하는 학생부교과전형에는 반영되지 않는다.

## 수능위주전형

수능위주전형은 말 그대로 수능 성적이 핵심인 전형 요소이며 모집 시기상 정시에 해당한다. 가군, 나군, 다군의 모집군별로 나뉘어 진행되는데 수험생은 모집군별로 각각 1회씩, 최대 3회까지 지원할 수 있다.

① 주요 대학을 포함, 대부분의 대학들이 수능 100%로 선발하는 것이 일반적이다. 그러나 서울대가 2023학년도 정시모집부터 교과 성적(내신)을 20% 반영하는 것을 시작으로, 고려대와 연세대 등 일부 대학에서는 학생부 성적을 일정 비율로 반영하고 있다. 학생부를 반영하는 방법은 대학마다 다르다. 또한 의학계열과 사범계열 등 일부 모집단위는 수능위주전형에서 면접을 실시하기도 한다.

② 수능전형에서 대학별로 활용하는 수능 성적지표(표준점수, 백분위, 등급)와 반영 영역, 반영 비율, 가산점 등은 모두 다르다. 상위권 대학 상당수는 수능 성적표의 표준점수나 백분위에 따른 대학별 변환표준점수를 사용하고 있고, 중위권 이하 대학에서는 백분위 점수를 더 많이 활용한다. 수험생들은 대학별 환산점수가 다르다는 사실에 유의하고, 본인에게 유리한 대학을 찾아 지원해야 한다.

☞ 환산점수, 가산점, 수능 반영 영역

### 수능위주전형의 평가 요소

대부분의 대학에서 수능 활용 지표는 표준점수와 백분위이다. 특히 서울 소재 대학들은 국어와 수학 영역에서는 표준점수를 활용하고 탐구 영역에서는 백분위를 활용한 변환표준점수를 통하여 선발하고 있다. 또 대학들마다 절대평가인 영어를 반영하는 방법이 다르다. 어느 대학은 영어 등급별로 환산점수를 산출하여 반영하기도 하고 어떤 대학은 가산을 하거나 감점을 하기도 한다. 특히 절대평가인 과목들은 등급 간에 점수 차이가 매우 중요하다. 등급별 환산점수가 대학마다 다르고 대학 내에서도 계열별로 다를 수 있다는 점을 명심해야 한다. 대입정보포털 [대학 어디가]에는 수능위주전형에서 각 대학별 모집단위의 70%, 50% 커트라인이 상세히 나와 있으므로 참조하자.

## 수능 응시원서 작성

수능 응시원서는 매년 8월 하순부터 9월 초순까지 작성해서 제출한다. 선택 영역 및 선택과목을 표기하도록 되어 있는데 한국사는 필수 영역이므로 '선택함' 란에 '∨' 표기가 되어 있다. 참고로 수능 시험일에 한국사 영역에 응시하지 않으면 수능 성적 전체가 무효 처리된다. 한국사 영역을 제외한 5개 영역은 전부 또는 일부를 선택할 수 있다. 각 영역별로 '선택함' 혹은 '선택 안 함' 란에 표기한다.

ㄱ ㄴ ㄷ ㄹ ㅁ ㅂ ㅅ ㅇ ㅈ ㅊ ㅋ ㅌ ㅍ ㅎ

국어 영역을 선택한 경우, 2개 과목(「화법과 작문」, 「언어와 매체」) 중 반드시 하나를 선택해서 선택과목명 란에 과목명을 기재해야 한다. 수학 영역을 선택한 경우에는 3개 과목(「확률과 통계」, 「미적분」, 「기하」) 중 하나를 반드시 택해야 하고, 탐구 영역의 경우 5개 항목(사회탐구/과학탐구/ 사회 · 과학탐구/ 직업탐구/ 선택 안 함) 중 하나에만 체크해야 한다.

탐구 영역을 선택했다면 제1선택 과목명과 제2선택 과목명을 각각 기재하게 되는데, 과목별 번호 순서에 따라서 과목명을 오름차순(작은 번호에서 큰 번호로)으로 기재해야 한다. 사회 · 과학탐구 영역은 사회탐구/과학탐구 영역 17개 과목에서 최대 2개 과목을 선택할 수 있고, 과목 순서(1~17번)에 따라 응시해야 한다.

특성화고 학생들을 대상으로 하는 직업탐구 영역의 경우 2개 과목을 선택할 때는 반드시 「성공적인 직업생활」을 공통으로 선택하고, 다음으로 5개 과목 중 1개 과목을 선택해야 한다.

## 수능 최저학력기준 

대학이 수험생의 수학 능력을 판단하기 위해 일정한 학력 수준 이상을 선발하고자 설정한 기준을 말한다. 주로 수시의 학생부교과전형이나 논술전형에서 수능 최저학력을 적용한다. 이 경우 아무리 내신 등급이 높더라도, 대학이 요구하는 최소한의 수능 등급에 부합하지 못한다면 불합격하게 된다.

예를 들어 어느 대학의 수능 최저기준이 '국/수/영/탐(1) 중 2개 합 5' 라고 해보자. 지원자의 국어, 수학, 영어, 탐구 한 과목 성적 중 우수한 2개 영역을 선택했을 때 그 등급의 합이 5 이내여야 한다는 뜻이다. 이런 경우를 흔히 '수능 최저 2합 5'라고 말한다.

또 다른 예를 보자. 어느 대학 자연계열의 수능 최저기준이 '국/수(미/기)/영/과(2) 중 3개 합 7'이라고 하자. 이때는 국어, '수학 영역의 「미분」과 「기하」 중 한 과목', 영어, '과학탐구 두 과목의 평균값' 가운데 우수한 3개 영역을 선택했을 때 그 등급의 합이 7 이내여야 한다는 뜻이다. 이런 경우, 과학탐구 과목의 평균값을 계산할 때 소수점 자리를 절사하는 대학도 있고 올림 처리하는 대학도 있으니 유의해야 한다.

대학에 따라 '수학 포함 2개 영역의 합 7'처럼 필수 반영 과목이 지정된 경우도 있고, 수능 최저에 반영하지는 않더라도 「확률과 통계」, 「미분」, 「기하」, 탐구 등 특정 영역을 필수적으로 응시해야 한다는 조건이 붙는 경우도 있다. 「한국사」 같은 특정 과목이 5등급 이내여야 한다는 기준을 부여하는 대학도 있으며, 심지어 1개 영역만 보는 대학도 있다.

이처럼 각 대학이 정한 기준을 충족하지 못하면 해당 학과에 미달이 나더라도 무조건 불합격 처리된다. 수능 최저기준이 까다로운 전형의 경우에는, 최저를 충족하면 실질 경쟁률이 현저히 낮아져서 수능이 위력을 발휘하기도 한다.

## 수능 최저의 현실을 냉정하게 보자

수능 최저학력기준은 모든 입시의 허들이다. 문·이과 통합 수능의 영향으로 인문계열 학생들이 수능 최저등급 충족에 어려움이 생기자, 대학들은 인문계열 지원자들의 수능 최저기준을 많이 낮추었다. 2024학년도 수시모집에서도 수능 최저학력기준 완화 추세는 이어진다. 특히 통합형 수능에서 국어는 「화법과 작문」, 수학은 「확률과 통계」 응시자가 상위 등급을 받기 어렵다는 유불리 문제를 완화하고자 인문계열 수능 최저학력기준을 완화한 대학도 많다.

수능 최저학력기준을 폐지한 대학도 있다. 수시모집에서 지원 가능 학생의 범위를 확대하기 위해 수능의 영향력을 축소하는 추세이다. 일반적으로 수능 최저기준 충족률은 평균 50%를 겨우 넘기는 수준이다. 따라서 수능 최저학력기준이 있는 대학의 경우 표면적 경쟁률과 실질 경쟁률에서 많은 차이를 보이게 된다. 예를 들어 모 대학에 논술 경쟁률이 50대 1일 때 수능 최저 충족률을 따지면 실질 경쟁률은 15대 1 정도가 되는 것이 일반적이다.

## 수만휘

2004년 2월 만들어진 대입정보 까페로, 국내에서 규모가 가장 큰 수험생 커뮤니티이다. 정식 명칭은 '수능날 만점 시험지를 휘날리자'이

며, 줄여서 '수만휘'라고 부른다. 2023년 현재 300만 명이 넘는 회원들이 활동하고 있으며 입시와 관련된 온갖 정보와 경험담, 후기, 노하우, 학습 칼럼 등을 공유한다. 대학별, 계열별, 전공별, 학년별로 게시판이 나누어져 있다.

· 이만기 소장의 틈새 컨설팅 ·

### 입시 커뮤니티에 휩쓸리지 않으려면

특정 커뮤니티에 너무 몰입하다 보면 게시판에 있는 글에 휩쓸려 편향된 입시 정보에 의지하게 될 뿐만 아니라 평소의 마인드까지 흔들릴 수 있다. 따라서 필요한 입시 정보만 빠르게 얻고 나오는 것이 좋다. 수시, 정시 입시 결과 확인 및 참고, 면접 대비법, 학습 정보 공유, 학습 관련 궁금증 해소, 같은 진로나 대학을 목표로 한 수험생들과의 소통, 교육기관 소식 등이 우리가 입시 커뮤니티에서 얻을 수 있는 것들이다. 그런데 인기 있는 커뮤니티는 수험생들이 인강이나 교재를 선택하는 데 가장 큰 영향을 미치는 정보원이 되기 때문에, 정보를 가장한 광고나 홍보 글이 숨어 있게 마련이다. 게시판 내에서의 평판을 곧이곧대로 받아들여서는 안 된다는 사실을 명심해야 한다.

## 수상 경력

학생부 기록 항목의 하나. 학교생활기록부의 공신력을 높이고, 사교

육을 유발하는 입학전형 요소를 배제하기 위해(고등학교 선진화를 위한 입학제도 및 체제 개편 방안 등) 2024학년도 대입(졸업생 포함)부터 수상 경력이 학생부에 기록은 되지만 대학에는 제공되지 않는다. 모든 수상 경력은 학교생활기록부 어떠한 항목에도 입력하지 않는다(창의적 체험활동상황의 '특기사항', 교과학습발달상황의 '세부능력 및 특기사항', 행동특성 및 종합의견 등).

## 수시 납치

수시모집에서 하향 지원한 대학에 합격하는 바람에 정시 지원을 못하게 되는 상황을 가리켜 '수시 납치'라 한다. 수능 시험에서 예상보다 좋은 성적을 거두어, 수시로 합격한 대학보다 더 상위권 대학에 충분히 합격이 가능한데도 정시 지원 자체가 불가능해지는 경우를 말한다.

수시 6장 카드가 아까워서, 자기 성적보다 낮은 학교에 하나쯤 보험용으로 지원했다가 다른 곳은 모두 불합격하고 그 학교 하나만 합격하는 경우가 대표적인 수시 납치 상황에 해당한다.

· 이만기 소장의 틈새 컨설팅 ·

### 수시 납치될 곳을 왜?

수능을 마치고 나면 항상 다음날 논술고사를 보러 가야 하는지 말아야 하는지 문의가 쇄도한다. 섣불리 갔다가는 수시 납치되기 십상이라 고민이 된다는 것이다. 뒤늦게 이런 고민을 하지 말고, 애당초 납치가 될 만한 곳은 원서를 쓰지 않는 게 옳다.

## 수시모집

① '수시隨時로 뽑는다'는 명칭대로, 정시定時모집에 앞서 대학이 학생의 다양한 능력과 재능을 반영하여 신입생을 미리 뽑는 제도다. 2002학년도 대입 때부터 보편적인 대입 제도로 자리잡았다.

② 보통 9월에 원서를 접수하며 수시모집에 한 학교라도 합격하면 정시모집에 지원할 수 없다. 수험생의 지원 가능한 횟수는 최대 6회로 제한한다. '6회 제한'이라는 기준에는 재외국민과 외국인 특별전형을 포함하여, 지원한 대학의 수와 관계없이 수시모집에서 시행하는 모든 전형이 해당된다. 하나의 대학에 복수 지원한 경우 각각 지원 횟수로 산정한다. 단, 부모가 모두 외국인인 외국인 전형은 지원 횟수에 제한이 없다. 수시모집에서 미등록 인원을 충원하는지의 여부는 모집요강에 명시해야 한다.

☞ 미등록 충원, 복수지원

## 앞으로 달리지는 수시모집, 어떻게 대비해야 할까?

향후 몇 년간 수시모집의 전망은 다음과 같을 것으로 예상된다.

- 수능의 영향력은 다소 약해진다.
- 수능에서 자연계열 학생들이 유리한 현상은 지속될 것이다.
- 내신의 영향력이 강해진다.
- 대학별고사의 대상자는 적어지나 위력은 여전할 것이다.
- 학생부의 비교과가 약화되면서 학종은 교과정성평가의 형식을 띨 것이다.
- 학종에서 고교 선택과목의 선택이 중요해진다.
- 학종에서 각 학교의 교육과정이 중요해진다.
- 학생부 요소 중 '세부능력 및 특기사항'을 더 강조할 수밖에 없다.
- 전사고를 제외한 학교의 후광효과는 점점 약해진다.
- 의약학 계열의 인기는 여전할 것이다.
- 학생부 경쟁력을 높인 후에 수능 경쟁력 높여야 한다.
- 인문계열은 영어에서 안정적 등급을 확보해야 편하다.
- 학생부의 내용 축소로 교과학습 상황이 중요해지고 교과 성적의 의존도가 높아질 것이다.
- 인문계열 학생의 학생부 경쟁력이 빈약해질 가능성이 있다.
- 자율성, 능동성을 보여주는 독서 기록이 여전히 상당한 영향력을 끼칠 것이다.
- 교과전형은 지원자들의 성적 차이가 크지 않아 30%의 서류 평가도 변별력이 있을 것이다.

• 성적에 부담이 없는 진로선택과목보다는 학과의 특성에 맞는 선택과목의 이수 노력이 필요하다.

## 수시 지원 제한

① 한 수험생이 수시모집에서 대학에 지원할 수 있는 횟수를 최대 6회로 제한하는 것을 말한다. 수시 차수와 전형 유형에 관계없이 지원이 6회(6개 대학이 아니고)로 제한되며 합격(충원합격 포함) 시 등록 여부와 상관없이 정시모집에 지원할 수 없다. 즉, 대학으로부터 합격 사실을 통보받는 것만으로 수시 합격자로 인정되기 때문에 정시에 지원할 수 없다. 특별법에 의해 설치된 대학(사관학교, KAIST, UNIST, DGIST, GIST, 한국예술종합대학 등), 전문대학, 산업대학 등은 수시모집 시 횟수와 상관없이 지원이 가능하고, 특히 특별법에 의해 설치된 대학의 경우 수시에 합격해도 타 대학 정시 지원이 가능하다.

② 수시 지원에 횟수 제한이 있다는 것을 모르고 지원하면 접수순으로 일곱 번째 원서부터 접수가 인정되지 않는다. 만약 사전에 위반 사실이 발견되면 조정과 안내가 이루어지지만, 입학 절차까지 밟은 이후에 발견되면 입학이 무효 처리된다. 위반자는 매년 수백 명에 달한다.

## 수시 지원의 TIP

수시모집에 지원할 때 성공률을 높이기 위해서 염두에 두어야 할 몇 가지 사항들을 열거해본다.

- 6월과 9월 모평으로 정시 라인을 보수적으로 잡는다. 성적 향상에 대한 막연한 기대로 높게 지원하지 말라.
- 수능 성적이 상승하는 추세라면 욕심을 내본다. 탄력을 받아 성적을 상승시켜 보자.
- 수능 최저가 있다면 그것을 준수하는 것이 관건이다. 학생부교과전형의 경우 교과로 붙고 수능 최저로 떨어지는 일이 흔하다.
- 자연계 상위권이라면 과기원(*IST) 등도 염두에 둔다. 6회 지원 제한이 없어 부담이 덜하다.
- 학교추천은 가급적 받아라. 지원 대상자가 적은 전형이어서 경쟁률이 안정적이다.
- 전년도를 돌아보아야 한다. 어떤 경향이었는지, 지난해를 바탕으로 올해를 추리하자.
- 상향 2, 적정 2 , 하향 2를 원칙으로 한다. 그래야 손해를 보지 않는다.
- 내신과 모평을 잘 견주어야 한다. 정시도 남아 있다.
- 교과는 하향이나 적정을, 종합은 적정을, 논술은 적정이나 상향으로 간다. 교과의 입결은 거의 변하지 않는다는 점을 참고하자.
- 수능 최저 충족 여부로 상향, 적정, 하향을 판단하자. 충족할 것 같으면 상향에 과감히 도전해본다.

• 모집 인원이 늘면 컷은 내려가고, 줄면 올라간다.
• 수시 납치는 애초 성립하지 않는다. 다니고 싶은 곳을 넣어라.
• 최상위권은 특히 수시와 정시 모집 인원의 변화를 살펴야 한다. 수시가 줄고 정시가 늘었으니 기회는 정시에도 있다.

## 수포자

'수학을 포기한 자'의 준말. 수능에서 국어나 영어 등은 5지선다형 문항만으로 이루어지는 것이 비해, 수학 영역에서는 '찍기'조차 불가능한 고난도, 고배점 문항에 원점수 100점 만점 중 20점 이상이 배정된다. 고등학교에서 치르는 지필고사에서도 수학 과목은 가장 단위수가 높은 과목 중 하나로, 대부분의 학교에서 변별력을 높이기 위해 서술형 문제 등으로 난이도를 조정하기 때문에 단기간에 성적을 올리기가 상당히 어려운 과목이기도 하다.[7] '해도 안 되는 과목'이라는 좌절감 때문에 수포자의 길로 들어서는 학생들이 생겨나곤 한다.

· 이만기 소장의 틈새 컨설팅 ·

### 수학을 포기해야 할 때와 포기하지 말아야 할 때

어느 과목이나 그렇듯 수학도 소질이 없는 학생은 있게 마련이지만,

7 〈한국에는 왜 '수포자'가 많을까…모든 것을 집어삼키는 '변별력' 집착〉, 〈경향신문〉 특집기사(2022년 8월 28일)

그렇더라도 포기하지 않고 기본적인 응용 능력을 키우는 것은 얼마든지 가능하다. 그러나 수능 준비 막바지에 이른 수험생의 입장에서는 때로 수포자가 되는 것이 더 현명할 수 있다. 즉, 수시에 올인해야 하는 수험생 입장에서는 수능 최저학력기준이 문제가 되므로 수학을 포기하고 다른 과목에 힘을 실어 최저 기준을 맞추는 것이 나을 수 있다. 수학을 아예 반영하지 않거나 낮은 비율로 반영하는 대학을 찾는 것도 하나의 방법이다. 주요 대학들은 수학을 대부분 높은 비율로 반영하지만, 수도권 대학들 중에서도 수학을 피해 갈 수 있는 일부 대학들이 있다. 문제는 갈수록 인문계열도 수학의 비중이 높아지고, 또 경영경제계열은 자연계열에 못지 않게 수학의 비중이 높다는 것이다.

고등학교 때 수포자가 되지 않기 위해서는 중학교 1, 2학년 때부터 꾸준히 수학을 공부해야 하며, 고등학교 입학 전까지 과하지 않은 수준의 선행도 어느 정도는 필요하다고 보인다(1년 이상의 진도를 뛰어넘는 사교육은 직접적인 효과가 미미한 것으로 나타났다). KDI 연구논문에 의하면[8] 수학 사교육의 효과는 중위권 학생에게서 상대적으로 크고, 하위권 학생은 학년이 높아질수록 효과가 감소하며, 상위권 학생은 중 2때의 효과가 가장 큰 패턴을 보이고, 전반적으로 중 3때는 효과가 낮아지는 것으로 나타났다. 중위권 학생들이 노력을 통해 상위권에 진입하는 것 또한 충분히 가능하므로 의욕을 가지고 시도해볼 만하다.

---

8 김희삼 한국개발연구원(KDI) 연구위원, 〈왜 사교육보다 자기주도학습이 중요한가〉(2011년)

## 수행평가

수행평가란 교과 담당교사가 교과 수업시간에 학습자들의 학습과제 수행 과정 및 결과를 직접 관찰하고, 그 관찰 결과를 전문적으로 판단하는 평가 방법이다.

여기서 '수행'이란, 학생이 단순히 답을 선택하는 것이 아니라 스스로 답을 구성하는 것, 산출물이나 작품을 만들어내는 것, 태도나 가치관을 행동으로 드러내는 것 등을 모두 포함한다.

평가자는 학습자를 관찰하고 그 내용을 객관성, 합리성, 타당성, 신뢰성 있는 기준을 토대로 점수화하거나 문장화함으로써 판단해야 한다. 학교는 「공교육 정상화 촉진 및 선행교육 규제에 관한 특별법」 제8조 제3항에 따라 수행평가 등 학교 시험에서 학생이 배운 학교 교육과정의 범위와 수준을 벗어난 내용을 출제하여 평가하지 않도록 유의하여 평가 계획을 수립해야 한다. 그리고 수행평가 과제를 제시하기 전에 성취기준, 평가 요소, 평가 방법 등을 포함한 출제계획표를 작성해야 한다.

수행평가를 계획할 때는, 학생들이 그 문항을 해결하기 위해서 사전에 학습해야 하는 내용이 무엇인지, 사전 차시에 충분한 학습이 이루어졌는지를 확인하는 것이 중요하다. 다음은 수행평가 과제의 유형이다.

〈수행평가 과제의 유형〉

| 과제 유형 | 방법 |
|---|---|
| 구술 발표 | • 특정 내용이나 주제에 대해서 자신의 의견이나 생각을 구술 및 발표하도록 하여, 학생의 준비도, 이해력, 표현력, 판단력, 의사소통 능력 등을 직접 평가하기 위한 방법 |
| 토의 토론 | • 특정 주제에 대해 학생들이 서로 토의, 토론하는 것을 관찰하여 평가하는 방법 |
| 프로젝트 | • 특정한 연구 과제나 개발 과제 등을 수행하도록 한 다음, 프로젝트의 전 과정과 결과물을 종합적으로 평가하는 방법 |
| 실험 실습 | • 학생들의 실험·실습 과정을 직접 관찰하고 아울러 제출된 결과 보고서를 동시에 고려하여 평가 |
| 포트폴리오 | • 학생이 산출한 자료를 체계적으로 누적 관리한 작품집 등을 대상으로 한 평가 방법 |

## 스나

입시 은어로, 스나이퍼Sniper(저격수)에서 따온 말이다. 자신의 성적대보다 훨씬 높은 학교나 학과에 상향(또는 극상향) 지원하는 것을 가리키는 말이다. 엄청난 눈치싸움과 운이 수반되어야 성공할 수 있다.

☞ 우주상향

## 신입생 충원율(정원 내)

매년 대학에 정해진 입학정원 대비 새로 입학한 학생의 비율을 의미한다. 신입생 충원율은 아래와 같이 계산한다.

$$\frac{\text{정원 내 입학자 수}}{\text{정원 내 모집 인원}} \times 100$$

☞ 재학생 충원율

## 실기위주전형

실기를 주된 전형 요소로 반영하는 전형 유형으로 '특기자 전형'을 포함한다. 주로 예체능계열에서 실기위주전형을 시행하는데, 수시에서 실기위주전형의 비율이 월등히 높은 경우가 많으며 경쟁률도 비실기 전형에 비해 훨씬 높다.

수시 실기위주전형에서는, 실기시험과 학생부 교과 성적을 일괄합산하는 대학도 있고 1단계와 2단계로 나누어 단계별 전형을 실시하는 곳도 있다. 단계별 전형의 경우는 1단계에서 교과 성적으로 일정 배수를 선발하므로, 일괄합산 전형에 비해 교과 성적이 상당히 중요하다.

☞ 특기자

## 심층 면접

면접고사의 비중이 높은 대학에서는 서류 평가를 보완하기 위해 심층 면접을 실시한다. 심층 면접은 수험생의 지적인 수준과 학습 능력, 인성 및 태도 등을 종합적으로 평가해 대학에서 학습할 수 있는 능력 정도를 파악하려는 시험이다. 면접 방식은 기본적으로 미리 문제를 주고 일정 시간 답변을 준비하도록 한 다음 면접을 실시하는 경우가 많다.

인문계 심층 면접은 제시문을 읽고 주어진 질문에 답하는 형태가 많으며, 자연계는 수학 또는 과학 문제를 풀고 풀이 과정을 설명하도록 하는 경우가 많다. 최근 심층 면접은 단순히 정답을 말하는 선에 그치는 것이 아니라, 이어지는 추가 질문을 통해서 문제의 쟁점을 한층 깊이 파고드는 형태로 발전하고 있다.

심층 면접에서는 하나의 정해진 답을 요구한다기보다, 수험생 각자의 경험과 가치 판단에 따라 다양하고 융합적인 사고방식으로 문제 해결을 해나갈 것을 기대한다. 주로 논리적 사고력과 전공 분야에 대한 기초 개념을 평가하므로, 특정한 주제에 대해 자신의 의견과 주장을 논리적으로 증명하는 능력이 필요하다.

· 이만기 소장의 틈새 컨설팅 ·

### 블라인드 면접에서 주의할 점

최근 대학들은 편견을 배제하고 선발의 공정성을 높이기 위해 블라인드 면접을 실시한다. 수험생들은 면접에서 지원자의 인적사항(성명, 수험번호), 출신 고교 정보(고교명, 고교 유형, 고교 주소), 부모(친인척 포함)의 신상정보 등을 이야기하지 않아야 하며, 면접관 역시 블라인드 적용 사항에 대해 질문할 수 없다. 면접 전에 대학에서 제공한 지원자 유의사항을 잘 숙지하여 실수하지 않도록 하자.

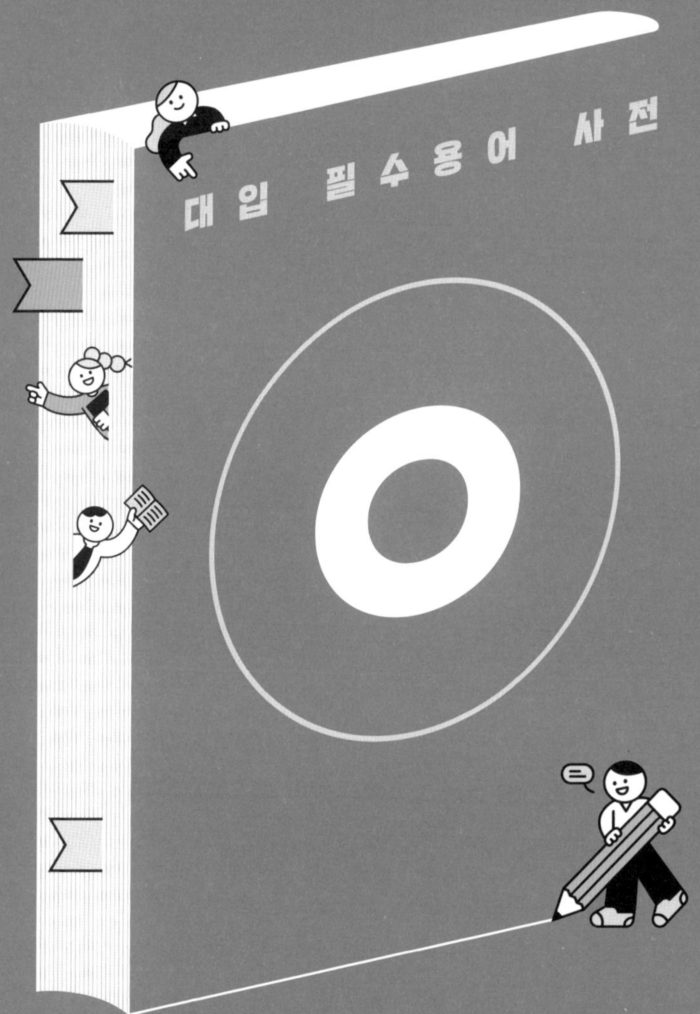
대입 필수용어 사전
ㅇ

## IB 국제교육과정

① IB International Baccalaureate(국제 바칼로레아)는 세계 각국에서 외교관 자녀들이 다니는 국제학교의 교육과정으로, 스위스 제네바 국제학위협회가 인증하는 일종의 대입 시험이다.

2022년 기준 160여 개 나라, 5,500여 개 학교에서 IB 교육을 시행하고 있고, 국내에서도 경기외국어고등학교, 충남삼성고등학교를 비롯한 일부 고교와 외국인학교, 국제학교에서 IB 교육과정에 따른 교육을 실시하고 있다. IB의 목표는 서로 다른 문화를 이해하고 존중하며 더 나은 세상을 실현하는 데 기여할 수 있는, 풍부한 지식과 탐구심을 갖춘 청소년을 육성하는 것이다.

② 그중에서도 IB 고등교육과정 DP : Diploma Program에서는 대학 전공 및 진로에 필요한 학문적 지식과 소양을 갖출 수 있도록 6개의 과목군(언어와 문학/제2언어/사회계열 과목/과학/수학/예술계열)에 대한 학습을 수행한다.

수업은 주로 토론식으로 이루어지고 학생들의 프레젠테이션, 프로젝트, 포트폴리오 등을 바탕으로 내부 평가를 진행하며 마지막 학기에 외부시험을 실시하여 기준을 통과한 학생들은 디플로마DP 자격을 취득한다.

③ 최근 우리나라는 IB 이수 학생들의 대학 입시 문호를 넓히는 방안이 추진되고 있으며 대학이 학생부, 수능, 논술·면접 등의 대학별 시험 외에도 IB 이수 성적을 입학전형 자료로 활용할 수 있도록 규정하

는 개정안이 발의되었다. 개정안에 따르면 적용 시점은 2027년 3월부터다. 현재 IB 교육과정에서는 수능 준비를 하지 않기 때문에, IB 이수 학생은 수능 최저 요건이 없는 학과에만 응시할 수 있다.

· 이만기 소장의 틈새 컨설팅 ·

## IB 이수 후 한국의 대학 입시를 치르려면?

다음은 IB와 국내 대학 입시에 관련된 중요한 사항들을 정리한 내용이다.[9]

**Q:** IB를 도입하면 수능의 영향력이 줄어들까?

**A:** IB가 도입되어도 수능이 교육에 미치는 영향력은 변함이 없을 것이다.

**Q:** IB DP(고등학교 2년 과정)를 이수한 학생은 국내 모든 대학에 진학할 수 있나?

**A:** 2023학년도 대입전형 기준, 44개 대학의 수능 최저학력기준이 없는 수시모집에만 지원할 수 있다. 만약 수능을 보려면 따로 공부해야 한다. 또한 IBO(국제 바칼로레아 기구)에서 시행하는 Final exam은 우리나라 수능 시험일과 겹칠 수 있으며, 겹치지 않는다고 하더라도 한국의 대입전형이 모두 끝난 후에 점수가 나오기 때문에 졸업하는 해에는 활용하기 어렵다.

**Q:** IB DP를 이수하면 외국의 대학에 진학할 수 있나?

**A:** 국제학교나 경기외고에서 영어 등의 공용어로 IB DP를 이수한 학생들

---

9 〈'IB와 대학입시' 10가지 Q&A〉, 〈교육희망〉(2022년 11월 4일)

도, 진학하고자 하는 나라의 대입시험(SAT, A-Level 등) 및 어학(Tofle) 점수를 동시에 준비해야 한다.

**Q:** IB DP를 이수하면 대입에 유리한가?

**A:** 대학의 담당자들에 따르면, IB DP 이수 여부는 대입의 유불리로 작용하지 않는다. IB DP를 이수한 학생들은 일반 교육과정을 이수한 학생들과 마찬가지로 자신이 획득한 점수로 평가되기 때문이다.

**Q:** IB DP 특별전형이 대학에 생기면 대입에 유리하지 않을까?

**A:** IB DP를 공교육 체제에서 선택할 수 없는 학생들과의 형평성 문제가 발생한다. 따라서 특정 교육과정 이수 여부에 따른 별도의 입학전형을 구현하는 것은 매우 예외적이고 특수한 조건에서 허용되어야 한다. 만약 IB DP 특별전형이 실현된다면 이는 국내외 국제학교에서 IB DP를 이수한 학생들도 응시가 가능한 전형이 된다. 따라서 국내 공교육 체제에서 IB DP를 이수한 학생들에게 유리하다고 장담할 수 없다.

## 안피성 정재영

의과대학생들이 선호한다는 진료과의 줄임말. '피안성 정재영'이라고도 하는데 안과, 피부과, 성형외과, 정신의학과, 재활의학과, 영상의학과를 가리킨다. 그다음 인기과로는 '마방진'이 있다. 마취과, 방사선과, 진단의학과를 가리킨다. 반대로 요즘 의대생들이 기피하는 과는 '내외산소'라고 하는데 내과, 외과, 산부인과, 소아청소년과를 의미한다.

## 어깨

배치표에서 대학 간의 서열 즉, 높이의 위치를 소위 '어깨'라고 부른다. 대학들이 배치표에 민감한 이유는 이 어깨 때문이다. 종이 배치표는 시각적으로 대학의 위치가 분명히 드러나기 때문이다.

☞ 배치표, 온라인 배치표, 합격 진단

## AP 제도

① APAdvanced Placement(심화학습 이수 인정제)란 우수 학생들의 조기 학습을 위해 고등학교에 대학 과목(1학년 교양과목 수준)을 개설하고, 이를 이수한 학생들에게 일정 학점을 대학 학점으로 인정해주는 제도를 말한다. AP 교과목은 과학 영재들을 위해 자연계열 계통의 과목(수학, 물리, 화학 등)이 주로 개설되나, 인문, 사회, 예체능계열의 과목 개설도 이루어진다.

② 특목고와 영재고, 자사고 등에 주로 사용되며, 일반고에서는 찾아볼 수 없다. 따라서 대학 측은 학생부를 통해 AP 프로그램을 확인하

고 해당 학교가 특목고나 자사고임을 짐작할 수 있다. 최근에는 입시의 전형 요소로는 사용되지 않고 있다.

③ 이와 비슷한 고교-대학연계 심화과정UP : University-level Program도 「고등교육법」 제23조에 따라 이수 여부 및 결과는 대학 입학 후 학점 인정 자료로만 활용하고, 입학전형 자료로는 활용할 수 없다. 참고로 외국의 고등학교 학력인정 졸업시험 및 대학입학 전형자료는 '재외국민과 외국인 특별전형' 및 '국제화 관련 전형'에 한하여 전형자료로 활용할 수 있다(예: SAT, 공인 어학성적 등).

## N수생

'동일 시험에 N번 응시한 수험생'이라는 의미. 보통 재수 이상의 모든 졸업생들을 N수생으로 말하기도 한다. 지금까지 N수생들은 대개 수시보다는 정시에 강세를 보이며 수시에서는 논술전형에 집중하는 것이 일반적이었다. 그러나 자기소개서가 폐지된 2024학년도를 기점으로 N수생들이 논술전형만이 아닌 학생부종합전형 등에도 적극적으로 지원하고 있다.

· 이만기 소장의 틈새 컨설팅 ·

### 재수에 성공하려면?

재수를 결심했다면 수험생 각자가 재수생의 강점과 약점을 분명히 인지해야 한다. N수생을 포함한 재수생들의 강점은 수능 범위에 대한 반복 학습이 가능하고 자습 시간 확보가 용이하다는 점이다. 또 중간·기말고사 등 내신에 구애받지 않아 오로지 수능에만 전념할 수 있다. 이미 수능을 한 번 경험을 했기 때문에 자신의 취약점 판단이 빠르다는 것도 강점이다.

하지만 약점도 존재한다. 생활 규정이 엄격한 학원이나 기숙학원에 입소하지 않는 한 주변의 유혹에 흔들리기 쉽고, 때로는 이성 문제가 독이 되기도 한다. 어떤 경우에는 고3 때부터 겪어온 슬럼프나 징크스가 두려움과 불안으로 이어질 수도 있다. 기대감과 현실의 차이에 흔들리거나 철저히 시간 관리를 하지 못한다면 재수는 실패한다.

## 역사 스페셜

수능에서 역사 과목(「동아시아사」와 「세계사」)을 선택하는 것을 가리키는 말.

· 이만기 소장의 틈새 컨설팅 ·

### 역사 과목을 선택할 때 알아두어야 할 점

「동아시아사」는 국가 수가 적어 공부할 양이 적다. 「세계사」에서 다루는 중국사가 오히려 더 자세할 정도다. 국가 간의 관계를 읽는 눈만 익히면 수능이 다가올수록 유리하다. 주제별 출제라서 나오는 부분이 정해져 있고, 제대로 암기하면 틀릴 가능성이 적다. 소위 말하는 뒤통수 치는 문제가 없어, 공부하는 만큼 점수가 나오는 과목이다. 다만 기출문제와 시중 교재가 많지 않다는 것이 단점이며, 연도나 순서 외우는 것을 좋아하지 않는 학생들은 힘들 수 있다.

「세계사」는 방대한 분량을 다루는 만큼 문제의 깊이는 얕은 편이고 지엽적으로 파고드는 문제는 드물다. 문제의 패턴 또한 단순하다. 다만 암기량이 많고, 학습량도 많아 선택자 수가 많지 않다. 난도 높은 문제는 주로 연표를 지엽적이고 세부적으로 물어보는 부분에서 출제된다.「동아시아사」와 마찬가지로 개념 공부를 잘해놓으면 점수가 어느 정도 보장된다. 다만 응시자 수가 워낙 적은 데다 역사 마니아들이 상위권에 자리잡고 있어, 한 문제만 틀려도 2 ~3등급을 각오해야 한다. 공부하는 데 시간이 오래 걸리므로 고3 중간에 바꿔 선택하는 것은 권하지 않는다.

참고로 수능 사회탐구 과목에서 가장 많은 수험생들이 선택하는 과목은 「생활과 윤리」와 「사회·문화」 과목이다. 등급은 결국 응시자 수로 결정되기 때문에, 응시자 수가 상대적으로 적은 「동아시아사」나 「세계사」를 선택하는 것은 사실상 부담이 될 수 있다. 그러나 남들이 많이 선택하는 과목을 무작정 따라하기보다는 자신의 흥미와 적성, 관심 분야를 모두 고려하여 끝까지 포기하지 않을 과목을 선택하는 것이 가장 좋은 방법이다.

## 연계전공(융합전공)

연계전공 또는 융합전공은 '둘 이상의 학과', '둘 이상의 학부' 또는 '학과와 학부' 가 연계 · 융합하여 제공하는 전공이다. 졸업 시 2개의 학위(1개의 학위증에 2개의 학위명 표기)를 취득할 수 있다.

## 예비합격자

최초합격자 발표 시 일정 비율의 지원자에게 예비합격 순번을 부여하는데, 이때 예비순번을 받은 수험생을 말한다. 후순위로 합격할 기회가 주어진다.

☞ 충원합격

## 오답지 매력도

선다형(선택형) 문항의 경우 피험자가 오답지도 정답처럼 보여 택할 가능성을 뜻한다. 오답지 매력도는 오답지에 대한 응답 비율에 의해 결정된다. 잘 만들어진 객관식 문제는 오답 선택지의 매력도가 얼마나 높은가가 관건이다. 정답이 아니면서도 정답처럼 보여야 적절한 난이도와 변별력을 갖출 수 있다. 최근 수능의 '킬러 문항' 배제 조치로 선택지의 난도가 올라갔다. 즉, 오답지의 매력도는 높아지는 추세이다.

## 오르비

[오르비스 옵티무스]는 상위권 수험생을 대상으로 운영되는 입시 커뮤니티 사이트이자, 교육서비스업과 출판업 등을 겸하는 다목적 기업이다. 정식 명칭은 라틴어 'Orbis Optimus(오르비스 옵티무스)'로, 의역하면 '최상의 세계'라는 뜻이다.

국내 입시 사이트 중에서도 가장 오랜 역사를 자랑하는 오르비는 상위권, 최상위권 학생들 회원을 다수 보유하고 있다. 전국 단위 시험에서 상위 0.1% 이내의 성적을 인증해야 자격이 주어지는 '에피옵티무스', '센츄리온' 등급의 회원들은 닉네임에 별도의 아이콘이 붙어 일반 회원들과 구분된다. 또한 상위권 대학에 합격했음을 인증하면 대학교 배지를 부여한다.

사이트의 특성상 수능 직후부터 한층 바빠지는데, 각종 통계와 입결컷 등에 대한 정보를 공유하고, 지원할 대학 라인에 대해 상담하는 등 회원 간에 활발한 소통이 이루어진다. 특히 상위권 대학을 염두에 둔 수험생들이라면 유용한 무료 및 유료 자료들을 얻을 수 있다.

## 50% 컷

① 쉽게 말해 10명 중 5등의 성적을 말한다. 어느 대학 특정 학과의 50% 컷이라 하면, 그 대학의 최종 등록자 가운데 50%에 해당하는 지원자의 학생부 교과 성적 환산 등급을 말한다. 예를 들어 2023학년도 연세대 교과전형 50% 컷을 보면 국어국문학과 1.42등급, 경영학과 1.38등급, 교육학부 1.25등급이었으며 최고 등급은 의예과 1.03등급이었다(숫자는 소수 셋째 자리에서 반올림한다).

② 학생부종합전형의 경우는 서류 및 면접에 기반한 정성평가로 학생을 선발하기 때문에 50% 컷과 70% 컷의 성적이 뒤집히는 경우도 벌어진다. 그러니까, 5등보다 7등의 내신 등급이 더 높은 셈이다. 특히 특목고나 자사고 학생들이 일반고 학생들과 경쟁할 때 이런 상황이 발생할 수 있다.

③ 대입정보포털 [대학 어디가]에서 전년도 국내 대학들의 50% 컷, 70% 컷을 공개한다. 학생부교과전형, 수능위주전형은 주로 70% 컷, 학생부종합전형은 대부분 50% 컷과 70% 컷을 함께 발표한다.

· 이만기 소장의 틈새 컨설팅 ·

### 수시 지원의 상향, 적정, 하향이란?

#### 상향 지원

- 상향은 본인의 수능 성적이 상승세일 때 가능한 전략이다. 떨어져도 정시에 가면 된다.

- 대학별고사가 수능 전일 때 좋은 전략이다.
- 수능 최저가 높은 논술전형으로 상향 지원을 하면 실질 경쟁률이 낮지만, 그만큼 시간을 투자하여 대비해야 한다.
- 학종의 경우는 전형 요소가 많고 복잡한 곳일수록 유리하다.
- 수능 최저가 높은 교과전형도 매력은 있으나 승산은 별로 없다. 지난 데이터에서 크게 벗어나지 않기 때문이다.
- 무리한 상향 지원은 잘못하면 정시 전략까지 망가진다. 자칫 자존감과 페이스를 잃어버릴 수 있다.

### 적정 지원

- 수능과 내신 성적이 비슷할 때 좋은 전략이다.
- 교과전형의 경우 70% 컷을 기준으로 하면 적절하다.
- 합격해도 후회 없을 곳을 선택한다.
- 정시로 갈 수 있는 대학이라면 그게 나의 적정이다.

### 하향 지원

- 하향은 수능 성적이 하락세일 때 가능한 전략이다. 수시로 꼭 간다고 생각하자.
- 대학별고사가 수능 후일 때 좋은 전략이다. 수능을 잘 보면 안 가도 된다.
- 하향은 정시까지 가기 힘들거나 재수가 불가능할 때 택하는 전략이다.
- 학생부교과전형의 경우 50% 컷을 기준으로 하면 적절하다.
- 하향을 하더라도 다니고 싶지 않은 곳은 넣지 말자.
- 인원이 많아진 곳, 요강이 바뀐 곳(최저가 생기거나 단계별 전형을 바꾸어 전형 요소가 추가된 곳 등)이 유리하다. 입결을 종잡을 수 없다.
- 지난해에 경쟁률이 비정상적으로 높았던 곳을 노려볼 만하다.

## OMR 카드

2012학년도 대학수학능력시험부터 OMR 판독기가 아닌 이미지 스캐너로 채점한다. 이미지 스캐너는 펜의 종류와 상관없이 모든 필기 흔적을 읽어내기 때문에 예비 마킹 흔적을 제대로 지우지 않으면 중복 답안으로 채점돼 오답 처리될 수 있다. 가끔 빨간 펜으로 예비 마킹을 한 후 지우지 않고 컴퓨터용 사인펜으로 답안지에 표기하는 수험생들이 있어 각별한 주의가 필요하다.

· 이만기 소장의 틈새 컨설팅 ·

### 내 수능 답안지를 확인하고 싶어요

본인의 가채점 결과와 실제 성적이 다른 수험생은 한국교육과정평가원을 방문해 본인의 수능 답안 내역을 확인할 수 있다. 확인 가능 대상자는 수험생 본인 또는 대리인(직계가족에 한함)이며 수험생 본인 방문 시 신분증을 지참해야 한다. 대리인 방문 시 수험생 신분증, 대리인 신분증, 가족임을 증명할 수 있는 서류(주민등록번호가 모두 기재된 가족관계증명서, 주민등록등본 등)를 지참해야 한다.

확인 기간은 별도로 주어지며, 수험생의 답안 기재 내역을 판독기로 분석한 자료(전 영역 가능)를 확인할 수 있다. 판독 분석 자료에는 문항별 기표 내역 및 문항별 정오답 내역이 기재된다. 단, 수험생이 작성한 답안지 이미지 파일은 하나의 영역에 한해 확인이 가능하다. 참고로 말하자면, 그간 확인한 바로 채점 오류는 없었다는 후문이다.

## 온라인 배치표 

종이 배치표를 데이터베이스화하고 실시간 데이터를 가미하여 온라인에서 서비스하는 것이 온라인 배치표이다. 온라인의 특성상 종이 배치표 자료를 다양하게 서비스할 수 있기 때문에 최근에는 모든 입시기관에서 온라인 배치표에 신경을 쓰고 있다. 학생들 진학 지도를 해야 하는 교사 입장에서도 어디서든 쉽게 확인할 수 있는 온라인 배치표가 훨씬 편리하다.

종이 배치표의 기존 단점들도 대부분 해결이 된다. 각 대학의 수능 영역별 반영 비율을 적용하거나 특정 영역에 가중치를 적용한 서비스도 충분히 가능하다. 또한 내 점수로 갈 수 있는 대학의 모집단위들을 한꺼번에 파악할 수도 있다.

지금은 거의 모든 수험생들이 시시각각으로 변하는 정보를 반영하는 온라인 배치표나 합격진단시스템(프로그램)을 이용한다. 과거처럼 학교 담임교사와의 상담을 중심으로 결정하기보다는 자신이 수집한 입시 정보나 모의지원 결과, 점수 공개 카페 등을 바탕으로 입시 지원 전략을 수립한다. 그렇기에 온라인 배치표의 역할은 앞으로도 점점 커질 것이다.

물론 온라인 배치표도 단점은 있다. 종이 배치표와 마찬가지로 대학에 정보를 의존해야 하는 근본적인 한계를 가지고 있고, 수험생들이 입력한 가채점 혹은 실채점 결과를 100% 신뢰할 수 있느냐 하는 문제가 있다.

## 우주상향

우주상향이란 자신의 성적을 훌쩍 뛰어넘는 상위권 대학이나 학과에 지원하는 것을 뜻한다. 안 될 줄 알면서도 무리해서 상향 지원할 때 쓰는 말.

· 이만기 소장의 틈새 컨설팅 ·

### 무리한 상향 지원의 끝은 어디인가

너무 차이가 큰 곳을 무리하여 상향 지원을 하면 실패 후 그다음 스텝도 꼬이는 것이 대부분이다. 혹시나 하는 마음으로 엄청난 요행을 바라고 상향 지원을 하겠지만 성공의 확률은 높지 않다.

## 원점수

지필평가 시에 맞힌 문항에 해당되는 배점을 단순히 합산한 점수를 의미한다. 예를 들어 총 45문항(2점 30문항, 3점 10문항)인 국어 영역에서 2점짜리 25문항, 3점짜리 8문항을 맞혔을 경우 원점수는 74점이 된다. 대학수학능력시험에서 원점수는 제공하지 않는다.

## 원점수는 과연 불필요한가

수능에서는 불필요하나 내신에서는 의미가 있다. 수시모집에서 이를 참고하기 때문이다. 고등학교에서 시행한 평가는 교과, 과목, 단위수, 원점수/과목평균(표준편차), 성취도(수강자 수), 석차 등급을 산출하여 각 학기말에 학생부에 입력한다. 원점수는 지필평가 및 수행평가의 반영 비율 환산점수 합계를 소수 첫째 자리에서 반올림하여 정수로 기록하며, 과목 평균, 과목 표준편차는 원점수를 사용하여 계산하여 소수 둘째 자리에서 반올림하여 소수 첫째 자리까지 기록한다. 성취율의 기준 점수는 원점수로 한다. 따라서 성적표에는 등급만 표기되는 것이 아니라, 수험생의 원점수가 앞 등급과 얼마나 가까운가도 확인할 수 있다.

그런데 2028학년도 대입부터는 그동안 대학에 제공되던 표준편차가 제공되지 않으므로 대학은 Z점수 등을 대입에 참고할 수 없게 된다. 그렇게 되면 대학은 어떻게든 원점수를 이용하여 신입생을 변별하려는 노력을 할 수도 있다.

## 유웨이

민간교육평가기관이자 인터넷 원서 접수 대행업체. 인터넷 원서 접수 대행을 국내에서 가장 먼저 시작한 곳이기도 하다. 유웨이어플라

이www.uwayapply.com를 통해서는 특목·자사고, 전문대, 4년제 대학, 대학원 등의 인터넷 원서 접수를 대행하고 있으며, 최근에는 해외 30여 개 대학 원서 접수 사업도 진행 중이다. 또한 입시포털 사이트 유웨이닷컴www.uway.com을 통해 대입 합격 진단, 수시·정시 모의지원 서비스, 성적 자가 진단 서비스 등을 운영하고 있다. 입시 전문가 양성 과정과 유학 사업도 운영 중이다. 특히 한국 수능으로 미국 대학에 진학하는 유학 방식을 시도해 호평을 얻고 있다.

## 의치한약수

1 의학계열 관련학과들을 통틀어 가리키는 말로서 의과대학, 치과대학, 한의과대학, 약학대학, 수의예과의 첫 글자를 따서 만든 줄임말이다. 의학계열은 선호도가 매우 높아 전반적으로 서울대 자연계열 이상의 입결을 보인다. 그래서 서울 최상위권 대학에 합격하고도 지방 대학의 '의치한약수'로 진학하는 경우가 빈번하다. 의치한약수 진학을 위해 반수를 택하는 학생들도 늘고 있다.

2 모집 정원은 대략 의과대 약 3,000명, 치과대 약 750명, 한의대 약 750명, 약학대 약 1,750명, 수의과대 약 500명으로 1년에 약 6,730명이 입학한다. 이로 인해 이공계 인재 부족 현상이 국가적으로 문제가 되는 실정이다. 의학전문대학원과 약학대학 편입이 없어지면서 이들 대학에 입학하기 위한 수능을 '메디컬Medical 고시'라고

부르기도 한다.

③ 2023학년도 입시부터 비수도권 의치한약수는 일부 지역을 제외하고 정원의 40% 이상을 같은 권역의 고등학교 입학 및 졸업생으로 선발하는 지역인재전형을 시행하고 있다. 지역인재전형이 해당하는 권역은 부산·울산·경남, 대구·경북, 호남, 충청, 강원, 제주로 나뉜다. 2028학년도 대입부터는 중학교도 비수도권에서 졸업해야 지원 자격을 준다. 한편 2023년 의대 정원을 1,000명 이상 늘리겠다는 정부의 증원 방침으로 의료계와 정부가 대립을 하는 등 논쟁이 당분간 지속될 전망이다.

☞ 지역인재전형

## 이공계의 별

[이공계의 별]은 이공계 중점학교 입시정보 교류 커뮤니티이다. 서울대·연세대·고려대 공대, KAIST, UNIST, GIST, DGIST, 포항공대, 한국에너지공대 등 이공계 중점 대학교 입시 정보를 한눈에 볼 수 있다.

10만 명이 넘는 회원 수를 보유하고 있으며, 수험생들 외에 대학 재학생, 학부모, 선생님 등 다양한 부류의 회원들이 활동한다. '재학생 멘토 프로그램'을 운영하는 것이 특징으로, 수험생들에게 현장감 있는 입시 관련 정보를 제공하고 궁금한 것들에 답을 해주기도 하며,

일상적인 대학 생활 이야기도 공유한다.

## 이공계 특성화대

이공계 특성화대는 국가 과학기술계의 고급 인재를 양성한다는 취지로 설립된 이공계 분야에 특성화된 대학들을 말한다. 한국과학기술원KAIST이 원조로 광주과학기술원GIST, 대구경북과학기술원DGIST, 울산과학기술원UNIST 등 과기원과 포항공대POSTECH가 대표적이다. 최근에는 한국에너지공대KENTECH도 이공계 특성화대로 분류한다.

KAIST, GIST, DGIST, UNIST 등 4개 과기원과 한국에너지공대 1개교는 각각의 특별법에 의해 만들어진 특별대학으로 수시 6회 지원 제한에 해당하지 않는다. 속칭 '1+1'이라고 한다. 포항공대는 이공계 특성화대학이긴 하지만 특별법으로 설립된 것이 아닌 교육부 주관의 사립 일반대학이므로 6회 지원 제한에 해당된다. 이공계 특성화대는 국가가 적극적으로 예산을 지원하기 때문에 장학금이나 등록금 등 학생 지원이 큰 편이다.

## EBSi

EBS한국교육방송공사가 운영하는 고등학교 학습 대비 인터넷 강의 사이

트. EBS의 디지털학교교육본부가 운영을 담당한다. EBSi의 다양한 서비스는 PCwww.ebsi.co.kr와 모바일웹m.ebsi.co.kr 그리고 모바일 앱에서도 편리하게 이용할 수 있다. 수능 사교육 억제 정책에 맞추어 학교 교사, 학원 강사 등이 EBS 교재를 바탕으로 강의한다. EBS 수능 연계교재는 한국교육과정평가원에서 감수를 맡는다.
교재 및 커리큘럼이 체계적이고 공신력 있는 강사진이 수능, 내신 강의를 제공하기 때문에 수험생들에게 좋은 참고가 된다. 수능, 모평, 학평 기출문제도 제공하며, 수험생들의 등급 컷을 예상하는 서비스 기능도 있다.

· 이만기 소장의 틈새 컨설팅 ·

## 인강 강사의 선택

EBSi는 비용 부담이 없고, 수능 연계교재 대비가 가능하다는 큰 장점이 있는 반면 상위권 학생들을 위한 콘텐츠가 상대적으로 부족하다는 것이 단점으로 꼽힌다. 그래서 사설 인터넷 강의를 이용하는 수험생들도 많은데, 영역별로 인지도 높은 강사를 찾아 강좌를 구매하는 경우가 많다.
일반적으로 사설 인강 사이트에서 매출 1위 강사는 '윗줄 맨 왼쪽'에 소개하는 것이 관행이다. 이 때문에 소개 순서를 두고 강사 간에 치열한 기싸움이 벌어지기도 한다.

## EBS 연계

① 사교육 억제 정책에 맞추어 교육과학기술부에서는 2010년부터 EBS 교재에서 연계율 70%로 출제(점수가 아니라 문항수)한다고 발표했다. 2021학년도 수능부터는 70% 연계에서 50% 간접연계로 바뀌어 출제하고 있다. 2024학년도 수능도 마찬가지로 EBS 수능 교재 및 강의와 수능의 연계는 간접방식으로 이루어지고 연계율은 영역 및 과목별 문항 수 기준으로 50% 수준을 유지한다.

② 2024학년도 수능의 특기할 점은, 연계 교재에 포함된 도표, 그림, 지문 등 자료 활용을 통해 연계 체감도를 높이겠다고 발표했다는 점이다. 이는 수능 문제 출제 시 EBS 연계교재에 나와 있는 개념이나 원리에 대한 설명, 또 문항에서 제시하는 자료들과 유사도를 높이겠다는 방침이다. 다시 말해서 이전 학년도에 비해, EBS 교재 내용을 덜 변형하여 문제를 출시해서 EBS 교재를 충실히 공부한 학생들이 좀 더 유리하도록 하겠다는 이야기이므로 수험생들은 이 점을 염두에 두어야 한다. 평가원은 앞으로도 현재의 연계 체감도 수준을 계속 유지할 계획이라고 밝혔다.

## 이원화 전형

최근 대학들이 학생부종합전형에서 이원화 전형을 많이 적용한다.

즉 학종이라는 한 개의 전형을 서류형과 면접형, 두 가지 형태로 나누는 것이다.

①【면접형 전형】에서는 단계별 선발 과정을 거치는데 예를 들어 1단계에서는 서류 100%로 선발한 후 2단계에서 서류 60% +면접 40% 평가를 거쳐 최종 선발하는 식이다. 이때 1단계의 선발 배수가 높을수록 면접의 비중이 중요해진다. 경쟁자들이 그만큼 많아지기 때문이다.

일반적으로 면접형이 서류형에 비해 경쟁률이 더 높으며, 지원자의 내신 등급은 상대적으로 낮은 경향이 있다. 평가 요소 및 반영 비율을 고려해야 하는 것은 서류형과 같으나, 전공계열과 관련한 관심이나 활동이 상대적으로 더 중요하다. 면접 일정은 대부분 수능이 끝난 이후의 주말에 몰려 있지만, 간혹 수능 전에 면접을 치르는 대학도 있다.

②【서류형 전형】은 면접형과 달리 서류 100%로 선발하는 일괄합산 전형이며, 교과 성적이나 서류가 뛰어난 수험생들이 많이 지원한다. 면접에 상대적으로 자신이 없는 학생들도 서류형을 선택하는 경향이 있다. 서류형의 경우 대학에서 제시하는 평가 요소 및 반영 비율을 고려해야 하고 학업 역량, 학업 태도와 의지도 중요한 고려 요소가 된다. 상대적으로 학생부 내신 등급이 높다.

## 이원화 캠퍼스

대학이 두 개 이상의 지역에서 동시에 교지(학교 구내의 모든 용지)를 운영하는 것을 말한다. 대학의 본부를 둔 캠퍼스를 제외한 그 외의 캠퍼스를 일컫는 말이라고 보면 된다. 제2캠퍼스라고도 한다.

분교와 다른 점은, 분교는 교육부에서 정원을 신규로 인가한 대학인 반면에, 이원화 캠퍼스는 기존 정원을 분리하거나 다른 대학을 인수하여 설립한 대학이라는 점이다. 쉽게 말해서 이원화 캠퍼스는 본교의 정원을 분리했기 때문에 본교와 동일한 대학이라고 본다. 실제로 이원화 캠퍼스의 운영 방식은 학문 및 교육 체계, 행정상의 업무 등에서 본교와 크게 차이가 나지 않는다. 대학은 각각의 캠퍼스에 다른 단과대학을 설치하거나 계열별로 차이를 두어 차별화를 꾀하는 경우가 많다.

이원화 캠퍼스를 운영하는 대학으로는 가톨릭대(성의교정 의대, 성신교정 신학대학), 경기대(서울캠퍼스 예술), 경북대(상주캠퍼스 축산), 경희대(수원 국제캠퍼스), 단국대(천안캠퍼스), 동국대(일산 바이오메디캠퍼스), 명지대(서울 인문캠퍼스, 용인 자연캠퍼스), 부산대(양산캠퍼스 의대, 밀양캠퍼스 축산), 상명대(천안캠퍼스), 서울대(연건캠퍼스 의대, 평창캠퍼스, 시흥캠퍼스), 성균관대(수원 자연과학캠퍼스), 성신여대(운정캠퍼스), 연세대(송도 국제캠퍼스), 전남대(여수캠퍼스), 중앙대(안성 다빈치캠퍼스), 충남대(보운캠퍼스), 충북대(오송캠퍼스), 한국외대(용인 글로벌캠파스), 홍익대(세종캠퍼스, 화성캠퍼스) 등이 있다.

## 이월 인원

미달 또는 미등록으로 인해 발생한 결원을 다음 모집 시기로 이월하여 선발하는 인원을 말한다. 수시모집에서 미충원된 인원은 정시모집으로 이월하는 경우가 많다. 이 때문에 정시모집의 경우, 최종 선발 인원은 애초 모집요강에서 명시한 인원보다 더 많아지는 경우가 흔하다.

☞ 결원, 미등록 충원

## 이중등록

합격한 대학에 등록금을 내고 등록을 포기하지 않은 상황에서 다른 대학에 등록할 경우 이는 이중등록에 해당된다. 이렇게 되면 이중등록 금지 원칙에 따라 입학 취소라는 처분을 받게 된다.

정시모집에서 합격한 대학에 이미 등록한 수험생이 다른 대학의 정시모집에 추가합격해 그 대학에 등록하고자 할 경우가 있다. 이때는 대학에서 정한 방법으로 먼저 등록한 대학을 포기한 후 추가합격 대학에 등록하는 것을 원칙으로 한다. 보통은 등록포기각서를 제출하고 등록금을 환불받아야 한다.

이중등록이 발생하는 이유는 보통 긴박한 충원 일정 때문이다. 등록기간이 짧아서 불안감을 느낀 수험생들이, 충원으로 합격한 대학을 먼저 등록한 후 이전에 합격한 대학의 등록 포기를 하는 경우가 종종 생긴다. 이럴 경우는 수험생이 일일이 소명을 해야 하는 번거로움이 있다.

## 이중등록 금지

① 모집시기별로 두 개 이상의 대학(산업대학, 교육대학, 전문대학 포함)에 합격한 자는 하나의 대학에만 등록(문서 등록, 예치금 납부 등)해야 한다.

예를 들어 수시모집에서 여러 대학에 합격한 자는 등록 기간 내에 하나의 대학에만 등록해야 하고, 이는 정시모집 또한 마찬가지이다. 다수의 대학에 등록한 자는 대입지원 위반 처리되어 합격한 모든 대학에서 실격 처리 될 수 있으며, 이 내용은 모집요강에 명시되어 있다. 대교협은 개별 대학으로부터 관련 자료를 제출받아서 검토하고, 이중등록 금지를 위반한 자의 명단을 각 대학에 통보하며, 이를 통보받은 대학은 해당자의 입학을 취소해야 한다.

② 수시 및 정시모집에 이미 합격했는데 다른 대학의 충원합격 통보를 받은 경우, 먼저 등록한 대학에 등록 포기 의사를 명확히 전달한 후, 타 대학 충원합격 대학에 등록해야만 한다. 차순위 수험생의 합격 기회를 박탈하게 될 수 있기 때문에, 등록을 원하지 않는 대학에 등록 포기 의사를 즉시 전달해야 한다는 이야기다.

수시모집은 12월 말까지 최초합격자 발표와 등록, 추가합격자 발표와 등록을 마무리하며 정시모집은 2월 중으로 합격자 발표와 등록을 마친다.

☞충원합격

## 2022 개정 교육과정

① 2022년 고시된 교육과정. 교육부는 2022년 12월 22일, 우리 아이들이 미래 사회가 요구하는 '포용성과 창의성을 갖춘 주도적인 사람'으로 성장할 수 있도록 「2022 개정 교육과정」을 확정 · 발표했다. 이번 개정은 학습자 주도성, 창의력 등 역량을 체계화하고, 지역 · 학교의 유연한 교육과정 운영, 학생 맞춤형 교육, 디지털 · 인공지능 기반의 교실 수업 개선 등을 주요 방향으로 한다.

② 2028학년도 대입을 치르는 2025학년도 고등학교 1학년부터 내신성적은 상대평가와 절대평가를 혼용한다. 즉, 예체능 과목을 제외한 전과목(공통과목, 일반선택, 진로선택, 융합선택)에서 상대평가 5등급과 성취평가제(A-B-C-D-E)를 병기한다. 이번 방침으로 기존의 상대평가 9등급에 비해 공통과목 내신의 변별력이 다소 약해지겠지만, 선택과목의 변별력은 오히려 상승할 것으로 예상된다.

다음은 2022 개정 교육과정의 고등학교 보통교과 목록이다.

〈2022 개정 교육과정 고등학교 보통교과 구성〉

| 교과(군) | 공통 과목 | 선택 과목 | | |
|---|---|---|---|---|
| | | 일반 선택 | 진로 선택 | 융합 선택 |
| **국어** | 공통국어1<br>공통국어2 | 화법과 언어,<br>독서와 작문,<br>문학 | 주제 탐구 독서,<br>문학과 영상,<br>직무 의사소통 | 독서 토론과 글쓰기,<br>매체 의사소통,<br>언어생활 탐구 |
| **수학** | 공통수학1<br>공통수학2<br>기본수학1<br>기본수학2 | 대수,<br>미적분 Ⅰ,<br>확률과 통계 | 기하, 미적분 Ⅱ,<br>경제 수학, 인공지능 수학,<br>직무 수학 | 수학과 문화,<br>실용 통계,<br>수학과제 탐구 |
| **영어** | 공통영어1<br>공통영어2<br>기본영어1<br>기본영어2 | 영어 Ⅰ,<br>영어 Ⅱ,<br>영어 독해와<br>작문 | 영미 문학 읽기, 영어 발표와<br>토론, 심화 영어, 심화 영어<br>독해와 작문, 직무 영어 | 실생활 영어 회화,<br>미디어 영어, 세계<br>문화와 영어 |
| **사회<br>(역사/<br>도덕<br>포함)** | 한국사1<br>한국사2<br>통합사회1<br>통합사회2 | 세계시민과<br>지리,<br>세계사,<br>사회와 문화,<br>현대사회와<br>윤리 | 한국지리 탐구, 도시의 미래 탐구<br>동아시아 역사 기행<br>정치, 법과 사회, 경제<br>윤리와 사상, 인문학과 윤리<br>국제 관계의 이해 | 여행지리, 역사로<br>탐구하는 현대 세계,<br>사회문제 탐구,<br>금융과 경제생활,<br>윤리문제 탐구,<br>기후변화와<br>지속가능한 세계 |
| **과학** | 통합과학1<br>통합과학2<br>과학<br>탐구실험1<br>과학<br>탐구실험2 | 물리학,<br>화학,<br>생명과학,<br>지구과학 | 역학과 에너지, 전자기와 양자<br>물질과 에너지, 화학 반응의 세계<br>세포와 물질대사, 생물의 유전<br>지구시스템 과학, 행성 우주과학 | 과학의 역사와 문화,<br>기후변화와 환경생태,<br>융합과학 탐구 |
| **체육** | | 체육1,<br>체육2 | 운동과 건강,<br>스포츠 문화,<br>스포츠 과학 | 스포츠 생활1,<br>스포츠 생활2 |
| **예술** | | 음악, 미술,<br>연극 | 음악 연주와 창작,<br>음악 감상과 비평,<br>미술 창작,<br>미술 감상과 비평 | 음악과 미디어,<br>미술과 매체 |

| 기술·가정/정보 | | 기술·가정 | 로봇과 공학세계, 생활과학 탐구 | 창의 공학 설계, 지식 재산 일반, 생애 설계와 자립, 아동발달과 부모 |
|---|---|---|---|---|
| | | 정보 | 인공지능 기초, 데이터 과학 | 소프트웨어와 생활 |
| 제2외국어/한문 | | 독일어, 프랑스어, 스페인어, 중국어, 일본어, 러시아어, 아랍어, 베트남어 | 독일어 회화, 프랑스어 회화, 스페인어 회화, 중국어 회화, 일본어 회화, 러시아어 회화, 아랍어 회화, 베트남어 회화 | 독일어권 문화, 프랑스어권 문화, 스페인어권 문화, 중국 문화, 일본 문화, 러시아 문화, 아랍 문화, 베트남 문화 |
| | | | 심화 독일어, 심화 프랑스어, 심화 스페인어, 심화 중국어, 심화 일본어, 심화 러시아어, 심화 아랍어, 심화 베트남어 | |
| | | 한문 | 한문 고전 읽기 | 언어생활과 한자 |
| 교양 | | 진로와 직업, 생태와 환경 | 인간과 철학, 논리와 사고, 인간과 심리, 교육의 이해, 삶과 종교, 보건 | 인간과 경제활동, 논술 |

고교학점제

· 이만기 소장의 틈새 컨설팅 ·

## 중학교에서 고등학교 가기 전에 준비할 것은?

입시 준비에서 중3 겨울방학이 상당히 중요하다고들 이야기한다. 본격적인 대입의 여정으로 들어서는 길목에서 많은 학생들이 선행에 집중하곤 한다. 그러나 무조건적인 선행학습이 능사가 아니며, 긴 수험생활의 시각에서 다음과 같은 사항들을 점검할 필요가 있다.

우선 학생의 위치와 실력을 정확히 파악하자. 경우에 따라 중학 과정 복습이 시급할 수도 있고, 선행학습이 정말 필요할 수도 있다. 이에 따라 장단기 학습계획을 미리 세워야 한다. 공부의 양보다는 성취도에 더 신경을 써야 하며, 모든 과목에서 기본 개념과 용어, 국어의 경우 문법에 대한 정리와 암기가 필요하다. 겨울방학이 끝날 무렵에는 고1 3월 모의고사 문제를 살펴보자. 경각심을 가지고 새로운 학기를 시작할 수 있을 것이다.

## 2028 새 수능제도 개편

이번에 개편되는 2028학년도 대학수학능력시험은 수능 시행 34년 만에 큰 변화를 맞이한다. 가장 중요한 것은 선택과목제 폐지와 그에 따른 계열 구분 폐지이다. 사회와 과학은 개별 과목이 아닌 통합교과로 치른다.

1 1994학년도 수능은 문·이과 계열 분리 없이 공통으로 출제되어 모든 수험생이 같은 시험 문제를 풀었으며, 본고사를 치르는 몇몇 대학을 제외하고 교차지원이 자유로웠다. 그래서 수학과 과학의 학습량이 많은 이과 학생들이 유리했다는 평가가 있었다.

1995학년도부터는 인문, 자연, 예체능으로 계열을 구분했다. 이때 인문계열은 「사회·문화」와 「세계지리」가, 자연계열은 「수학Ⅱ」, 「물리」, 「화학」이 추가되었다. 한편 사회탐구, 과학탐구 영역의 선택과목은 1999학년도 수능부터 처음으로 도입되었고 이에 따라 표준점수 제도가 수능에 처음 도입되었다.

② 2028학년도 대학수학능력시험은 2001학년도 이후 27년간 치러지던 제2외국어/한문이 사라지고, 2005학년도부터 치른 직업탐구도 사라진다. 지금까지 수험생들은 과학탐구, 사회탐구, 직업탐구 중 하나를 선택해 응시했는데 2028학년도 수능부터는 그런 구분이 없어지는 것이다. 이제 인문계열도 통합과학을, 자연계열도 통합사회를 치르게 된다.

그동안 도입 여부를 두고 의견이 분분했던 논·서술형 수능은 이번에는 도입하지 않는다. 도입 취지에는 공감하나 아직 여건상 시기상조라는 판단이 선 듯하다. 논·서술형 수능은 출제보다도 채점 부분에서 문제의 소지가 있다.

다음은 2028학년도 수능의 시험 범위와 평가방식이다.

**〈2028학년도 수능의 시험 범위와 평가 방식〉**

| 과목 | 시험범위 | 평가 방식 |
|---|---|---|
| 국어 | 화법과 언어, 독서와 작문, 문학 | 상대평가 |
| 수학 | 대수, 미적분 Ⅰ ,확률과 통계 | |
| 영어 | 영어 Ⅰ , 영어 Ⅱ | 절대평가 |
| 한국사 | 한국사1,한국사2 | |
| 사회 | 통합사회1,통합사회2 | 상대평가 |
| 과학 | 통합과학1,통합과학2 | |

현행 수능과 비교하면 다음과 같다.

## 〈현행 수능과 개편 수능의 비교〉

| 구분 영역 | | 출제 범위(선택과목) | |
|---|---|---|---|
| | | 현행(~2027 수능) | 개편안(2028 수능~) |
| 국어 | | 공통+**[2과목 중 택1]**<br>• 공통과목 : 독서, 문학<br>• 선택과목 : 화법과 작문, 언어와 매체 | • 공통 :<br>화법과 언어, 독서와 작문, 문학 |
| 수학 | | 공통+**[3과목 중 택1]**<br>• 공통과목 : 수학 Ⅰ, 수학 Ⅱ<br>• 선택과목 : 확률과 통계, 미적분, 기하 | • 공통 :<br>대수, 미적분 Ⅰ, 확률과 통계 |
| 영어 | | • 공통 :<br>영어 Ⅰ, 영어 Ⅱ | • 공통 :<br>영어 Ⅰ, 영어 Ⅱ |
| 한국사<br>(필수) | | • 공통 :<br>한국사 | • 공통 :<br>한국사1, 한국사2 |
| 탐구<br>탐구 | 사회<br>·<br>과학<br>탐구 | **[17 과목 중 최대 택 2]**<br>• 사회 : 9과목<br>생활과 윤리, 윤리와 사상, 한국지리, 세계지리, 동아시아사, 세계사, 경제, 정치와 법, 사회·문화<br>• 과학 : 8과목<br>물리학 Ⅰ, 화학 Ⅰ, 생명과학 Ⅰ, 지구과학 Ⅰ, 물리학 Ⅱ, 화학 Ⅱ, 생명과학 Ⅱ, 지구과학 Ⅱ | • 사회(공통) :<br>통합사회1, 통합사회2<br>• 과학(공통) :<br>통합과학1, 통합과학2 |
| | 직업<br>탐구 | 1과목 : **[5과목 중 택1]**<br>2과목 : 공통+**[1과목]**<br>• 공통 : 성공적인 직업생활<br>• 선택 : 농업 기초 기술, 공업 일반, 상업 경제, 수산·해운 산업 기초, 인간 발달 | • 직업(공통) :<br>성공적인 직업생활 |
| 제2외국어<br>/한문 | | **[9과목 중 택1]**<br>독일어, 프랑스어, 스페인어, 중국어, 일본어, 러시아어,<br>아랍어, 베트남어, 한문 | **[9과목 중 택1]**<br>독일어, 프랑스어, 스페인어, 중국어, 일본어, 러시아어, 아랍어,베트남어, 한문<br><br>※추가 검토안<br>**[10과목 중 택1]**<br>-제2외국어/한문 : 9과목<br>-심화수학 : 1과목<br>(미적분 Ⅱ +기하) |

# 인강

인터넷 강의의 줄임말. 인터넷을 이용하여 교육자가 진행하는 사이버 원격 수업으로 온라인 강의라고도 하며, 대학교의 원격 수업은 사이버 강의나 '싸강'이라고도 한다. 현재 고등부는 메가스터디, 대성마이맥, 이투스가 우세하며, 중등은 엠베스트, 수박씨 등이, 초등은 엘리하이, 밀크티, 아이스크림 홈런이 강세를 보이고 있다.

· 이만기 소장의 틈새 컨설팅 ·

## 인강의 장점과 단점

수험생의 입장에서 인강의 장단점은 아래와 같다. 장단점을 명확하게 비교한 후 강좌를 선택하자.

| 장점 | 단점 |
|---|---|
| • 언제든지 반복해서 들을 수 있다.<br>• 검증된 강사를 만날 수 있다.<br>• 부족한 부분을 보완하거나 수준별로 선택해서 들을 수 있다.<br>• 학원을 오가는 시간을 아낄 수 있다.<br>• 학생 스스로 학습의 주도권을 가진다.<br>• 수강료가 저렴하다.<br>• 시간과 공간의 제약이 거의 없다.<br>• 학생에 따라 속성 학습이 가능하다. | • 현장감이 떨어져 집중력과 자제력의 문제가 생긴다.<br>• 강의에 지나치게 의존할 가능성이 있다.<br>• 인터넷 환경의 유혹이 크다.<br>• 강의가 불규칙적으로 업로드될 수 있다.<br>• 즉문즉답이 어렵다.<br>• 진도 관리나 시간 관리가 어렵다.<br>• 다른 학생들과 경쟁하는 환경을 만들기 어렵다.<br>• 완강의 비율이 낮다.<br>• 보충 및 추가자료 확보가 어렵다. |

## 인서울 대학

서울 시내에 위치한 약 40여 개의 4년제 종합대학들을 가리킨다. 이들 대학에 입학하는 것이 많은 수험생들의 목표이다. 서울 집중 현상을 대변하는 단어이지만 모든 서울 소재 대학이 지방대에 비해 우수하다는 것을 의미하지는 않는다.

· 이만기 소장의 틈새 컨설팅 ·

### 중학교에서 고1로 올라오면 해야 할 일

학생부는 입학 시점부터 철저히 관리해야 한다. 서울의 경우 수시모집 인원이 감소했으나 지방은 오히려 수시모집이 늘었다. 따라서 학생부의 중요성이 매우 높아지고 있다.

가장 중요한 것은 내신 관리다. 각 영역별로 중학교와 달라진 교과의 내용과 용어에 익숙해져야 한다. 또한 수능 기출 문제를 살펴보고 대략적인 출제 경향과 문제의 유형을 살펴볼 필요가 있다. 이를 통해 각 영역별로 학습해야 할 세부 내용과 학습 방향을 수립하자.

EBS 교재와 강의에도 익숙해져야 한다. EBS 수능 교재와 강의를 교과서와 연계해서 공부하는 것도 중학교와 달라지는 중요한 변화이다. 수능에서 EBS 연계 출제의 방침이 지속되는 한 EBS 수능 교재는 고등학생들이 교과서처럼 학습해야 할 필수 학습 자료가 되었다. 따라서 고1 때부터 단계적으로 자신의 수준과 학습 계획에 맞는 교재를 선택하여 지속적으로 학습해야 한다.

## 일반전형

특별전형과 대비되는 개념으로, 일반 학생을 대상으로 보편적인 교육적 기준에 따라 선발하는 전형이다.

## 일타 강사

일타강사는 '1등 스타 강사'라는 말의 줄임말로, 수강생이나 학생들에게 가장 인기가 많으면서 잘 가르치는 강사, 학원에서 가장 빨리 마감되는 강사, 담당 과목에서 최고의 매출을 기록하는 강사를 칭하는 사교육계 은어이다.

· 이만기 소장의 틈새 컨설팅 ·

### 일타 강사 강의가 무조건 유익한가?

일타 강사의 명성만 믿고 무조건 수강할 것이 아니라, 강의 수준이나 스타일이 본인에게 잘 맞는지를 신중히 고려해야 한다. 무엇보다 수험생 본인의 부족한 점을 스스로 정확하게 파악하고, 그 부분을 채워줄 수 있는 강의가 있는지 찾는 것이 중요하다.

강사들의 수강평 게시판을 통해 장단점을 파악하는 한편, 교재 및 강의 맛보기를 통해 자신에게 가장 잘 맞는 강의를 선택한다. 물론 이때 학생들의 수강평을 100% 믿어서는 안 된다. 과거보다 많이 줄긴 했어도 전략적인 마케팅도 섞여 있기 때문이다.

## 입결

흔히 입시 결과를 입결이라고 줄여서 부른다. 대입정보포털 [대학 어디가]와 각 대학 입학처 홈페이지에서는 전년도 입시 결과를 공개한다. 여기에는 경쟁률, 충원율, 합격자 평균 등급 등의 자료가 포함된다. 입결은 전형 유형 및 전형 요소의 변화, 수능 최저학력기준 등의 변화, 모집 인원, 학과·학부의 통합 및 분리 등 여러 가지 요소를 고려한 결과 분석이 필요하다. 2018학년도 이후 영어 영역 절대평가화, 2022학년도 이후 문·이과 통합 및 국어, 수학 선택과목 도입 등으로 인해 정확한 입결을 파악하는 것이 한층 어려워졌다. 더욱이 대학별 산출 방식과 환산점수의 차이로 대학 간에 입시 결과를 직접적으로 비교하기에는 무리가 있다.

## 입시설명회

해마다 3월이 되면 다양한 입시설명회가 열린다. 최근에는 사교육기관이 아닌 EBS나 대교협, 각 대학에서도 전국적으로 입시설명회를 개최한다. 자녀가 고3이 되는 시점부터는 많은 학부모들이 입시설명회에 참석하여 정보를 얻곤 한다. 사는 지역과 설명회장의 거리가 멀어 참석하지 못한다면 대부분 해당 기관의 온라인 사이트를 통해 접속할 수 있고, 온라인 중계를 하는 경우도 종종 있다.

대입전형과 기조가 수시로 변하는 상황에서 입시설명회는 분명 도움이 되지만, 무차별적인 정보는 오히려 독이 되기도 한다. 기관별로 다른 정보에 혼선을 빚을 수도 있다. 자녀에게 맞는 정보를 취사선택하여 적절한 입시설명회를 찾을 필요가 있다.

특히 학원에서 개강철에 개최하는 입시설명회의 목적은 정보 전달만이 아니라 '광고'에 있음을 인지해야 한다. 대부분 '불안감 조성 → 등록 유도'라는 전략을 활용하므로 너무 휘말리지 말아야 한다.

입시설명회를 제대로 활용하려면, 해당 주제에 대하여 미리 참고자료나 인터넷 기사 읽고 가는 것이 바람직하다. 또한 우리 아이의 상황, 성적을 분명하게 알고 가야 하며, 강사에게 질문할 거리를 많이 생각해둘수록 많은 것을 얻어 올 수 있다. 마지막으로, 설명회에 다녀온 직후 자녀에게 정보를 쏟아내며 설명회에서 들은 내용을 직설적으로 강요해서는 안 된다.

· 이만기 소장의 틈새 컨설팅 ·

## 성공하는 고3 엄마가 되기 위한 노력

### 1. 기본적인 입시 용어, 수험생이 쓰는 은어는 알아두자.

자녀의 성적표 속 첫 번째 난관은 바로 입시 용어에 있다. 표준점수, 변환표준점수, 백분위, 등급 등등 낯선 용어들이 등장한다. 작년도 입시 요강을 예습차 볼 수 있으려면, 표준점수와 백분위 등급 정도는 정확히 이해해야 한다. 그래야 추후 수능 성적표를 받은 후 표준점수가 유리한지 백분위가 유리한지, 대학이 요구하는 성적 방식이 어떤 형태인지 알 수 있다.

**2. 학교생활기록부, 모의고사 성적표를 점검하자.**

자녀와 함께 대입 전략을 고민하기 위해서는 자녀의 현재 상황을 냉정히 파악할 필요가 있다. 자녀의 학교생활기록부, 모의고사 성적표부터 점검해야 한다. 아직까지 자녀의 성적이나 학교생활이 제대로 파악되지 않았다면, 지금이라도 나이스www.neis.go.kr에 접속하여 학교생활기록부를 살펴보자. 2학년 때까지의 모의고사 성적표도 함께 보관해야 한다. 이를 통해 향후 자녀의 진학 전략이 수시가 적합한지, 정시에 좀 더 집중해야 하는지 모색해볼 수 있다.

**3. 학부모 커뮤니티, 입시기관 사이트를 활용하자.**

입시설명회가 오프라인 정보 공유의 장이라면, 학부모 커뮤니티나 입시 사이트는 온라인 정보 공유의 장이다. 살아 있는 정보들이 실시간으로 올라오며, 유료 콘텐츠뿐 아니라 무료 콘텐츠도 상당히 많다. 그러나 무조건 많은 사이트나 커뮤니티에 가입하는 것이 능사는 아니다. 기관의 공신력이나 자녀의 성적을 고려하여 몇 군데를 선택하고 집중적으로 공략하자.

**4. 대학 홈페이지와 입학처에 수시로 문의하라.**

상위권 대학은 우수한 학생을 유치하기 위해, 중하위권 대학은 좀 더 경쟁률을 높이기 위해 적극적으로 홍보한다. 예전에 비해 대학의 문턱이 많이 낮아지고 친절해졌다. 해당 대학 입학처로 문의하면 궁금한 정보들을 명쾌하게 해결할 수 있으며 대학 홈페이지에서도 중요한 정보들을 시시각각 확인할 수 있다. 좋은 정보를 얻기 위해서는 극성스러운 엄마가 되어도 좋다.

*원고 작성 : 이인자, 유웨이 전 홍보팀장

## 입학사정관

1 입학사정관은 고교 학생생활기록부와 자기소개서(현재는 폐지됨) 등 다양한 대입전형 자료 심사, 학생의 잠재력 및 적성 평가, 고등학교의 특색 있는 교육활동(프로그램) 발굴 등 학생 선발에 직접 참여하는 대입전형 전문가이다. 대학이나 모집단위별 특성에 맞는 학생을 선발하는 것을 목적으로 하는 전문 인력이라 할 수 있다.

입학사정관의 주요 역할은 다음과 같다.

첫째, 고교 및 대학의 교육과정을 분석하여 관련 정보와 자료를 축적 및 관리하고, 효과적 전형방법을 연구 · 개발한다.

둘째, 제출된 전형자료를 심사하고 평가하여 개별 지원자의 입학 여부를 결정한다.

셋째, 기존 전형 방법을 통해 입학한 학생의 학업과 학교 적응 정도를 관리한다.

② 【전임 사정관】은 학교의 직원 중에서 필요한 교육훈련을 받고서 상시 학생 선발 업무를 담당하는 경우이며, 【위촉 사정관】은 해당 학교의 교직원 및 타 대학 교수, 지역사회 인사, 퇴직한 교직원 등 입학사정 업무를 수행할 수 있는 인사 중 학생 선발 기간을 포함하여 일정 기간 입학사정관으로 위촉된 자를 말한다.

## 입학사정관제

① 고등학교 교육과정과 학생 선발 방법 등에 대한 전문가인 입학사정관을 통하여 각 대학의 인재상이나 모집단위 특성에 맞는 신입생을 선발하는 제도이다. 내신 성적과 수능 점수만으로는 평가할 수 없는 학생 저마다의 잠재능력과 소질, 가능성 등을 다각적으로 평가하고 판단하는 것이 입학사정관제의 취지다.

② 예전의 입학사정관제전형에서는 개인의 잠재력을 중심으로 평가하여, 특정 분야에 뛰어난 학생이라면 합격하는 경우도 있었으나 2015학년도부터 학생부종합전형으로 바뀌면서 이전과는 성격이 달라졌다. 학생부종합전형에서는 학교생활 충실도를 평가하기 때문에 잠재력뿐 아니라, 학교 수업에 성실히 참여해 학업 역량을 보이는 것이 필요하다.

## 입학 취소

「고등교육법」에 따라 입학전형에 위조 또는 변조 등 거짓 자료를 제출한 경우, 입학전형에 다른 사람을 대리 응시하게 한 경우, 입학전형에서 다른 응시자의 답안지를 보거나 다른 응시자에게 자신의 답안지를 보여주는 등 부정행위가 있는 경우에는 입학 취소를 한다. 각 대학은 전형 과정 및 입학 후에도 전형 관련 서류를 확인하여 부정한 사례가 발생하지 않도록 하고 있다.

대입 필수용어 사전
ㅈ

## 자기소개서

지금은 폐지된 전형 요소. 한때는 학생부종합전형에서 자기소개서가 중요한 요소로 활용되었다. 자기소개서에는 학생의 경험, 성장 과정, 진로와 적성, 가치관 등을 기술하며, 면접고사를 실시할 경우 자기소개서의 내용을 확인하는 경우가 많았다. 지금은 폐지되었으나 부활 요구도 있다.

## 자기평가

자기평가는 학습이나 과제 수행 과정에서 학생이 스스로 자신의 능력, 특성, 성취 수준 등을 평가하는 것이다. 일종의 자기주도적인 형성평가 활동이다. 자기평가는 학생들이 자신의 학습 준비도, 학습 동기, 성실성, 만족도, 다른 학습자들과의 관계, 성취 수준 등에 대해 스스로 생각하고 반성할 수 있는 기회가 된다. 교사 평가 외에도 학생이 평가의 주체가 되는 자기평가나 동료평가를 활용하여, 학생의 자발적인 성찰과 개선을 이끌어낼 수 있다. 다만 학생들이 자신의 성취도를 높게 평가하는 경향이 있으므로, 사전에 평가 기준을 명확히 이해하도록 해야 한다.

## 자사고(자율형 사립고등학교)

① 자율형 사립고등학교는 과거 이명박 정부가 다양한 교육 수요를 수용하겠다는 명분을 내세워 2010년에 도입한 고등학교 모델이다. 통상적으로 '자사고'라고 부르는데 국제반이 설치된 경우도 있다. 자사고는 일체의 교육청 지원을 받지 않는다. 학생들이 자사고를 택하는 이유는 대입 시 비교과 영역을 준비하기가 수월하고, 우수한 학생들이 모인 환경에서 수준 높은 교육과정을 누릴 수 있어서 명문대 진학에 유리하다는 인식 때문이다.

② 자사고는 전국단위 자율형 사립고등학교(전사고)와 광역단위 자율형 사립고등학교(광사고)로 나뉜다. 전사고는 서울 하나고, 인천 하늘고, 울산 현대청운고, 용인 외대부고, 강원 민사고(민족사관고등학교), 천안 북일고, 전북 상산고, 전남 광양제철고, 경북 김천고, 경북 포항제철고, 이렇게 모두 열 개교가 전국에 운영되고 있다. 광역단위 자사고로는 서울 경희고등학교, 휘문고등학교 등 20여 개가 있다. 2023년을 기준으로 할 때, 선발 인원이 가장 많은 전국형 자사고는 외대부고, 상산고, 포항제철고순으로 각각 350명, 336명, 300명이다.

☞ 고교 유형

· 이만기 소장의 틈새 컨설팅 ·

### 자사고에 갈 것이냐 말 것이냐

중학교 학부모들의 가장 큰 고민은 어떤 고등학교를 가야 우리 아이에게 유리한가 하는 것이다. 과거에는 학생부위주전형이 대세가 되면서 내신 성적이 강조되었다. 그래서 자사고나 특목고보다는 일반 고등학교로 진학해서 내신 등급을 잘 받는 편이 좋다는 것이 일반적인 생각이었다. 일반고를 선택하는 경우에도 학습 분위기가 좋지만 내신 받기 어려운 학교와 학습 분위기는 안 좋지만 내신 받기 좋은 학교 사이에서 고민하는 경우가 많았다. 그러다가 점차 정시모집이 늘고 수능의 영향력이 강화되면서, 면학 분위기가 좋은 곳에서 우수한 학생들과 함께 공부하는 것이 바람직하다는 의견이 고개를 드는 추세다.
2028학년도 새로운 대입제도 아래에서는 고교학점제가 전면적으로 시행되면서 내신이 5등급제로 전환된다. 과거에 비해 내신의 위상이 다소 떨어진다는 점에서, 면학 분위기가 좋고 수능 대비가 잘 되는 자사고나 특목고로 진학하는 것이 과거에 비해 불리하지는 않으리라는 의견도 있다.

## 자율모집

전문대학교 입시에서 사용되는 용어로 일반대학의 '추가모집'에 해당하는 개념이다. 즉, 전문대학의 자율모집은 정시모집 접수 이후 결원 보충을 위한 추가접수 및 충원을 뜻하며, 대학이 자율로 실시한다(타 대학 미등록자에 한해 합격 및 등록 처리).
일반대학은 정시모집에 합격한 자가 추가모집에 응시할 경우, 추가

모집 전까지 등록포기각서를 제출한 자에 한하여 추가모집 지원이 가능하다. 그러나 전문대학의 경우, 같은 상황에서 등록포기각서를 제출하지 않아도 원서 접수가 가능하다.

☞ 추가모집

## 자율 · 자치활동

① 2022 개정 교육과정에서 창의적 체험활동 중 하나. 2015 개정 교육과정의 자율활동에 해당한다. 2024학년도부터 비교과의 위력이 저하되면서 자율 · 자치 활동의 중요도가 새롭게 부각되고 있다.

자율 · 자치활동 영역은【자율활동】과【자치활동】으로 나뉜다.【자율활동】은 학생이 주제를 스스로 선택하여 활동함으로써, 신체적 · 정신적 · 환경적 변화에 적응하고 자신의 삶을 개척해 나가는 자기주도성을 함양하는 것이다. 개인 연구, 소집단 공동 연구, 개인 프로젝트형 봉사활동, 공동 프로젝트형 봉사활동 등이 여기에 포함된다.

②【자치활동】은 성숙한 민주시민으로서 타인과 원활하게 소통하고 공동체의 문제를 상호 연대하여 해결할 수 있는 역량을 함양하는 것이다. 환경 · 생태의식 함양 활동, 생명존중 의식 함양 활동, 민주시민 의식 함양 활동, 사제동행, 토의 · 토론, 공동체 중심의 자치활동 등이 포함된다.

## 자율활동의 평가는 어떻게

자율 · 자치활동에서는 활동 과정에서 드러나는 개별적인 행동 특성, 참여도, 협력도, 활동 실적 등을 평가한다. 인성, 지원 전공(계열)과 관련한 활동 경험, 학업에 대한 노력 및 우수성도 체크하며 작은 역할이라도 구체적 계획을 세워 주도적으로 참여하며 지속적으로 활동해 성장해가는 학생을 좋게 평가한다.

평가자는 학생의 활동을 통해 무엇을 의미 있게 생각하는지, 그것을 통해 무엇을 배우고 느꼈는지를 엿볼 수 있다. 또 활동 과정에서 역할의 주도성, 배움의 계기 등을 살필 수 있다(의사소통 역량이나 공동체 역량). 예를 들어 다음과 같은 기록이 좋은 예이다.

"학급 특색 자율활동에 적극 참여하고 그 경험을 진로와 관련하여 확장하여 활동의 참여도와 주도성을 드러냄. 학급 특색 프로그램인 '보이지 않는 끈(멘토링)'에서 「확률과 통계」 영역의 멘토와 「생명과학」 과목의 멘티로 활동하면서 협력 학습을 통한 핵심 개념의 재구조화로 개념적 사고의 폭을 넓히고 지식의 확장을 꾀하며 학습의 효율성과 자기주도적 학습력을 신장함."

## 재외국민 특별전형

재외국민 특별전형은 해외 근무자인 부모와 자녀가 3년 이상(3년 특례), 혹은 12년 이상(12년 특례)의 기간 동안 해외 거주한 경우를 위한 제도로 해당 학년 입학정원의 2% 이내에서 모집한다.

3년 특례는 부모 중 1인 이상이 통산 3년(1,095일) 이상 해외에서 근무, 혹은 사업을 해야 하며 학생은 해당 국가에서 중·고교과정을 3년 이상 재학하고 고교과정을 1개 학년 이상 수료해야 한다(꼭 1학년이 아니어도 되며 학제상의 모든 학기를 포함한다).

12년 특례는, 초등학교부터 고등학교까지 전 과정을 해외에서 공부한 학생에 해당한다. 부모가 동반했는가의 여부는 따지지 않는다.

· 이만기 소장의 틈새 컨설팅 ·

### 특례입학의 현실은?

3년 특례의 경우 대상자의 수가 많고, 대상 조건의 제한 및 강화로 입시 환경이 점차 힘들어지고 있다. 12년 특례 역시, 그 대상자의 급격한 증가로 과거만큼 쉽지는 않은 상황이다.

특례입학을 준비하는 학생들은 적어도 11학년부터는 지망 전공과 지망 대학을 구체적으로 생각해서 목표를 두고 준비하는 것이 중요하며, 일반 해외고 수시와는 달리 토플TOEFL, 토픽TOPIK 등 공인 어학성적과 SAT 시험, AP 시험, IB 등의 표준화점수에 대한 준비가 필요하다. 또한 진로와 관련한 활동들을 다양하고 깊이 있게 진행해야 한다.

재외국민전형으로 좋은 결과를 얻기 위해서는 무엇보다 고교성적 GPA가 우수해야 한다. 다양한 분야의 활동과 창의력, 학업 열정, 지적 호기심, 진로와 전공에 대한 깊이 있는 활동, 리더십 활동, 봉사 등 고교 생활 전반에 두루 신경을 써야 한다.

## 재학생 충원율

학생 정원을 기준으로 대학에 학기를 등록하여 학업 중인 학생의 비율을 의미한다. 재학생 충원율과 신입생 충원율은 대학의 경쟁력을 보여주는 중요한 지표다.

## 전공연계 교과이수 과목

서울대 등 주요 대학에서 정해놓은, 지원 학과에 따라 수험생이 고등학교 재학 중 학교 수업을 통해 이수하기를 권하는 과목. 이 중 '핵심권장과목'은 전공 학과에서 필수적으로 이수를 권장하는 과목이고, '권장과목'은 이수를 권장하는 과목이며, 권장과목을 제시하지 않은 모집단위는 학생의 진로·적성에 따른 적극적인 선택과목 이수를 권장한다. 2028학년도 대입제도 개편으로 학생부종합전형 등에서 모집단위별 전공연계 교과이수 과목을 평가에 반영하는 대학이 늘 가

능성이 있다.

1 서울대의 경우, 전공연계 교과이수 과목은 지원 자격과 무관하지만, 즉 그 과목을 이수하지 않았다 해도 해당 학과에 지원할 수는 있지만, 수시모집 서류 평가 및 정시모집 교과평가에서 평가에 반영한다고 밝혔다. 실제로 핵심 권장과목이나 권장과목을 이수하지 않을 경우 어느 정도의 불이익을 받을 것으로 예상해야 한다. 특히 대학의 전공 학과에서 권장하는 과목이 고등학교에 개설되어 있는데도 이수하지 않았다면 부정적인 평가로 이어질 수밖에 없다. 다만, 해당 과목을 미이수한 경우라도 학생이 이수한 다양한 선택과목 내용에 나타나는 적극성과 충실성 등을 평가에 반영한다.

**〈서울대 전공연계 교과이수 과목 안내〉**

<table>
<tr><th colspan="3">모집단위</th><th>핵심권장과목</th><th>권장과목</th></tr>
<tr><td>사회과학대학</td><td colspan="2">경제학부</td><td>-</td><td>미적분, 확률과 통계</td></tr>
<tr><td rowspan="7">자연과학대학</td><td colspan="2">수리과학부</td><td>미적분, 확률과 통계, 기하</td><td>-</td></tr>
<tr><td colspan="2">통계학과</td><td>미적분, 확률과 통계, 기하</td><td>-</td></tr>
<tr><td rowspan="2">물리·천문학부</td><td>물리학 전공</td><td>물리학 II, 미적분, 기하</td><td>확률과 통계</td></tr>
<tr><td>천문학 전공</td><td>지구과학 I, 미적분, 기하</td><td>지구과학 II, 물리학 II, 확률과 통계</td></tr>
<tr><td colspan="2">화학부</td><td>화학 II, 미적분</td><td>확률과 통계, 기하</td></tr>
<tr><td colspan="2">생명과학부</td><td>생명과학 II, 미적분</td><td>화학 II, 확률과 통계, 기하</td></tr>
<tr><td colspan="2">지구환경과학부</td><td>물리학 II 또는 화학 II 또는 지구과학 II, 미적분</td><td>확률과 통계, 기하</td></tr>
<tr><td colspan="3">간호대학</td><td>-</td><td>생명과학 I, 생명과학 II</td></tr>
</table>

| | 광역 | 미적분, 확률과 통계 | 기하 |
|---|---|---|---|
| 공과대학 | 건설환경공학부 | 미적분, 기하 | 확률과 통계 |
| | 기계공학부 | 물리학 II, 미적분, 기하 | 확률과 통계 |
| | 재료공학부 | 미적분, 기하 | 물리학 II, 화학 II, 확률과 통계 |
| | 전기·정보공학부 | 물리학 II, 미적분 | 확률과 통계, 기하 |
| | 컴퓨터공학부 | 미적분, 확률과 통계 | - |
| | 화학생물공학부 | 물리학 II, 미적분, 기하 | 화학 II 또는 생명과학 II |
| | 건축학과 | - | 미적분 |
| | 산업공학과 | 미적분 | 확률과 통계 |
| | 에너지자원공학과 | 물리학 II, 미적분, 기하 | 확률과 통계 |
| | 원자핵공학과 | 물리학 II, 미적분 | - |
| 공과대학 | 조선해양공학과 | 물리학 I, 미적분, 기하 | 확률과 통계 |
| | 항공우주공학과 | 물리학 II, 미적분, 기하 | 지구과학 II, 확률과 통계 |
| 농업생명과학대학 | 농경제사회학부 | - | 미적분, 확률과 통계 |
| | 식물생산과학부 | 생명과학 II | 화학 II, 미적분, 확률과 통계, 기하 |
| | 산림과학부 | - | - |
| | 식품·동물생명공학부 | 화학 II, 생명과학 II | - |
| | 응용생물화학부 | 화학 II, 생명과학 II | 미적분, 확률과 통계, 기하 |
| | 조경·지역시스템공학부 | 미적분, 기하 | 물리학 II, 확률과 통계 |
| | 바이오시스템·소재학부 | 미적분, 기하 | 물리학 II 또는 화학 II |
| 사범대학 | 수학교육과 | 미적분, 확률과 통계, 기하 | - |
| | 물리교육과 | 물리학 II | 미적분, 확률과 통계, 기하 |
| | 화학교육과 | 화학 II | 미적분, 확률과 통계, 기하 |
| | 생물교육과 | 생명과학 II | 화학 II, 미적분, 확률과 통계 |
| | 지구과학교육과 | 지구과학 I | 지구과학 II, 미적분, 확률과 통계, 기하 |

| 생활과학대학 | 식품영양학과 | 화학 II, 생명과학 II | - |
|---|---|---|---|
| | 의류학과 | - | 화학 II, 생명과학 II 또는 확률과 통계 |
| 수의과대학 | 수의예과 | 생명과학 II | 미적분, 확률과 통계 |
| 약학대학 | 약학계열 | 화학 I, 생명과학 I | 미적분, 화학 II 또는 생명과학 II |
| 의과대학 | 의예과 | 생명과학 I | 생명과학 II, 미적분, 확률과 통계, 기하 |
| 자유전공학부 | | - | 미적분, 확률과 통계 |

② 경희대, 고려대, 연세대, 성균관대, 중앙대의 5개 대학 또한 공동으로 '대학 자연계열 전공 학문분야 교과이수 전공과목'을 발표했다. 이들 5개 대학은 자연계열 전공 모집단위를 수학/컴퓨터/기계/화학/의학/약학 등 14개 학문 분야별로 범주화해 고등학교 수학·과학 교과 과목을 중심으로 핵심과목과 권장과목을 제시했다. 내용을 살펴보면, 전반적으로 수학에서는 「미적분」이 핵심 과목으로 가장 많이 꼽혔고 다음으로는 「기하」, 「확률과 통계」순으로 나타났다. 과학은 「물리학」과 「화학」이 핵심 과목으로 가장 많이 권장되었고 다음으로는 「생명과학」, 「지구과학」순이다.

**〈5개 대 교과이수 전공과목 안내〉**

| 학문 분야 | 핵심과목 | | 권장과목 | |
|---|---|---|---|---|
| | 수학교과 | 과학교과 | 수학교과 | 과학교과 |
| 수학 | 수학I, 수학II, 미적분, 기하 | - | 확률과 통계 | - |

| | | | | |
|---|---|---|---|---|
| **컴퓨터** | 수학Ⅰ, 수학Ⅱ, 미적분, 기하 | - | 확률과 통계, 인공지능수학 | - |
| **산업** | 수학Ⅰ, 수학Ⅱ, 미적분, 확률과 통계 | - | - | - |
| **물리** | 수학Ⅰ, 수학Ⅱ, 미적분, 기하 | 물리학Ⅰ, 물리학Ⅱ | 확률과 통계 | 화학Ⅰ |
| **기계** | 수학Ⅰ, 수학Ⅱ, 미적분, 기하 | 물리학Ⅰ, 물리학Ⅱ, 화학Ⅰ | 확률과 통계 | 화학Ⅱ |
| **전기 전자** | 수학Ⅰ, 수학Ⅱ, 미적분, 기하 | 물리학Ⅰ, 물리학Ⅱ, 화학Ⅰ | 확률과 통계 | - |
| **건설/건축** | 수학Ⅰ, 수학Ⅱ, 미적분 | - | 확률과 통계, 기하 | 물리학Ⅰ |
| **화학** | 수학Ⅰ, 수학Ⅱ, 미적분, 확률과 통계 | 화학Ⅰ, 화학Ⅱ | 기하 | 물리학Ⅰ, 물리학Ⅱ, 생명과학Ⅰ |
| **재료/ 화공 · 고분자 · 에너지** | 수학Ⅰ, 수학Ⅱ, 미적분 | 물리학Ⅰ, 화학Ⅰ, 화학Ⅱ | 확률과 통계, 기하 | 물리학Ⅱ |
| **생명 과학 환경 / 생활 과학/농림** | 수학Ⅰ, 수학Ⅱ | 화학Ⅰ, 생명과학Ⅰ, 생명과학Ⅱ | 미적분, 확률과 통계 | 화학Ⅱ |
| **천문·지구** | 수학Ⅰ, 수학Ⅱ, 미적분 | 물리학Ⅰ, 화학Ⅰ, 지구과학Ⅰ, 지구과학Ⅱ | 확률과 통계, 기하 | 물리학Ⅱ |
| **의학** | 수학Ⅰ, 수학Ⅱ, 미적분 | 화학Ⅰ, 생명과학Ⅰ, 생명과학Ⅱ | 확률과 통계 | 물리학Ⅰ, 화학Ⅱ |
| **약학** | 수학Ⅰ, 수학Ⅱ, 미적분, | 화학Ⅰ, 화학Ⅱ, 생명과학Ⅰ, 생명과학Ⅱ | 확률과 통계, 기하 | 물리학Ⅰ |
| **간호/보건** | 수학Ⅰ, 수학Ⅱ, 확률과 통계 | 생명과학Ⅰ, 생명과학Ⅱ | 미적분 | 화학Ⅰ, 화학Ⅱ |

☞ 선택과목, 핵심(권장)과목

## 전공 예약제

학부나 계열로 모집단위가 구성되면 전공 선택 시 인기 학과에 학생들이 몰리게 된다. 기초학문이나 비인기 학과는 소외당해 일부 학문의 경우 명맥조차 이어가지 못할 우려가 있다는 문제가 제기되면서, 보호, 육성해야 할 일부 학문 분야의 경우 학생 선발 시 특정 학문 전공을 약속으로 우선 선발하는 제도를 운영 중인데 이것이 '전공 예약제'이다. 타 전형에 비해 입결은 다소 낮은 편이다.

## 전공적합성

전공적합성은 지원하고자 하는 전공 분야에 대한 관심과 이해, 진로탐색의 노력과 준비 정도, 적성과 소질, 전공 관련 활동 경험을 말한다. 전공적합성은 현재의 학업역량이 아니라 미래의 잠재력에 초점을 둔 평가방식이다. 학생들은 전공적합성을 높이는 활동을 통해서 자신만의 특기와 장점을 잘 보여주는 기회로 삼을 수 있다. 전공에 대한 전문적인 지식을 요구하는 것이 아니라, 고등학생 수준에서 전공에 대해 어떤 탐색 과정이나 고민을 거쳤는지, 거기에서 느끼고 배운 점이 무엇인지 등을 중요하게 평가한다. 새로운 평가 방안에 대한 공동연구에서는 진로역량이라는 범주로 개선하였다.

## 진로역량을 어떻게 드러내야 할까?

과거에는 진로역량을 체크할 때 희망 진로나 꿈이 변함없이 일관되게 이어지는 것을 긍정적으로 평가했으나 최근에는 그렇지 않다. 이제는 다양한 꿈을 모색하고 다양한 진로를 탐색하는 것이 더 학생다우며 그럴 때 진로역량을 더 잘 드러낼 수 있다고 보고 있다. 따라서 수험생 입장에서는 하나의 전공이나 진로에 얽매이지 말고, 희망하는 진로와 꿈이 변화하고 확대, 발전해나가는 과정을 비교과 활동에서 드러낸다면 좋겠다.

대학에서 전공적합성을 평가할 때는 교과 성취도뿐 아니라, 수업 시간의 발표, 수행평가, 토론, 주제탐구, 과제연구 등에서 본인의 진로와 연관 있는 관심사를 드러내 깊이 있는 사고를 한 경험, 전공과 관련된 역량을 기르기 위해 노력한 과정, 공동교육과정에 참여한 경험이 있는지를 두루 살펴본다.

최근에는 교육과정과 연관하여 다음과 같은 내용도 체크한다.[10]

- 지원 전공과 관련된 과목을 어느 정도 이수하였는가?
- 지원 전공과 관련해 스스로 선택해 수강한 과목은 얼마나 되는가?
- 자신의 경험과 지원 전공의 연관성을 설명할 수 있는가?

10 이석록, 〈학생부 연수 PT 자료〉(2022년)

## 전과(轉科)

소속 학부(과), 전공을 다른 학부(과), 전공으로 바꾸는 것. 최근에는 전과가 예전에 비해서 활발하기도 하지만 전과보다도 이중전공, 부전공 등 또 하나의 전공을 갖는 것이 대세를 이루고 있다.

## 전문대학

전문대학專門大學, Junior College은 대한민국에 있는 2, 3년제 고등교육기관의 일종이다. 고등교육법 제47조에 의거해 설립된 전문대학은 기술과 직업 실무를 중점으로 교육한다. 중견 직업인을 양성하고자 전문 이론과 기술을 교수, 연구하는 고등교육기관이다. 실무 능력 향상에 초점을 맞추고 있기 때문에 실습 과목 비중이 많다. 1997년에는 전문학사 학위가 신설되었고 이후 전공심화과정 제도가 도입되어 이 과정을 이수하면 일반 학사학위를 받을 수 있다. 저렴한 등록금과 높은 취업률이 최대의 장점이다.

전문대와 일반대의 차이는 다음과 같다.

〈전문대와 일반대의 입학전형 차이(2023년 기준)〉

| 전문대학 | 일반대학 |
|---|---|
| • 수시모집(2회), 정시모집(1회) 구분 선발<br>• 추가모집 대신 자율모집(1회) 실시 | • 수시모집, 정시모집, 추가모집 구분선발 |
| • 군별 모집 선발 없음 | • 군별 모집 선발(동일시험 기간 군에서는 하나의 대학에만 지원) |
| • 수시모집, 정시모집, 자율모집 지원 횟수 제한 없음, 복수지원 가능 | • 수시모집 지원 횟수 6회 이내에서 복수지원 가능(하나의 전형에 하나의 모집단위에만 지원) |
| • 수시모집 합격 학생은 등록 여부와 관계 없이 정시모집 및 자율모집 지원 불가 | • 수시모집 합격 학생은 등록 여부와 관계없이 정시모집 및 추가모집 지원 불가 |
| • 자율모집은 정시모집 접수 이후 결원 보충을 위한 추가접수 및 충원으로, 대학이 자율로 실시(타 대학 미등록자에 한해 합격 및 등록 처리) | • 추가모집은 정시모집 등록을 포기한 자에 한하여 지원 가능. 다만, 전문대학 정시모집 합격자는 등록여부와 상관없이 대학의 추가모집 지원 가능 |
| ※ 일반대학은 신입생 미충원에 대한 차년도 이월모집을 실시하고 있으나, 전문대학은 시행하지 않음. | |

전문대학은 직업교육의 특성을 살려 학업 성적 이외에 취업 역량에 필요한 소질과 적성, 인성을 높게 평가하는 전형방법을 적극 활용하고 있다. 입학전형을 핵심 요소 위주로 단순화하여, 학생부위주 · 면접위주 · 서류위주 · 실기위주 · 수능위주로 전형을 운영하고 있다.

자세한 내용은 다음과 같다.

〈전문대 입학전형 유형 및 기준〉

| 전형유형 | 기준 |
|---|---|
| 학생부위주 | 학생부의 교과 성적 및 비교과 활동사항 등을 중심으로 평가 |
| 수능위주 | 수능 성적을 중심으로 평가<br>수능위주전형은 정시모집에서 대부분 적용하는 전형으로, 1개 영역에서 5개 영역까지 백분위, 석차등급, 표준점수로 반영하며, 2개 영역이나 3개 영역을 대부분 반영하고 있다. |
| 면접위주 | 학생의 취업 의지, 소질과 적성, 인성 등을 평가<br>학생의 적성과 학과 선택의 동기 등을 확인하며, 대학교수나 관련 산업체 인사들로 구성된 입학위원회에서 면접을 진행한다. |
| 실기위주 | 전공과 연계한 실기 수준을 평가 |
| 서류위주 | 자기소개서 및 학업계획서, 추천서, 자격증 등 특기 및 경력을 증명할 수 있는 서류를 중심으로 동기와 관심, 재능 등을 평가<br>※수학, 과학, 영어, 논술 경시대회 수상 등 각종 교과위주의 스펙 관련 서류와 구별됨.<br>서류전형은 대학 졸업자, 만학도 등 주로 특별전형에서 실시하고 있고, 특기전형은 특기 자격(증)이 있는 자나 동일계열 및 연계교육 대상자들을 대상으로 실시한다. |

## 전형료

전형료는 시험을 치르기 위해 응시자가 내는 비용이다. 각 대학 입학처는 수당과 비용을 다 사용하고 남으면 수험생들에게 반환해야 한다. 입학 전형료의 반환 방법은, 계좌이체나 해당 대학 직접 방문 중 하나를 원서 접수 시 선택할 수 있다.

수시 전형료는 전형 요소에 따라 다르게 측정된다. 예를 들어 면접을 실시하는 경우 면접을 실시하지 않는 전형보다 전형료가 더 비싸다. 면접이나 서류 평가 없이 전형을 운영하는 경우가 많은 교과전형이 제일 저렴한 편이다. 전형별 평균으로 살펴보면 특기자, 학종, 논술, 교과순으로 전형료가 비싸다.

## 전형 방법

전형 방법은 학생부, 수능, 대학별고사(논술, 면접, 실기, 적·인성검사) 등 다양한 전형 요소를 어떻게 반영할 것인지로 구분된다. 대학별로 전형 요소를 활용하는 방법이 다르다. 예를 들어 '학생부 70% + 수능 30%', '논술 80% + 학생부 20%' 등이 있을 수 있다. 대학별로 사용하는 전형 방법 수는 최대 6개 이내로 제한되는데(정원 내 전형 기준) 수시 4개, 정시 2개 이내로 운영해야 한다.

전형 요소 및 반영 비율이 동일한 경우 하나의 '전형 방법'으로 계산한다. 예체능계열의 경우 전형 방법 수의 제한을 받지 않으며, 사범계열의 인·적성검사, 종교계열의 교리 문답 등도 전형 방법의 수에서 제외된다. 하나의 전형 내에서 전형 요소는 가능한 동일한 방식으로 활용하도록 한다.

## 전형 요소

1 학생 선발 사정 자료인 학생부, 수능, 대학별고사(논술, 면접, 실기, 적·인성검사) 등을 말하며, 대학별로 전형 요소를 활용하는 방법이 다르다. 학생부에는 교과학습 발달상황, 비교과 활동(창의적 체험활동, 예술 및 체육활동 등 포함) 사항 등이 기재되어 대학 및 모집단위 특성에 맞게 활용된다.

2 수능의 경우 2027학년도까지는 국어, 수학, 영어, 한국사, 탐구(사회탐구, 과학탐구, 직업탐구), 제2외국어/한문이 출제되며, 이 중 영어와 한국사, 제2외국어/한문은 절대평가로 시행되고 그 외 과목은 상대평가로 시행된다. 대학별고사는 대학이 학생 선발을 위해 자체적으로 시행하는 시험으로 논술, 면접, 적성, 실기고사 등이 있다.

☞ 사정 모형

## 전형 유형

전형유형은 일반전형과 특별전형로 나뉜다. 일반전형은 일반 학생을 대상으로 보편적인 교육적 기준에 따라 학생을 선발하는 전형이다. 특별전형은 특별한 경력이나 소질 등 해당 대학이 독자적으로 제시하는 기준 또는 차등적인 교육적 보상 기준에 따라 학생을 선발하는 전형이다.

☞ 일반전형, 특별전형

## 전형의 표준화

대입전형은 수험생이 알기 쉽게 준비할 수 있도록 핵심전형 요소를 중심으로 표준화되어 있다. 현재 수시모집은 학생부교과전형, 학생부종합전형, 논술위주전형, 실기위주전형 4가지 유형으로 표준화되며, 정시모집은 수능위주전형, 실기위주전형 2가지 유형으로 표준화되어 있다.

☞ 표준 대입전형 체계

## 전화기

공과대학 중에서도 높은 입결과 취업률을 보이는 전기전자공학과, 화학공학과, 기계공학과를 하나로 묶어 부르는 은어이다. 이공계 대학입시 카페인 [포만한 수학 연구소]에서 최초로 사용되어 타 입시 커뮤니티로 퍼졌다.

## 절대평가 

① 절대적인 기준으로 학생을 평가하는 것. 집단의 성취도와는 관계없이 자기 자신의 성취도를 확인하는 것을 목적으로 한다. 절대평가는 교육과정에서 설정된 성취 목표를 준거로 삼는 방식이므로, 학생들 간 경쟁을 조장하는 현재의 상대평가보다 교육적으로 바람직한 측면이 있다. 절대평가 방식에서는 다른 학생보다 높은 점수가 아니라 미리 설정된 교육 목표에 도달했는지의 여부를 판정하는 것이 중요하다.

② 수능의 한국사 영역과 영어 영역은 각각 2017학년도, 2018년도에 절대평가로 전환되었다. 제2외국어는 2022학년도 수능부터 절대평가로 전환되었다. 2028 새로운 대입제도 아래에서 시행되는 수학능력시험도 마찬가지이다.

☞ 2028 새 수능제도 개편

· 이만기 소장의 틈새 컨설팅 ·

### 수능을 절대평가로 바꾼다면?

수능을 절대평가로 전환해야 한다는 의견도 있지만, 그렇게 되었을 때 다음과 같은 문제가 발생할 수 있다.

먼저 변별력 약화로 수능의 대입 선발 기능이 약화된다. 수능만으로 선발 불가한 대학과 모집단위가 다수 발생할 것이다. 이렇게 수능의 변별력이 약화되면 대학별고사가 확대될 텐데, 이는 결국 사교육비 증가라는 결과로 이어질 것이다.

또한 등급 간 점수 차 불공정성 시비가 일어날 수밖에 없다. 예를 들어 90점을 맞은 수험생은 1등급인데, 89점을 맞은 수험생이 2등급으로 구분된다면 대입에 미치는 영향이 크기 때문에 반발이 일어날 것이고, 평균과 등급의 역전 현상이 발생해 문제가 될 것이다. 즉, 두 수험생 중 전체 평균이 더 높은 수험생의 등급이 오히려 더 낮은 경우도 발생할 수 있다. 등급 턱걸이를 하기 위한 수능 사교육은 한층 심화될 것이다.

결과적으로, 더 많은 학생을 충원해야 하는 대학(중하위, 지역 대학)은 문제가 없을지 몰라도 상위권 대학과 학과에서는 선발 기준의 타당성을 확보하지 못해, 수능 이외의 다른 전형 요소에 의지하게 될 것이며 수시모집과 정시모집의 차별성은 사라질 것이다.

## 정량평가

정량定量평가란 객관적으로 수량화가 가능한 자료를 사용하는 평가 방법을 말한다. 즉, 문제에 답이 명확하게 존재하고 객관적인 점수로 수치화할 수 있다면 정량평가에 해당한다. 학생부교과전형과 수능전형이 여기에 해당한다.

## 정성평가

정성定性평가란 자료를 토대로 평가자가 주관적으로 그 의미를 찾고 해석하는 평가 방법을 말한다. 학생부종합전형이 여기에 해당하고 최근에는 학생부교과전형에 일부 정성평가가 포함되기도 한다.

## 정시모집

대입전형의 한 방법으로, 수시모집 이후 대학이 일정 기간을 정해 신입생을 모집하는 선발 방식을 말한다. 주로 수능 성적 중심으로 선발하며, 수능 성적표가 배부된 후 가나다 군으로 모집군을 나누어 신입생을 모집한다. 군별로 한 대학에만 지원해야 하므로, 수험생들은 군별로 한 번씩 총 3번의 지원 기회를 가질 수 있다. 같은 대학이라도 전형 일자가 다른 군에 속하면 자유롭게 지원할 수 있다. 다만, 대학들은 동일 모집단위의 선발 인원을 분할(가나·가다·나다·가나다 등으로)하여 모집할 수 없다.

☞ 모집군

· 이만기 소장의 틈새 컨설팅 ·

### 정시모집 대학들의 특징

많은 대학들이 정시모집에서 수능 성적만을 전형 요소로 사용하고,

일부 대학이 학생부를 수능 성적과 함께 반영하기도 한다. 당락에 결정적인 영향력을 미치는 것은 역시 수능 성적이다.

대학에 따라 반영 영역 수, 영역별 반영 비율, 반영 지표, 가감점 등 수능 성적 반영 방법이 다르며 대학별 환산점수도 다를 수밖에 없다. 따라서 수험생들은 대학별 환산점수 산출을 통해 유리한 대학을 찾아 지원해야 한다.

교대, 사범대, 의학계열 등 일부 모집단위에서 면접을 실시하기도 하고 군사학과 등에서 신체검사 및 체력 테스트를 추가하기도 한다. 이 역시 해당 모집단위에 따라 전형 방법이 다를 수 있으므로 이에 맞는 대비가 필요하다.

모집 인원의 경우 서울권이 가장 인원이 많으며 가군과 나군이 차지하는 비중이 매우 크다. 다시 말해, 정시는 서울 소재 대학들에 집중된 전형이라 할 수 있다. 서울과 비수도권의 정시모집 총 인원이 비슷한 정도이다. 경기, 인천 지역 모집 인원의 경우 서울권, 비수도권과는 다르게 가군, 나군, 다군의 비중이 일정한 양상을 보인다.

## 정시 파이터

특목고나 자사고, 혹은 비평준화 일반계 고등학교에서 흔히 볼 수 있는 학생 유형으로, 수시 지원을 하기에 내신이 불리하다고 판단하고 정시에만 집중하는 수험생을 가리킨다. 심한 경우, 고등학교 지필고사

나 수행평가 등도 신경 쓰지 않고 오로지 수능 대비에만 집중한다. 상대적 개념으로 '수시 파이터', '학종 파이터', '논술 파이터' 등도 있다.

· 이만기 소장의 틈새 컨설팅 ·

### 정시에 올인, 학교 수업은?

수시를 포기한다는 것과 학교 수업을 포기한다는 것은 별개의 문제이다. 학교 수업을 포기하면 학습 분위기도 망가져 정시도 어려워진다. 대체로 자사고, 강남 일반고, 비평준화 우수고, 외고 및 국제고 학생들이 내신이 불리하여 이런 태도를 보이나 학교 수업은 충실히 들어야 한다.

## 정원 내 모집 인원

당해 연도 모집요강에서 공고하는 선발 인원. 학칙이 정하는 학년도별 모집단위별 입학정원에 따른다.

## 정원 내 특별전형

정원 내 특별전형은 대학입학전형 기본사항에 의한 특별전형(대학이 지원 자격을 정할 수 없음)과 대학이 자율적으로 정한 기준에 의한 특별전형으로 분류한다. 전자는 국가보훈대상자, 기초생활수급자, 차상

위계층, 한부모가족 지원대상자, 농어촌학생, 만학도, 서해 5도 학생, 장애인 등 대상자, 지역인재, 특성화고 등을 졸업한 재직자, 특성화고교졸업자 등이다. 후자는 검정고시 출신자, 다문화가정 자녀, 다자녀가정 자녀, 대안학교 출신자, 산업대학 우선선발, 제3국 출생 북한이탈주민 자녀, 종교 관련, 특기자(예체능, 어학 등) 등이다.

☞ 특별전형, 기회균형 전형

## 정원 외 특별전형

정원 외 특별전형은 사회적 약자들이 고등교육을 받을 기회를 균등하게 얻을 수 있도록 대학이 입학정원과는 별개로 선발하자는 취지로 도입되었다. 주어진 정원 내에서 학생을 선발하는 '정원 내 전형'과는 차이가 있다. 지원 자격은 대학이 임의로 정할 수 없으며, 모집인원은 다음과 같이 규정한다.

- **농어촌학생 특별전형** : 해당 학년 입학정원의 4% 이내
- **특성화고교졸업자 특별전형** : 해당 학년 입학정원의 1.5% 이내
- **기초생활수급자, 차상위계층, 한부모가족 지원대상자 특별전형** : 농어촌학생 특별전형, 특성화 고교졸업자 특별전형을 포함하여 해당 학년 입학정원의 5.5% 이내
- **특성화고 등을 졸업한 재직자 특별전형** : 농어촌학생 특별전형, 특성

화고교졸업자 특별전형, 기초생활수급자, 차상위계층, 한부모가족 지원대상자 특별전형을 포함하여 해당 학년 입학정원의 11% 이내

- **재외국민과 외국인 특별전형 :** 해당 학년 입학정원의 2% 이내(단, 북한이탈주민, 부모가 모두 외국인인 외국인, 외국에서 초·중등 전 교육과정을 이수한 재외국민·외국인·귀화허가를 받은 결혼이주민은 모집 인원 제한 없음)
- **장애, 지체로 인한 특별한 교육적 필요 대상자 특별전형 :** 제한 없음. 정원 외 특별전형에서 미충원으로 발생한 결원은 차차년도로 이월하여 모집할 수 없다.

## 제시문 활용 면접

① 제시문 활용 면접 혹은 제시문 기반(심층)면접은 각 모집단위별로 별도로 출제된 제시문과 문항을 활용하여 면접을 진행하거나, 단과대학별 공통 문항을 활용하는 방식이다. 지원자들이 주어진 제시문(도표, 그래프 포함 가능)을 이해하고, 이에 기반을 두어 자신의 생각이나 경험을 논리적으로 답변하도록 한다. 이러한 심층면접은 기존의 구술고사의 단답식 질의응답의 한계를 보완하고 수험생의 능력을 종합적으로 평가할 수 있다.

② 지원자들에게 미리 제시문이나 문제 자료, 학교에 따라서는 메모

지와 준비할 시간을 준다. 어떤 학교는 4~5줄의 짧은 글을 여러 개 제시하고 그것에 따른 문제가 따로 출제된다. 한마디로 축소된 논술 유형이라 볼 수 있다. 이 유형은 학생들의 텍스트 이해 능력과 논리적 사고력, 가치관, 창의적인 문제 해결능력을 확인하는 데 용이하다. 평소 글로 쓰는 논술 문제를 말로 풀어 답하는 연습을 하면 심층 면접에 대비하는 데 도움이 된다.

☞ 심층 면접

## 조정점수

조정점수란 서로 다른 과목을 선택한 수험생들의 성적을 동일한 척도상에서 비교하기 위해서 일정한 환산 기준을 토대로 변환한 점수를 가리킨다. 2022학년도 이후 수능 국어, 수학 영역은 공통과목과 선택과목 체제로 운영하므로 선택과목 간 유불리가 발생할 수 있다. 이를 완화하기 위해 표준점수를 계산할 때 선택과목의 점수를 그대로 표준화하지 않고 별도의 공식에 의해 점수를 조정한 뒤 표준화한다. 공식이 다소 복잡해 보이지만 원리는 간단한데, 선택과목 점수의 평균과 표준편차를 해당 선택과목을 선택한 수험생들의 공통과목 점수의 그것과 같도록 조정하는 것이다.

☞ 선택과목 조정점수

## 중간석차 적용 방식

단위학교의 학업성적관리 규정에 따라서, 동점자(동석차)가 발생했을 경우는 중간석차를 적용하여 등급을 부여한다. 단, 중간석차는 동점자가 등급 경계에 있는 경우에만 적용힌다.

$$중간석차 = 석차 + \frac{(동석차\ 인원수 - 1)}{2}$$

이렇게 산출한 중간석차의 백분율에 따라 등급을 부여한다. 이때 1등 동점자 숫자가 전체의 4%를 넘어가는 경우, 해당 과목 만점을 받더라도 1등 전체가 2등급을 받게 되고 1등급은 한 명도 없게 된다.

## 중도탈락(률)

대학에서 제적되거나 자퇴한 학생의 비율을 말한다. 대학을 졸업하지 못하고 중간에 학업을 포기한 경우를 뜻한다. 중도탈락 사유는 자퇴, 미등록, 미복학, 학사경고 등 여러 가지가 있지만 가장 많은 것은 상위 수준의 대학에 진학하기 위한 '자퇴'가 으뜸이다. 전공이 적성에 부합하지 않은 학생들도 상당수며, 바로 반수로 이어지는 경우가 많다.

☞반수

ㄱ ㄴ ㄷ ㄹ ㅁ ㅂ ㅅ ㅇ ㅈ ㅊ ㅋ ㅌ ㅍ ㅎ

## 중복지원

6개의 수시 원서 가운데 같은 대학에 동일한 전형으로 2개 이상의 모집단위를 지원하는 경우를 중복지원이라고 하며, 이는 원칙적으로 금지된다.

대학마다 중복지원 금지 내용은 다르다. 학교에 따라서 같은 전공도 다른 전형이면 지원 가능한 곳도 있고, 한 학교 내에서 다른 전형 다른 전공으로 총 2개 모집단위에 지원할 수 있는 곳 등 다양하다. 따라서 원서를 쓰기 전에 해당 대학 모집요강이나 입학처에 확인해야 한다.

## 지거국

지역거점국립대학의 약어. '거점국립대학교 총장협의회'에 가입된 전국 10개의 국립대학들을 통칭하는 말이다. 국립대 중에서도 각 지역에서 위상이 가장 높은 대학들로 꼽힌다. 서울대, 강원대, 경북대, 경상국립대, 부산대, 전남대, 전북대, 충남대, 충북대, 제주대가 여기에 해당한다.

지역거점국립대학들은 교육 시설이 뛰어나고 학생들에게 다양한 지원을 제공하며, 학비도 저렴하다. 또한 의과대, 치대, 한의대, 약대, 수의대, 로스쿨 등 전문직 관련학과들을 보유하고 있어 그 지역의 우수한 인재들이 많이 몰린다.

## 지리 스페셜

수능에서 지리 과목(「한국지리」와 「세계지리」)을 선택하는 경우를 가리키는 말.

· 이만기 소장의 틈새 컨설팅 ·

### 지리 과목을 선택할 때 알아두어야 할 점

「한국지리」는 암기 성향이 강하다. 기후 지형 등 「지구과학」에서 나오는 부분이 포함되기 때문에, 자연과학 공부가 편한 학생에게 유리하다. 개념 이해가 쉽고, 난도도 적절하다는 것이 장점이다. 또한 아리송한 문항 없이 정답이 명료하여 노력한 만큼 점수가 나오는 과목이다. 통계 지표 순서 등을 암기해야 하지만, 이해를 기반으로 한다면 외우기 수월한 편이다. 또한 다른 사탐 과목에 비해 실생활에 밀접하다. 단점으로는 암기량이 상당하다는 것이다. 한국이라는 제한된 범위를 다루기 때문에 「세계지리」에 비해 지엽적이고 복잡한 내용이 많다.

「세계지리」는 선택자 수가 많지 않아, 등급 경쟁에서 불리한 편이다. 학습량이 적고, 단순 암기로 충분히 소화가 가능한 과목이다. 문제가 정형화되어 있으며, 지엽적인 내용보다는 포괄적 지식을 주로 다루기 때문에 배경지식을 갖춘 경우 공부가 수월하다. 서로 연관된 과목인 「한국지리」와 「세계지리」를 함께 선택해서 공부의 효율을 높이는 전략을 쓸 수 있다.

## 지역균형전형(지균)

지역인재전형과 혼동하는 경우가 많지만 두 전형은 전형 방법, 운영 대학, 지원 조건 등이 완전히 다르다.

①【지역인재전형】은 수도권 외 지방 소재 대학이 운영하는 전형으로, 해당 지역 출신자만 지원할 수 있다.

②【지역균형전형】은 수도권 소재 대학이 운영하는 전형으로 지원 자격에 제한이 없으며, 출신 고교의 추천을 받은 자를 대상으로 한다. 수도권에 비해 교육 환경이 상대적으로 불리한 타 지역 학생들에게 고른 기회를 제공한다는 취지로, 지원을 위해서는 학교장 추천이 필요하다.

☞ 지역인재전형

· 이만기 소장의 틈새 컨설팅 ·

### 지역 학생들의 진학 전략(1)

지역균형전형의 교과전형은 대학별로 합격 가능한 등급컷이 정해져 있다. 변수가 적기 때문에 지역의 교사들은 학종보다는 교과 중심의 전략을 짜는 경향이 있다. 한편 종합전형을 착실히 대비하는 경우에는 3등급대 학생들도 서울, 수도권 대학 진학이 가능하다. 교과든 종합전형이든 학생부위주전형에서는 교과 성적 관리가 무엇보다 중요하다. 그렇다고 해서 내신에만 치중하지 말고 논술과 면접 있는 전형을 노리는 등, 시야를 넓혀 경쟁력을 확보할수록 유리함을 기억하자.

## 지역인재전형

1 2014년 우수 인재의 지역 이탈을 막기 위해 도입한 전형으로, 지역 대학이 해당 지역 학생을 일정 비율 이상 선발하는 것. 예를 들어 부산대 지역인재전형은 부산, 울산, 경남 지역의 고교 출신자만 지원할 수 있다. 지역 거주자라는 자격 제한이 있기에 상대적으로 경쟁률이 낮고 합격선도 상대적으로 낮게 형성돼 해당 지역 학생이라면 눈여겨볼 필요가 있다.

2 2023학년도부터는 의학 계열에 '지역인재 의무선발'제도가 도입되었으므로 지역인재로 지원이 가능한 수험생들이라면 이 제도를 적극적인 전략으로 활용할 필요가 있다.

법률 개정에 따라 2028학년도부터는 지원 자격이 변경되어 중학교도 지방 소재 학교에서 입학부터 졸업까지 모든 과정을 이수해야 지원이 가능하다. 고등학교는 해당 대학이 소재한 지역에서 이수해야 한다. 2023년 현재 전체 지역인재 선발 비율은 대전, 광주 지역이 높고 세종, 울산 지역은 상대적으로 낮게 나타난다. 지역 수험생 대비 의약학계열 지역인재 선발 비율은 전북이 1.7%로 제일 높다.

☞ 의치한약수

· 이만기 소장의 틈새 컨설팅 ·

### 지역 학생들의 진학 전략(2)

학생들의 선호도가 높은 의대, 치대, 한의대, 약대, 수의대에서 지역인재전형의 선발 인원을 확대한 것은 지역의 최상위권 수험생들에겐 분명 매력적인 요건이다. 대체로 의치한계열을 생각하는 학생들은 지역인재전형으로 수시 1~2장을 지역 대학에 안정적으로 지원하고, 나머지는 서울 수도권 대학에 지원한다.

지역인재전형은 5개 권역 즉, 충청권, 호남권, 대구·경북권, 부산·울산·경남권, 제주권으로 나눈다. 지역은 대학이 소재하는 권역을 기준으로 범위를 설정하고, 권역 내 구체적 해당 지역은 해당 대학이 직접 지정한다. 따라서, 대학별로 지역인재전형의 지원 조건이 어느 지역 범위까지 설정되어 있는지 확인해야 한다.

2023학년도에는 지역인재 최소 입학 비율이 30% 권고에서 40% 의무로 확대되었다. 강원권과 제주권은 20%를 의무적으로 선발한다. 지역 고교에 다니는 수험생에겐 그만큼 기회가 넓어진 것이다. 전형 유형(교과 혹은 학생부종합)과 선발 인원, 최저 기준, 합격선, 경쟁률 등을 비교해서 지원하되, 타 전형에 비해 무조건 커트라인이 낮을 거라는 생각은 버려야 한다.

## 지원 횟수

4년제 대학 입학원서 접수 시 수시전형은 최대 6회, 정시전형은 모집군별 각 1회씩 총 3회 지원이 가능하다. 산업대, 전문대와 특별법에 의해 설치된 대학(사관학교, 경찰대학, 카이스트 등 이공계 특성화대학

등)은 수시 6회, 정시 3회 지원 제한을 받지 않는다(단 이공계 특성화대학 중 포스텍은 제외). 과거에는 지원 횟수의 제한 없이 무제한으로 허용하기도 하였으나 지금은 위와 같은 제한으로 수험생 평균 4.5회 내외로 지원하고 있다.

☞ 복수지원

## Z점수

① Z점수는 '(원점수-평균)/표준편차'로 구하는데, 일부 대학에서 내신을 평가할 때 사용된다. 이처럼 Z점수가 학교 간의 비교를 위한 자료로 이용되면서 이에 대한 관심이 높다. Z점수는 높을수록 좋은데 원점수가 높거나 평균이 낮으면 Z점수가 올라간다. 또 표준편차는 분모이므로 작아질수록 Z점수는 높아진다. 표준편차는 학생들의 시험 점수가 평균으로부터 얼마나 떨어져 있는지를 나타내며 표준편차가 크다는 것은 학생들의 시험 점수 폭이 넓었다는 이야기이다.

② 만약 시험이 예상보다 쉬웠다면, 공부를 잘하는 학생들은 성적이 올라갈 것이나 시험을 포기한 학생들은 여전히 점수가 낮다. 그 시험의 평균은 공부를 잘하는 학생들에 의해 높아질 수밖에 없는데, 시험을 포기한 학생의 점수는 평균으로부터 더더욱 멀어지게 되므로 표준편차가 커질 수밖에 없다. 즉, 시험이 예상보다 쉬운 경우, 시험 점수의 양극화가 심해져서 Z점수가 낮아진다. Z점수가 잘 나오려면,

학생들이 시험을 잘 봐야 하는 것 이외에도 시험이 적절히 변별력을 갖추어야 한다.

③ Z점수가 양수인 경우 측정값이 평균보다 높다는 의미이고, 음수라면 평균보다 낮다는 뜻이다. 0에 가까운 Z점수는 평균과 비슷하다는 의미이다. 보통 1.8~2점 정도라면 상위권 대학에 지원 가능한 높은 수준으로 평가한다. Z점수가 3 이상이거나 -3 이하인 경우는 흔치 않다.

Z점수는 학교생활기록부에 있는 원점수, 표준편차, 평균 등을 이용하면 구할 수 있다. 학생부에는 석차 등급이 기재되어 있지만, 학생부교과전형의 경우 지원자들의 등급이 거의 비슷하여 비교가 어려운 경향이 있으므로 Z점수를 본다. 일부 대학이 수시모집에서 내신 Z점수를 반영하여 신입생을 선발하였으나 2028학년도부터는 내신 성적에서 표준편차를 제공하지 않으므로 이를 반영하기는 어려울 것으로 전망된다.

☞ 표준편차

## 지중국

지역중심 국공립대학교의 약어로, 현재는 '국가중심 국공립대학교'로 명칭이 바뀌었다. 서울대와 부산대를 축으로 하는 지거국(지역거점국립대학교)은 여기에서 제외된다. 지중국은 지거국과 마찬가지로 국가의 지원을 받는 국립대학들로, 18개의 전국 후발 국·공립 종합 대학들이 포함된다.
강릉원주대, 공주대, 군산대, 금오공대, 목포대, 목포해양대, 부경대, 서울과학기술대, 서울시립대, 순천대, 안동대, 창원대, 한경국립대, 한국교원대, 한국교통대, 한국체육대, 한국해양대, 한밭대가 이에 해당한다.
인지도나 선호도는 지거국에 비해 낮은 편이지만, 국립대로서 국가의 혜택을 풍부하게 누리고 있으며 학생들에 대한 지원도 적극적이다. 현재 지역 내 국립대학들 간의 통합화가 활발이 이루어지고 있으며, 이를 통해 대학의 경쟁력과 차별화를 꾀하고 있다.
☞ 지거국

## 지필평가

지필평가는 중간고사와 기말고사 같은 정기고사를 의미하며, 문항정보표의 구성에 따라 선택형과 서답형으로 구분한다. 단, 시·도교육청이 공동으로 실시하는 영어듣기평가는 수행평가로 간주할 수 있으며, 학교에서 형성평가 및 수행평가의 일환으로 실시하는 선택형 및 서답형 평가는 지필평가에 해당하지 않는다.
교육과정에 근거하여 타당한 지필평가를 시행하기 위해 문항 출제 전 문항정보표를 작성한다. 문항정보표에는 평가 요소, 성취기준, 난

이도, 배점, 정답 등이 포함된다.

☞ 문항정보표

## 직업계 고등학교

직업계고는 특성화고등학교, 마이스터고등학교, 전문교과를 운영하는 일반고(구 종합고)의 전문과정 등을 의미한다.

① 특성화고등학교는 특정 분야의 인재 양성을 목적으로 개개인의 소질과 적성에 맞는 체험 위주의 교육을 전문적으로 실시하는 고등학교다. 마이스터고와의 가장 큰 차이점은 취업과 대학 진학을 모두 지향한다는 점이다. 실제로 특성화고 졸업생들은 '특성화고교 졸업자 특별전형'을 통해 졸업과 동시에 대학 진학을 할 수 있다.

② 마이스터고등학교는 산업 수요 맞춤형 고등학교로, 유망 분야의 기술 인재 조기 육성을 목적으로 산업 수요와 직접 연계된 교육과정을 운영하는 특수목적 고등학교이다. 특성화고와는 달리 졸업 후 취업을 목표로 한다. 마이스터고 졸업생이 대학에 진학하려면, 먼저 3년간 산업체에 근무한 뒤 '재직자 특별전형'을 통해 지원하는 방법이 있다. 특성화고와의 또 다른 차이는, 특성화고가 다양한 산업군을 포괄하는 것에 비해 마이스터고는 소프트웨어, 로봇, 반도체, 바이오, 전기, 전자 등 이공계 분야의 특정 산업 분야에 집중한다는 점이다.

☞ 고교 유형, 특성화고교 졸업자 특별전형, 마이스터고

## 진로활동

1 창의적 체험활동 중 하나. 진로활동은 학생이 긍정적 자아 개념을 형성하고 자신의 흥미와 적성에 따른 진로를 탐색 및 설계하도록 하기 위한 영역으로 진로 탐색 활동, 진로 설계 및 실천 활동 등으로 구성된다.

2 진로활동 영역의 '특기사항'란에는 다음과 같은 사항을 참고하여 실제적인 활동과 역할 위주로 입력한다.

- 특기 · 진로 희망과 관련된 학생의 자질, 학생이 수행한 노력과 활동
- 학생의 특기 · 진로를 돕기 위해 학교와 학생이 수행한 활동과 결과
- 학생, 학부모와 진로상담을 한 결과
- 학생의 활동 참여도, 활동 의욕, 태도의 변화 등 진로활동과 관련된 사항
- 학급담임교사, 상담교사, 교과담당교사, 진로전담교사의 상담 및 관찰 · 평가 내용. 그리고 학생의 학업진로, 직업진로에 대한 계획서, 진로와 관련된 각종 검사를 바탕으로 특기사항을 입력할 수 있다.
- 학생의 희망 분야 및 직업은 '특기사항' 내의 '희망 분야'란에 입력하며, 이와 관련된 내용은 상급학교 진학 시 전형 자료로 제공하지 않는다.

## 진로활동의 평가는 어떻게?

대학은 학생들이 진로활동 탐색 과정과 관심 분야에 기울인 노력을 평가한다.

- 학생의 참여도, 활동 의욕, 태도의 변화 등 진로활동과 관련된 사항을 주로 평가한다.
- 진로를 위해 얼마나 자기주도적으로 노력했는지 확인한다.
- 진로활동에서 희망 진로와 꿈을 찾아가는 과정을 파악한다.
- 진로 수업과 연계하여 진로에 대한 고민이 충분히 드러났는지를 확인한다.
- 진로활동은 학생부의 다른 항목과 연계되어 평가된다.

다음은 좋은 예시이다.

| |
|---|
| 법조인 진로특강에 참석하여 판사의 '법조인의 역할과 사회적 책무'라는 주제 강연을 듣고 실제 법조인의 역할과 현실에 대해 알게 됨. 현실 속의 법조인의 모습을 알게 된 후 자신의 진로인 국제공무원의 현실에 대해서도 궁금증을 가지게 되어 해당 분야 종사자들의 실제 이야기에 대한 책(꿈결 잡 시리즈-외교관/국제기구 종사자)을 찾아 읽음. 사회를 위해 일하는 사람들의 사회적 책무에 대해 생각해보는 계기가 됨.[고1] |
| 평소 일상생활 속에서 여러 사람의 특정 행동의 원인에 대해 관심을 가지던 중, 동문들이 강사로 참여하는 심리학 강의를 수강함. 이 강의를 통해 자아심리학에 관심을 가지게 되었으며, 개인의 어떤 특정 행동은 과거의 경험에 의한 무의식의 결과일 수 있다는 내용을 주제로 발표함. 개인의 문제가 사회문제로 확장될 수 있다는 점에서 사회 안정을 위한 공익적 측면에서의 심리상담 등 제도적 차원에서 사회적 준비가 필요함을 강조함.[고2] |
| 사회 불평등 현상에 대한 프로젝트를 통해, 경제가 발전함에 따라 경제적 불평등이 완화될 것이라는 자신의 가설에 문제가 있음을 밝히고 오히려 불평등 현상이 심화될 수 있을 것이라는 내용을 주제로 발표함. 이후 경제적 불평등을 심화시키는 요인에 대해 알아보기 위해 '도시는 왜 불평등한가'를 읽고 사회적 불평등을 해결하기 위한 정책에 대해 살펴보고 복지 행정에 대한 자신의 진로를 구체화함.[고3] |

## 진학사 

대학 합격 예측 프로그램을 지원하는 입시 전문기관. 모의지원 시스템으로 유명하다. 수험생들이 본인의 모의고사 점수나 수능점수를 입력하여 특정 대학에 모의지원할 수 있다. 이때 성적표 인증을 해야 하는 시스템에 따라, 데이터가 점차 쌓이면서 정확도가 높아진다.

합격 확률은 배터리 모양의 그래픽으로 알려주는데, 배터리 10칸에 가깝게 채워질수록 합격 가능성이 높다고 해석한다. 보통 6칸 이상이면 안정지원(최초합격)이라고 보며, 5칸이면 추가합격을 기대해야 하는 적정지원, 4칸 이하부터는 소신지원이라고 해석한다. 모의지원 프로그램 가격은 단계별로 나누어져 있으며 다양한 가격대로 형성되어 있다.

문제는 모의지원을 해보는 수험생들이 지원 대학을 수시로 바꾸기 때문에 허수 데이터가 포함될 수밖에 없다는 점이며, 실제로 변동폭이 상당히 크다. 따라서 배터리 칸수는 대학 라인을 정할 때 참고하되 맹신하지는 말아야 한다.

☞ 모의지원, 합격 진단, 합격 예측

· 이만기 소장의 틈새 컨설팅 ·

### 입시기관의 합격컷, 얼마나 정확한가?

학교만큼은 아니지만 사설 입시기관들은 예상 커트라인을 보수적으로 잡는다. 만약 커트라인에 1점이 모자라 불합격한다면 정확도는 높을지 몰라도 그 예상 커트라인은 실패한 것이다. 따라서 입시기관의 특성상 보수적으로 접근할 수밖에 없으며, 이를 두고 적중률이 높다 낮다를 판단하는 것이 상당히 애매한 측면이 있다.

대입 필수용어 사전
ㅊ

## 창의적 체험활동

① 고등학교 교육과정은 교과와 창의적 체험활동으로 편성한다. 2015 교육과정에서는 창의적 체험활동을 자율활동, 동아리활동, 봉사활동, 진로활동으로 구분하였으나, 2022 개정 교육과정에서는 자율·자치활동, 동아리활동, 진로활동으로 변경되었다.

창의적 체험활동은 학생들이 창의적인 다양한 활동에 주도적으로 참여함으로써 개인의 소질과 잠재력을 계발·신장하여 창의적인 삶의 태도를 기르고 공동체 의식을 함양하도록 하는 데 목표가 있다. 창의적 체험활동의 최소이수학점은 18학점이며, 시간으로 환산하면 288시간이다.

② 학교에서 수행한 자치활동, 적응활동, 행사활동, 창의적 특색활동 등에서 수동적인 단순 참여보다는, 참여와 역할에 능동적인 의미를 부여해 학생의 개별적 노력과 특성이 잘 드러나도록 해야 한다. 활동 기록에는 개인의 역할과 활동 내용, 성취 결과, 공동체 활동에서의 협력적 태도 등이 구체적으로 드러날 수 있도록 하고 이를 평소 기록으로 남기는 것이 필요하다.

③ 동아리활동 역시 진로 계획과 연계된 구체적이며 적극적인 활동을 포함할 때 대입 평가에서 의미 있게 반영된다. 동아리 내에서 직책이 중요한 것이 아니라, 자신의 위치에서 얼마나 적극적인 열정을 나타냈느냐가 중요하다.

다음 표는 2022 개정 교육과정 창의적 체험활동의 예시 이다.

〈2022 개정 교육과정 창의적 체험활동의 예시〉

| 영역 | 활동 | 예시 활동 |
|---|---|---|
| 자율·자치 활동 | 자율활동 | • 주제 탐구 활동 : 개인 연구, 소집단 공동 연구, 프로젝트 등<br>• 적응 및 개척 활동 : 입학 초기 적응, 학교 이해, 정서 지원, 관계 형성 등<br>• 프로젝트형 봉사활동 : 개인 프로젝트형 봉사활동, 공동 프로젝트형 봉사활동 등 |
| | 자치활동 | • 기본생활습관 형성 활동 : 자기 관리 활동, 환경·생태의식 함양 활동, 생명존중 의식 함양 활동, 민주시민 의식 함양 활동 등<br>• 관계 형성 및 소통 활동 : 사제동행, 토의·토론, 협력적 놀이 등<br>• 공동체 자치활동 : 학급·학년·학교 등 공동체 중심의 자치활동, 지역 사회 연계 자치활동 등 |
| 동아리 활동 | 학술·문화 및 여가 활동 | • 학술 동아리 : 교과목 연계 및 학술 탐구 활동 등<br>• 예술 동아리 : 음악 관련 활동, 미술 관련 활동, 공연 및 전시 활동 등<br>• 스포츠 동아리 : 구기 운동, 도구 운동, 계절 운동, 무술, 무용 등<br>• 놀이 동아리 : 개인 놀이, 단체 놀이 등 |
| | 봉사활동 | • 교내 봉사활동 : 또래 상담, 지속가능한 환경 보호 등<br>• 지역 사회 봉사활동 : 지역 사회참여, 캠페인, 재능 기부 등<br>• 청소년 단체 활동 : 각종 청소년 단체 활동 등 |
| 진로 활동 | 진로 탐색 활동 | • 자아탐색 활동 : 자기 이해, 생애 탐색, 가치관 확립 등<br>• 진로 이해 활동 : 직업 흥미 및 적성 탐색, 진로 검사, 진로 성숙도 탐색 등<br>• 직업 이해 활동 : 직업관 확립, 일과 직업의 역할 이해, 직업 세계의 변화 탐구 등<br>• 정보 탐색 활동 : 학업 및 진학 정보 탐색, 직업 정보 및 자격(면허) 제도 탐색, 진로진학 및 취업 유관기관 탐방 등 |
| | 진로 설계 및 실천 활동 | • 진로 준비 활동 : 진로 목표 설정, 진로 실천 계획 수립 등<br>• 진로계획 활동 : 진로 상담, 진로 의사 결정, 진로 설계 등<br>• 진로체험 활동 : 지역 사회·대학·산업체 연계 체험활동 등 |

## 채점 기준

모든 평가의 신뢰도를 확보하기 위해서는 구체적인 채점 기준을 개발하는 것이 중요하다. 채점 기준에는【채점 요소】,【채점 요소별 척도】,【척도별 수행 특성】등의 요소가 포함된다.

①【채점 요소】는 평가 요소를 바탕으로 하되, 문항에 맞게 구체화하여 제시한다.【채점 요소별 척도】는 학생이 응답한 내용을 질적 특성에 따라 구분·분류하기 위해서 숫자나 명칭을 부여한 것이다. 흔히 수치화된 점수, 상·중·하, P/F 등의 방식을 사용한다.

②【척도별 수행 특성】은 학생이 수행으로 보인 특성이 어떠한 척도에 해당하는가를 판단하기 위한 기준이다. 올바른 판단을 위해서는 해당 척도에서 보일 수 있는 일반적인 정보가 기재되어야 한다.

## 채점 신뢰도

【채점자 간 신뢰도】는 한 학생의 수행에 대해서 복수의 채점자들이 산출한 점수 간의 일치도를 의미하고,【채점자 내 신뢰도】는 한 명의 채점자가 시간차를 두고 한 학생의 수행을 채점했을 때, 두 번의 채점 결과 간의 일치도, 또는 한 명의 채점자가 여러 명의 학생을 채점하는 동안 동일한 엄격성을 유지하는 정도를 의미한다.

교사 한 명이 많은 학생의 답안을 채점할 경우에는【채점자 내 신뢰도】에 유의할 필요가 있다. 모든 학생에게 동일한 잣대의 엄격성을 적용하고 있는지를 점검하면서 채점을 해야 한다.

## 최종 등록

최종 등록은 합격자가 해당 대학에 등록 의사를 밝히는 예치금을 납부한 후, 대학에서 정한 등록 기간에 최종적으로 등록금을 납부하여 등록하는 것을 말한다. 정시전형의 경우 합격자 발표 후 등록 예치금 없이 바로 등록한다.

☞ 등록 예치금

## 최종 등록자

최초합격자 및 충원합격자 가운데 실제로 해당 대학에 등록한 학생을 말한다. 각 대학은 입시 결과를 발표하면서 모집단위별로 경쟁률과 더불어, 최종 등록자의 평균 등급, 혹은 70% 컷 백분위 평균을 공개한다.

## 최초합격

최초합격은 지원한 입학전형, 모집단위에서 최초에 합격한 경우를 말한다. 다시 말해, 해당 전형의 최종합격 발표날에 합격한 모든 학생들을 가리킨다. 흔히 줄여서 '최초합'이라고 한다. 최초합격이 아닌, 추가합격으로 합격한 경우는 '추합'이라고 흔히 말한다. 추가합격 명단에도 오르지 못했지만, 뒤늦게(보통 정시 발표 이후) 입학처가 직접 전화로 합격 소식을 알리는 경우도 종종 있다.

사실 최초합격을 했다면 그보다 상위 대학에 추가로 합격이 가능한 경우가 대부분이므로, 많은 수험생들이 선택을 놓고 고민하게 된다. 상위 대학에 복수 합격한 경우가 아니라면 '좀 더 상향 지원을 해볼걸.' 하는 아쉬움이 남을 수도 있다.

## 최종합격

최종합격은 1차 서류전형을 포함하여 이후의 추가적인 입학전형 절차와 단계에 따라 최종적으로 합격한 것을 말한다. 일괄합산 전형은 별도의 단계를 거치지 않고 전형 요소별 반영 점수의 총점에 따라 최종합격자가 선발되며, 단계별 전형은 단계마다 모집 인원의 일정 배수를 선발하고, 마지막 단계에 최종합격자를 선발한다.

## 추가모집

정시모집 이후 모집 인원의 결원이 생긴 경우 추가적으로 실시하는 입학전형을 말한다. 전형 요소 및 반영 비율은 대학이 자율로 정하는데 대체로 정시모집요강에 준하여 추가모집을 한다. 선발 인원은 전체적으로 1만~2만여 명 사이를 오간다. 매년 의치한약수 등 메디컬 학과에서도 추가모집이 진행된다.

대학의 정시모집에 합격하여 등록한 자(최초 등록 및 추가등록을 포함)는 추가모집에 지원할 수 없다. 정시모집 미등록 충원 등록 마감일 16시까지 정시모집 등록을 포기한 자에 한해서만 추가모집 지원이 가능하다. 다만, 산업대학과 전문대학의 정시모집 합격자는 등록 여부와 상관없이 대학의 추가모집에 지원할 수 있다.

· 이만기 소장의 틈새 컨설팅 ·

### 추가모집이라면 더욱 꼼꼼히 따지자

정시모집 추가합격 후에도 합격한 대학이 없는 경우, 선택지는 세 가지다. 재수를 하거나, 전문대학(2~3년제)에 진학하거나, 아니면 최후의 수단으로 4년제 대학의 추가모집에 지원하는 것이다. 이 세 가지 선택에 대한 고민은 중위권 수험생들이라면 쉽게 공감할 것이다.

어떻게든 그해에 4년제 대학을 들어가고자 한다면, 추가모집을 적극 고려해야 한다. 이제 마지막이라는 중압감으로 적성과 진로를 고려하지 않고 빈틈만을 노린 전략을 앞세울 수 있지만 이는 큰 오산이다.

현실적으로 볼 때 추가모집으로 지원하게 될 대학은 정시에 지원했던 대학보다 체감하는 대학 인지도가 떨어지는 것이 보통이다. 그렇다고 진로 계획과 너무 동떨어진 학과에 진학할 경우, 향후 대학생활이 무기력해질 우려가 크다. 마음이 급한 추가모집일수록, 자신의 적성과 진로를 고려한 학과 선택이 더욱 중요하다.

주요 대학들은 추가모집 선발을 하지 않거나 농어촌학생, 기회균형전형 등 정원 외 특별전형에서만 추가모집하는 경우가 많지만 일부 대학에서는 일반전형에서도 소수의 인원을 선발하기도 한다. 추가모집은 지원 횟수에 제한이 없다. 수험생 입장에서는 많이 지원할수록 합격률이 높아지겠지만 그만큼 경쟁률도 높아져서 합격선은 올라갈 수 있다.

추가모집은 대부분 수능 성적순으로 선발한다. 주요 대학의 경우 정시 합격선보다 추가모집의 합격선이 높게 나타나는 것이 일반적이기는 하나 오히려 낮은 경우도 있다. 따라서 대학마다 정시 합격선과 추가모집 합격선의 편차를 따져보고 점수의 여유를 갖고 지원하는 것이 좋다.

추가모집은 결국 선발해야 할 인원을 다 채우지 못하기 때문에 하는 것이다. 수험생 입장에서는 이 사실을 기억하고 더욱 꼼꼼히 따져봐야 한다. 해당 대학 졸업생들의 취업률은 기본이고, 특히 자신이 희망하는 분야에 얼마나 많은 졸업생들이 진출했는지를 따져보자. 또한 대학의 재정 상태는 향후 대학의 발전 가능성과 밀접한 연관성이 있으므로 재정 상태도 체크해볼 필요가 있다. 이러한 정보들은 대학알리미www.academyinfo.go.kr 사이트 및 각 대학의 홈페이지, 대학평가 사이트 등에서 찾아볼 수 있다.

## 추천서

지금은 폐지된 입학전형 요소로, 해당 학생을 추천한다는 일종의 문서이다. 일반적으로 학교장이나 교사, 전형에 따라 종교지도자 등 다양한 사람들이 추천할 수 있다. 현재는 사실상 학생부의 '행동특성 및 종합의견'이 추천서를 대신한다고 보면 된다.

## 충원율

① 추가합격자의 비율. 모집 정원 대비 추가합격자를 몇 명이나 뽑았는지 말해주는 지표이다. 예를 들어 충원율이 100%라면 모집 인원의 두 배만큼 합격자가 나왔다는 뜻이다. 10명을 모집하는 학과라면 실제로 순위 20위까지 합격했다는 이야기다.

② 충원율은 입시 전략을 세울 때 중요한 변수가 된다. 예비번호 몇 번까지 합격했는지를 확인할 수 있어, 실질적 합격선을 가늠할 수 있다. 따라서 모집요강상 몇 명을 뽑는지만이 아니라 충원율까지 염두에 두고 수시나 정시 지원을 결정을 해야 한다..

☞ 충원합격

ㄱ ㄴ ㄷ ㄹ ㅁ ㅂ ㅅ ㅇ ㅈ ㅊ ㅋ ㅌ ㅍ ㅎ

## 충원합격(추가합격)

① 충원합격은 수시나 정시모집에서 예비 순번을 받아 추가로 붙는 것을 말한다. 즉, 합격자가 등록을 하지 않아 결원이 생겼을 때 해당 대학의 예비합격자를 추가로 합격시키게 된다. 충원합격 통보는 학교 규정에 따라 홈페이지 게시, 혹은 전화 통지로 이루어진다. 합격자에게는 개별 통화로 등록 의사를 확인하며, 미등록 의사를 밝힐 경우 다음 순위자에게 합격이 통보된다. 보통은 녹취 시스템을 이용하여 합격자 발표 및 추가합격자 전화 통보를 신속 정확하게 수행한다.

② 정시모집에서 합격 대학에 이미 등록을 마친 수험생이 다른 대학에 추가합격해 그 대학에 등록하고자 할 경우에는 반드시 먼저 등록한 대학을 포기해야 한다. 이 절차를 제대로 밟지 않은 탓에 합격이 취소되는 안타까운 경우가 종종 발생하는 만큼 주의가 필요하다. 단순히 등록을 취소하겠다는 의사를 전달하는 것은 효력이 없고 등록금을 환불받아야 한다. 환불받지 않은 상태에서 다른 대학에 등록하면 이중등록으로 처리될 수 있다.

☞ 이중등록

· 이만기 소장의 틈새 컨설팅 ·

### 충원합격의 미묘함

정시모집에서는 가/나/다 모집군별로 지원 기회가 한 번씩 있어 중복합격으로 인한 추가합격이 빈번하게 일어난다. 가군 또는 나군의 대학에 소신 지원한 학생들이 대체로 나머지 모집군에서는 안전 지원을 하는 경우가 많아서 소신 지원한 대학에 합격을 하고 나머지 모집군 대학에 중복 합격을 하게 되어 추가 합격이 연쇄적으로 이루어지곤 한다. 그 결과 학과별 최종 합격선은 최초 합격선보다 크게 하락하기도 하며 하락 폭은 추가합격 인원에 따라 달라진다.

경험적으로 보면 상위권 대학 인기 학과의 추가합격자가 많은 경향이 있다. 중복 합격으로 수험생 이동이 많아 추가 합격의 변동이 심한 편이다. 이에 반해 비인기학과들은 오히려 추가합격 비율이 낮다. 지원자들이 학과보다는 대학 이름을 고려해 비인기학과에 소신 지원하고 타 모집군에서는 안전 지원하는 경우가 많은데, 합격 시 등록률이 높다. 그 결과 추가합격 비율이 낮고, 최종 합격선이 최초 합격선과 비슷한 수준 정도로 예상보다 높게 형성되기도 하므로 비인기학과에 지원 시에는 주의가 따른다.

추가합격 비율은 다군이 특히 높다. 수험생들의 관심이 높은 서울 소재 주요 대학들은 가/나군이 주요 모집군이며, 다군에서는 일부 학과만 선발하는 경우가 많다. 즉, 다군은 가/나군에 비해 선발 인원이 적고 지원할 대학도 많지 않다. 따라서 많은 수험생들이 적은 숫자의 대학에 몰리는 경향을 보이며, 모집 인원의 5배수 이상 예비 순위를 받더라도 추가합격하는 경우가 생긴다. 이처럼 다군은 최종합격자들의 점수 분포가 타 모집군에 비해 큰 폭으로 떨어지는 등 변수가 많아 예측이 쉽지 않은 모집군이므로, 우선적으로 가/나군에 중점을 두고 지원 전략을 세우는 것이 안정적이다.

## 충원합격순위

추가합격자의 마지막 순위이다. 쉽게 말해, 충원합격한 인원이라고 이해하면 된다. 예를 들어 충원합격순위가 34라면, 예비번호 34번까지 붙었다는 의미이다. 대입정보포털 [대학 어디가]에서 각 대학들의 전년도 충원합격순위를 매년 공개한다.

## 70% 컷

쉽게 말해 10명 중 7등의 성적을 말한다.

① 수시모집 학생부교과전형에서 70% 컷이라 하면, 그 대학의 최종 등록자 가운데 70%에 해당하는 지원자의 학생부 교과 성적 환산 등급을 말한다.

② 정시모집 수능전형에서 70% 컷이라 하면, 그 대학의 최종 등록자 가운데 70%에 해당하는 지원자의 수능 영역 대학별 환산점수, 혹은 평균 백분위 점수를 말한다.

☞ 50% 컷

대입 필수용어 사전
ㅋ

## 캠퍼스 간 소속 변경

분교分校에서 본교로 학적을 변경하는 제도. 분교 대학들은 우수한 입학생을 유치하기 위해서 본교로 소속 변경을 할 수 있다는 점을 강조한다. 그러나 소속 변경을 하는 것은 결코 쉬운 일이 아니다. 소속 변경을 위해서는 본교 측에서 자퇴나 제적 등으로 인한 빈자리가 생겨야 하며, 그중에서도 일부만이 소속 변경 정원으로 배정된다. 학칙상으로 소속 변경은 캠퍼스 간 전과에 해당한다. 소속 변경이 가능한 대표적인 대학은 고려대(세종캠퍼스), 연세대(미래캠퍼스) 등이다.

☞ 분교

## 킬러 문항

어떻게 하든 틀리게 하려는 의도가 다분한, 난도 극상의 문제를 뜻한다. 수험생 대다수가 '맞히라고 낸 문제가 아닌 것 같다' 등의 반응이 나오는 문항이다.

1 교육평가학에서는 정답률이 보통 10% 내외로 나오면 초고난도 문항이라고 부르는데, 킬러 문항은 단순히 정답률이 낮은 문항만을 의미하지 않는다. 적당히 어려운 문제는 학생들의 사고력과 문제 해결력, 추론력 등을 높여 긍정적인 교육 장치로 활용될 수 있다. 그런데 '킬러 문항'은 공교육 과정을 벗어난 수준이어서 대다수 학생들이

접근하기 힘든 것은 물론 교육적 가치도 찾기 어려운 경우가 많다. 시험 범위 축소 및 교과 내용 감축 등으로 인해 적당히 어려운 문제로는 변별이 불가능할 경우 필요 이상으로 난도를 높일 때 킬러 문항이 탄생하는데, 이에 대비하기 위해 과도한 선행학습과 사교육을 유발한다는 것이 문제의 핵심이다.

**2** 수능에서도 킬러 문항은 관행처럼 출제되었는데, 2023년 '킬러 문항 배제'라는 정부의 방침으로 입시 업계가 매우 큰 혼란을 겪었다. 다음은 교육당국이 2023년 6월 발표한 〈최근 3년간 수능 및 2024학년도 수능 6월 모의평가 소위 킬러문항 사례〉에서 발췌한 '킬러문항'의 특징을 정리한 것이다.

**〈국어〉**

① 고등학생 수준에서 이해하기 어려운 지문, 전문용어를 사용해서 배경지식을 가진 학생들은 상대적으로 쉽고 빠르게 풀 수 있는 문항(2022 수능 38번)

② 문제풀이에 필요한 정보를 충분히 제공하지 않아 내용 파악을 어렵게 하는 문항(2022 수능 15번)

③ 선택지의 의미와 구조가 복잡해서 의도적으로 학생들의 실수를 유발시키는 문항(2024 6모 14번)

④ 문제 해결을 위해 많은 시간이 필요하며, 의미 해석을 위한 높은 수준의 추론이 필요한 문항 혹은 추론해야 할 정보량이 과다한 문항(2024 6모 33번, 2023 수능 17번)

⑤ 각 문단의 내용을 연결해서 이해해야만 하는 과도한 추론이 요구되는 문항(2023 수능 15번)

⑥ 선택지가 복잡하게 구성되어 있어 문제풀이 기술을 익힌 학생들에게 유리한 문항(2023 수능 17번, 2022 수능 13번)

⑦ 낯선 현대 철학 분야의 전문 용어를 다수 사용하여 지문 이해가 매우 어렵고, 문제의 선택지로 제시된 문장 역시 추상적이어서 지문 답지의 개념 연결이 쉽지 않은 문항(2024 6모 14번)

**〈수학〉**

① 여러 개의 수학적 개념을 결합하여 과도하게 복잡한 사고 또는 고차원적인 해결방식을 요구하는 문항(2024 6모 22번)

② 대학과정 등을 선행학습한 학생은 출제자가 기대하는 풀이방법 외 다른 방법으로도 문제를 해결할 수 있어 학생 사이의 유불리를 발생시키는 문항(2022 수능 「기하」 30번)

③ 3가지 이상의 수학적 개념이 결합되어 문제해결 과정이 복잡하고 상당히 고차원적인 접근방식을 요구하며, 일반적인 공교육 학습만으로 이러한 풀이 방법을 생각해내기에는 어려움이 있는 문항(2024 6모 22번)

④ 다수의 수학적 개념이 결합되어 문제해결 과정이 복잡하고 상당히 고차원적인 접근방식을 요구하는 문항(2024 6모 「미적분」 30번)

⑤ 고등학교 수준 이상으로 심화학습을 한 학생은 출제자가 기대하는 풀이 방법 외 다른 방법으로도 문제를 해결할 수 있어, 학생별

유불리 및 과도한 심화학습과 선행학습을 유발할 할 수 있는 문항(2022 수능「미적분」29번)

⑥ 정답률을 낮추기 위해 일반적으로 ㄱ, ㄴ, ㄷ 중 옳은 것을 모두 찾는 객관식 유형의 문제를 단답형 주관식 문항으로 제시하였으며, 이 과정에서 불필요하게 명제의 개념을 도입하여 수험생의 실수를 유발할 수 있는 문항(2024 6모 21번)

⑦ 문제해결 과정에서 경우를 나누는 상황이 과도하여 풀이에 상당한 시간이 요구되며, 수험생의 실수를 유발할 수 있는 문항(2023 수능「확통」30번)

⑧ 공교육에서 다루는 수준보다 다소 복잡한 형태의 함수를 다루고 있어 수험생의 심리적 부담을 유발할 수 있는 문항(2023 수능「미적분」30번, 2021 수능 수나형 30번)

## 〈영어〉

① 전문적인 내용 또는 관념적이고 추상적인 내용이어서 영어를 해석하고도 내용을 이해하기 어려운 문항(2023 수능 34번)

② 공교육에서 다루는 일반적인 수준보다 과도하게 길고 복잡한 문장을 사용하여 해석이 어려운 문항(2022 수능 21번)

③ 생소한 서양 철학의 추상적 개념과 내용을 이해하여야 빈칸 추론이 가능한 문항(2024 6모 34번)

④ 지문이 전반적으로 공교육에서 다루는 일반적인 수준보다 어려운 어휘 및 복잡한 문장구조가 사용된 긴 문장으로 구성된 문항

(2024 6모 33번, 2023 수능 4번)

⑤ 생소한 소재가 사용되어, 공교육에서 학습하는 일반적인 의미가 아닌 법률 분야에 적합한 의미로 어휘를 파악해야 글 전체의 내용을 이해할 수 있는 문항(2023 수능 37번)

⑥ 의미 및 논리적 흐름을 파악하는 것보다 단어 등 단서를 활용한 풀이법 등 '기술'을 활용할 경우, 더 쉽게 풀릴 수 있는 문항(2022 수능 38번)

**〈과학〉**

① 추상적인 개념의 이해를 바탕으로 다양한 경우를 조합해야만 정답을 추론할 수 있어 문제 풀이 시간이 상당히 많이 소요되는 문항(2024 6모 「생명II」 15번)

② 과학 관련 주요 개념이나 원리보다는 주어진 단서를 활용하여 빠른 시간에 논리적으로 추론하는 능력이 주로 요구되는 문항(2024 6모 「생명II」 15번)

③ 복잡한 추론과 계산을 요구하고 있어 풀이하는 데 많은 시간이 소요되는 문항(2023 수능 「화학II」 20번)

④ 다양한 요소를 종합적으로 고려해야 하는 복잡한 상황을 제시하고 있는 문항(2022 수능 「물리II」 18번)

⑤ 학생의 수학 교과의 선택과목 이수 여부에 영향을 받음(2022 수능 「지구과학II」 20번)

· 이만기 소장의 틈새 컨설팅 ·

## 킬러 문항을 대하는 우리의 자세

킬러 문항이 줄고 준킬러 문항이 늘면 오히려 시간 소요가 더 커질 수 있다. 킬러 문항이야 포기하면 되지만 준킬러는 그럴 수 없기 때문이다. 그리고 수능 난이도라고 하는 것은 시험을 치러보아야 아는 것이므로 시험을 앞두고 섣불리 난이도를 예측하는 것은 바람직하지 않다. 수험생들은 킬러 문항 배제 방침에 과도하게 신경을 쓰기보다는 평소와 같은 자세로 자신의 페이스에 맞추어 묵묵히 공부하는 것이 좋다.

대입 필수용어 사전
ㅌ

## 특기자

특정 분야에 뛰어난 능력이나 소질을 가지고 있는 학생을 말한다. 입시 전형 중 실기위주전형에 속하는 특기자전형이 있으며, 어학특기자, 수학특기자, 과학특기자, 예능특기자 등 그 종류가 다양하고 세분화되어 있다. 특기를 증명할 수 있는 대회 참여 경력, 수상 실적, 자격증, 공인 어학성적 등을 지원 자격으로 요구하거나 전형 요소로 활용한다. 과거에는 어학특기자가 많았으나 지금은 이공계에서 수학·과학·소프트웨어 특기자나 예체능 특기자가 주류를 이룬다.

자격 심사는 대학 내 대학입학전형관리위원회에서 교과 및 교과 외 활동 등의 전형 자료에 기초하여 적격자를 공개 전형으로 선발한다. 선발 분야는 대학에서 모집단위와 연계하여 자율적으로 정한다.

## 특목고

① 특수목적고등학교는 「초·중등교육법 시행령」 제90조에서 규정하는 '특수 분야의 전문적인 교육을 목적으로 하는 고등학교'로 흔히 특목고로 줄여 부른다. 과학 인재 양성을 위한 과학계열의 고등학교, 외국어에 능숙한 인재 양성을 위한 외국어계열의 고등학교와 국제 전문 인재 양성을 위한 국제계열의 고등학교, 예술인 양성을 위한 예술계열의 고등학교와 체육인 양성을 위한 체육계열의 고등학교, 산

업계의 수요에 직접 연계된 맞춤형 교육과정을 운영하는 '산업수요 맞춤형 고등학교(마이스터고)'가 여기에 해당한다.

2 외고와 국제고는 모두 영어를 기반으로 한다는 점은 같지만 커리큘럼에서 차이가 난다. 외고는 외국어에 능숙한 인재 양성을 위해 전문적인 교육을 하는 것이 그 목적이지만, 국제고는 국제정치나 외교 분야 전문가를 양성하는 것을 교육 목적으로 한다. 이에 따라 외고는 언어별로(영어, 일본어, 중국어, 스페인어, 프랑스어 등) 전공학과가 나누어져 있으며, 전공언어별 심화학습 · 청해 · 회화 · 문법 · 작문 · 문화 등의 전문교과를 배우게 된다. 이와 달리 국제고는 전공학과가 따로 나누어져 있지 않으며, 영어 심화과정(듣기 · 회화 등), 국제정치, 국제경제, 국제법, 세계지리 등 국제 관련 전문교과를 공부한다. 역사 과목을 제외한 전 과목 수업을 영어와 한국어로 동시에 진행하며, 해외 대학 진학을 목표로 하는 학생을 위한 진학 지원제도 및 교육 프로그램 등을 갖추고 있다. 전국에 외고는 30곳, 국제고는 8곳이다.

현재 정부의 방침은, 기존 외고와 국제고의 특목고 지위를 유지하되, 희망하는 경우 '국제외국어고(가칭)' 유형으로 전환할 수 있도록 허용한다는 것이다. 이에 따라 희망하는 경우에는 기존 외고 · 국제고를 통합하여 운영하는 것도 가능해졌다.

3 과학고와 영재고를 비교하자면, 대입에 있어서 가장 큰 차이점은 학생부의 관리라고 보인다. 과학고는 다른 일반고와 동일하게 NEIS를 사용하여 학생부를 관리하여 석차등급이 나오는 것에 비해 영재고는 학교장 재량이며 절대평가라는 점이다. 또한 영재고는 과학고

ㄱ ㄴ ㄷ ㄹ ㅁ ㅂ ㅅ ㅇ ㅈ ㅊ ㅋ ㅌ ㅍ ㅎ

에 비해 교육과정을 편성하고 운영하는 데 더 자유롭다. 「초·중등교육법」이 아닌 「영재교육 진흥법」을 따르기 때문이다. 교육과정 운영이 자유로워 무학년제와 졸업학점제, 대학 학점선이수제AP 등을 운영하고 수학 과학 특정 분야의 연구와 실험 중심의 교육에 더 집중한다. 교원 자격이 없는 특정 분야의 전문가도 교사로 초빙할 수 있고, 전국에서 신입생을 모집하며, 학교별 자율전형 운영도 가능하다. 반면 과학고는 국가교육과정에 따라 전문교과와 기본교과의 이수단위가 정해져 있다. 신입생은 학교가 위치한 광역 단위에서만 선발하며, 입학전형은 자기주도학습전형으로 통합돼 있다.

**〈영재고와 과학고의 비교〉**

| 구분 | | 영재학교 | 과학고등학교 |
|---|---|---|---|
| 운영 현황 | | 8교(공립 7교, 국립 1교*)<br>* KAIST 부설 한국과학영재학교 | 20교(공립 20교) |
| 근거 법령 | | 「영재교육 진흥법」 | 「초·중등교육법」 |
| 학교 설립 지정 | 설립 목적 | 이공계 분야 우수 인재 양성 | 과학 분야 우수 인재 양성 |
| | 지정(취소) 권한 | 교육부장관<br>(중앙영재교육진흥위원회 심의) | 시·도교육감<br>(교육부장관 동의) |
| | 재지정 평가 | 평가제도 없음 | 5년 주기 평가 |
| 교육 과정 운영 | 교육과정 편성·운영 | 학칙으로 정함 | 국가교육과정(교육부 고시)에 따름 |
| | 졸업 제도 | 무학년제, 학점제 운영 | 학년제, 총 이수단위제 운영<br>※ 2학년 조기졸업 가능 |
| | 교과용 도서 | 영재학교장이 필요한 도서 또는 교재 채택 | 교육부장관 검·인정 교과용 도서 |
| | 학교생활기록부 | 영재학교장이 별도 작성·관리 | 교육행정정보시스템(NEIS) 의무 사용 |

<table>
<tr><td rowspan="3">학생 선발</td><td colspan="2">입학 자격</td><td>• 중학교(각종 학교 포함) 졸업자<br>• 동등이상 학력 인정받은 자<br>• 중학교(각종 학교 포함) 재학생</td><td>• 중학교(각종 학교 포함) 졸업자<br>• 동등이상 학력 인정받은 자</td></tr>
<tr><td rowspan="2">모집 단위</td><td>일반</td><td>전국단위 모집</td><td>소재지 시·도 학생<br>(광역단위 모집)<br>※과학고가 없는 세종·광주는 인근 시·도 과학고 지원 가능</td></tr>
<tr><td>사회 통합</td><td>정원 외 선발(권장)</td><td>정원 내 20%(의무)</td></tr>
</table>

## 특별전형

【정원 내 특별전형】과【정원 외 특별전형】으로 나뉜다.

①【정원 내 특별전형】은 대학의 입학정원 내에서 학생을 자율적으로 선발하는 것이다. 여기서 입학정원은, 학교가 선발할 수 있는 신입생의 최대 인원으로 모든 학교에는 입학정원이 제한되어 있다. 대학은 이렇게 허가된 정원 내에서, 별도의 지원 자격을 설정하여 전형에 부합하는 학생을 정원 내 특별전형으로 선발하게 된다.

②【정원 외 특별전형】은, 입학정원 외에 예외적으로 학생들을 선발하는 경우다. 「고등교육법 시행령」 제29조 제2항에 따르면, 대학은 학생들에게 고등교육을 받을 기회를 균등하게 제공하기 위해 소득이나 지역 등의 차이를 고려하여 별도의 추가 정원을 모집할 수 있도

록 하고 있다. 이에 따라 입학정원 외에, 전체 모집 인원의 10%를 추가로 모집할 수 있다.

☞ 정원 내 특별전형, 정원 외 특별전형

## 특성화고교 졸업자 특별전형

① 이 전형은 특성화고교 졸업자(2월 졸업 예정자 및 그 이전 졸업자 포함)를 대상으로 하며, 여기서 특성화고등학교는 특성화고 및 특성화고와 같은 교육과정을 운영하는 학과가 있는 일반고(종합고)를 의미한다. 종합고의 일반고 교육과정 졸업(예정)자는 대상에서 제외된다. 또한 산업수요 맞춤형 고등학교(마이스터고등학교) 졸업생은 특성화고교 졸업자 특별전형 대상에서 제외된다.

② 특성화고교 졸업자 특별전형에 지원하려면 '동일 계열' 여부를 확인해야 한다. 동일 계열 인정은 시·도교육청에서 제공하는 '특성화고등학교 학과별 기준학과' 정보를 참고하며, 대학의 장이 모집단위별 학문 특성과 고교의 교육과정을 고려하여 동일 계열인 '기준학과'를 모집요강에 명시한다. 예를 들어 강남대의 경우 유니버설아트디자인학과는 특성화고의 공예과, 디자인과, 만화·애니메이션과, 문화콘텐츠과, 상업디자인과, 실내디자인과, 영상제작과를 고교 교육과정의 기준학과로 인정하고 있다. 특성화고등학교의 기준학과가 대학이 제시하는 기준학과와 다르더라도 대학의 모집단위와 관련된

전문교과를 30단위 이상 이수한 경우에는 인정 가능하다.
각 대학별로 수십 명 정도 모집하며 모집단위별로는 1명 정도를 선발하기에 경쟁이 매우 치열하다. 수십 대 1의 경쟁률을 보이기도 한다.

☞ 직업계 고등학교

## 특차모집

지금은 폐지된 제도. 특차모집은 4년제 대학에 한해 정시모집보다 먼저 실시하며, 대학수학능력시험 성적이 우수한 학생을 미리 모집하는 제도였다. 1970년대뿐 아니라 대학수학능력시험 도입 초기에도 실시되었으나 2002학년도부터 수능이 9등급제로 전환되면서 모두 폐지되었다.

대입 필수용어 사전
ㅍ

## 파파안달부르스

상위권 학생들과 학부모 중심의 입시 커뮤니티. 고속성장기로 유명한 코스모스펌의 활동 무대이기도 하다.

주요 대학 입시 관련 다양한 사례와 후기를 접할 수 있으며, 학부모들이 자녀의 상위권 대학 진학과 진로에 대해 다양한 고민을 털어놓고 상담을 할 수 있다. 입시 정책에 맞춘 현실적이고 신속한 답변을 들을 수 있어 유용하다.

## 펑크(빵꾸)

수시나 정시에서 특정 대학 학과의 컷이 전년도 수준에 한참 못 미치는 상황을 말한다. 흔히 '빵꾸'라고도 표현한다.

입시기관에서 전문가들이 펑크가 날 학과를 미리 예측하기도 하는데, 오히려 지원자들이 몰리는 역효과가 일어나기도 한다. 또한 수시나 정시모집 마감 전날까지 미달을 기록한 학과들은, '펑크'를 노린 지원자들이 막판에 몰리면서 경쟁률이 갑자기 치솟는 경우도 흔하다.

· 이만기 소장의 틈새 컨설팅 ·

### 어디가 펑크가 날까?

내 성적보다 한참 높은 상위 대학에 요행으로 들어가고 싶은 욕망은 수험생이라면 누구나 가지고 있을 것이다. 펑크를 예상하기란 물론 쉽지 않지만, 다음의 조건들을 갖춘 모집단위라면 예측이 힘들기 때문에 상대적으로 펑크의 가능성이 있다고 보아도 좋다.

- 선발 방법에 큰 변화가 있는 모집단위
- 배치표에서 실제보다 고평가된 모집단위
- 지난해에 경쟁률이 지나치게 높았던 모집단위
- 모집 인원이 매우 많거나 현저하게 적은 모집단위
- 단계별로 전형 요소가 많고 복잡한 곳
- 지원 자격이 구체적이고 엄격한 곳(해당자가 적기 때문)
- 마감 직전 경쟁률이 뒤에서 3~4위인 학과(1~2위인 학과는 오히려 펑크를 노리고 몰리는 경우가 있다.)
- 평판에 비해 입결이 지나치게 높은 대학이나 모집단위
- 수능 최저가 높은 학교추천전형이나 지역인재전형
- 특정 종교색이 강한 곳도 기피 경향이 있다.

## 평가 기준

1 평가 기준은 평가자가 지원자를 평가하는 구체적인 판단 기준을 말한다. 대입에서 구체적인 평가 기준은 각 전형별로 정해져 있으며, 고등학교 또한 교육과정이나 학업성적관리 지침 등에 정해져 있다.
2 한편으로 평가 기준이란 학생의 학습 정도를 판단하기 위해 각 성

취 기준에 도달한 정도를 단계별로 구분하는 것을 뜻한다. 각 단계에 도달한 학생들이 무엇을 알고 있고, 무엇을 할 수 있는지를 기술한다.

## 평가 방법

① 평가 방법이란 평가자가 일정한 기준에 따라 가치나 수준을 측정하기 위하여 사용하는 방법을 말한다. 개별 평가/다수 평가, 정성평가/정량평가, 일괄합산/단계별 평가 등으로 나눌 수 있다. 대학의 일반적인 입학 사정을 위한 평가는 각종 프로그램을 통해 이루어지는데 서류·면접 평가 솔루션, 논술답안 인식 관리 프로그램, 모의논술·본 논술 채점 시스템, 입학관리 시스템, 통합충원관리 시스템 등이 있다.

② 대학에서는 학생부를 그대로 보는 것이 아니고 서류 평가 시스템을 통해 다시 학생부를 가공하여 평가한다. 이를테면 지원 계열별 주요 반영 교과의 3개년간 학업 성취도와 성적 추이는 모집단위에 적합한지 그 내용을 그래프로 변환하여 보여주는 기능, 주요 어휘에 하이라이트 기능, 유사 문장 검색 기능, 평가 대상자와 비교 대상자 간의 지원 정보 영역 비교, 선택한 평가 대상자의 교육과정 편성표 및 세부 옵션 확인, 세특에 키워드 추출 기능 등 다양한 기능을 가지고 있는 솔루션이다.

☞ 서류 평가

## 평가 요소

평가 요소란 지원자를 평가하는 기준과 내용을 말한다. 학업역량, 전공적합성, 인성, 발전가능성, 진로역량, 공동체역량, 논리력, 수리력 등이 있다.

## 평가 준거

평가 준거란 평가 시 궁극적으로 도달해야 하거나 추구해야 하는 속성이나 상태 등의 표준을 말한다.
학생부종합전형에서 흔히 평가 준거로 인재상을 든다. 일례로 서울시립대 경제학과가 제시하는 인재상은 아래와 같다.

"다양한 분야의 경제 문제에 관심이 많고 수학적 소양이 우수한 학생, 정보화 적응력 및 분석적 사고를 바탕으로 혁신과 창의성이 뛰어나며 글로벌 마인드, 적극적인 리더십이 있는 학생. 공동체 의식을 바탕으로 협동정신과 봉사정신이 뛰어나며 높은 윤리 의식을 가진 학생."

이와 같은 모집단위별 인재상은 각 대학교 학생부종합전형 가이드북이나 입학처 홈페이지, 수시모집요강 등에 게시되어 있다.

## 평가 항목

평가 항목이란 평가 시 고려되는 평가 요소의 세부 항목을 말한다. 예를 들어 학업역량의 경우 학생부의 등급, 원점수, 수상 경력 등을 고려하며 인성의 경우 리더십, 공동체의식, 나눔과 배려, 학생부의 출결사항, 창의적 체험활동 등이 포함된다. 진로역량은 전공(계열) 관련 교과 이수 노력, 전공(계열) 관련 교과 성취도, 전공 관련 활동과 경험 등을 고려할 수 있다.

· 이만기 소장의 틈새 컨설팅 ·

### 학생부의 평가 항목, 어떻게 대비해야 할까?

학생부의 평가 항목별로 중요한 사항들을 정리하면 아래와 같다.

**학업역량 : 전공 분야를 위한 학업 수행 능력**

- 과도하게 모든 교과를 진로와 융합하여 작성할 경우, 실제 해당 교과에서 확인해야 할 교과 역량이 관찰되지 않을 수 있다. 해당 교과에서 익혀야 할 교과별 역량을 키울 수 있도록 노력하는 것이 좋다.
- 정성평가라고 하나 학교생활 충실도를 기반으로 하는 전형이기 때문에 학업에 있어서도 균형 있는 모습을 보이는 것이 중요하다.
- 학교생활기록부 반영 항목이 적어지면서 '세부능력 및 특기사항'의 중요도가 매우 높아졌기 때문에 수업 안에서 내가 어떠한 성장을 보였는지 보여주는 것이 중요하다. 특히 학업성취도(교과에 대한 이해 수준)와 학업 태

도, 탐구력(학업을 수행하고 지적 호기심을 바탕으로 문제를 해결하는 모습)이 맞물리는 능동적인 태도는 긍정적으로 평가된다.

**진로역량 : 지원 분야에 대한 진로 탐색 및 성장 노력**

- 진로선택과목은 학생이 본인의 진로와 적성을 고려하여 선택한 과목이기 때문에 중요하다.
- 관심 대학에 학과별 이수 권장 과목이 있을 경우 교과 선택 시 참고할 필요가 있다.
- 다양한 교과를 선택하는 것도 좋지만, 단순 이수만으로 학생의 역량을 평가하지 않는다. 왜 이 과목을 선택했는지에 대한 이유와 그에 따른 탐색, 성장 과정 및 결과가 필요하다.
- 교과 선택을 통해 생긴 나의 배움과 그 배움을 통해 성장한 과정 및 노력을 보여주는 것이 중요하다.
- 본인의 생활기록부를 점검할 때, 활동이 단순 나열식으로 되어 있지 않은지 확인해야 한다. 단순한 수업 내용보다 그 안에서 나의 개별적인 역량이 드러날 때 긍정적인 평가를 받을 수 있다.

**공동체역량 : 공동체에 기여하고자 하는 적극적인 노력과 협력의 행동**

- 기본적인 학교생활 충실도를 확인하는 역량이며 출결 등 학교생활 안에서의 기본적인 규칙을 준수하는지 여부를 평가한다. 대다수의 학생부종합전형 지원자들이 공동체역량에서 대체로 준수한 점수를 받아 가기 때문에 충실하게 학교생활을 하는 것이 중요하다.
- 반장, 동아리장과 같은 단순 직책만이 아닌 실제 활동 안에서의 리더십과

협력을 나타낸 사례가 중요하다. 임원이 아니더라도 학교생활을 하며 맡은 작은 역할에도 충실한 모습을 보였다면 긍정적으로 평가될 수 있다.

### 면접

- 자기소개서가 폐지됨에 따라 서류에 대한 확인 과정인 면접의 중요성이 높아졌다. 면접은 크게 서류기반, 제시문기반 두 종류로 나뉘며 제시문기반 면접은 일부 상위권 대학과 대다수의 의학계열 학과에서 시행하고 있다.
- 제시문기반 면접의 경우, 각 대학별 선행학습영향평가 보고서에 문항이 나와 있는 경우가 다수 있다.
- 면접의 대다수가 서류기반 유형이기 때문에 본인의 학교생활기록부에 과장된 내용은 없는지 점검하고 활동 내용에 대해 반드시 숙지해야 한다.
- 각 대학에서 운영하는 모의면접 프로그램에 참여하여 본인의 서류 및 면접에 대해 피드백 받는 것이 좋다. 모의면접은 각 대학 입학사정관이 참여하는 경우가 많기 때문에 실제 사정관에게 피드백 받고 면접 경험을 쌓을 수 있다.
- 모의면접이 아니더라도, 학교생활기록부를 확인하여 면접에서 나올 만한 예상 질문을 꼽아 친구, 선생님, 부모님 등과 함께 실제 면접에서처럼 대답하는 연습해보자.
- 대다수의 학교들이 평가 항목을 공통으로 맞춰 가고 있으나 각 학교별로 세부적인 평가 내용이 다르기 때문에 지원 대학별로 모집요강 및 가이드북을 통해 학교별 평가 항목, 요소 등을 체크해보자.

## 포만한 수학 연구소

수학 최상위권 수험생들이 주로 활동하는 대학 입시 커뮤니티. 수능을 준비하는 자연계열 수험생들뿐 아니라 관련 계열 대학생, 교사, 강사, 학부모들이 모여 입시 정보를 나누고 각 과목에 대한 칼럼을 공유하기도 한다. 모의고사와 사설 문제 등의 자료가 풍부하고, 어려운 수학 문제를 질문할 수 있어 많은 수험생들이 찾는다.

이 커뮤니티의 재미있는 특징 중 하나로 소위 '기만'이라는 행동 성향이 있다. 쉽게 말해, 잘하면서 혹은 잘났으면서 못하거나 못난 척하는 것을 말한다. 예를 들어 카이스트나 디지스트를 다니는 대학생이 자신을 '지방대생'라고 소개하는 식이다.

## 폭발

수시나 정시에서 어느 대학교 학과의 컷이 전년도 수준을 크게 웃도는 경우를 가리키는 말이다. 지원자가 대거 몰릴 때 '폭발'했다, 혹은 '터졌다'라고 표현한다. 강조하기 위해 앞에 '핵'자를 붙이기도 한다. 반대말로 '펑크'가 있다.

☞ 펑크

## 표준 대입전형 체계

2013년 9월 확정 발표된 〈대입전형 간소화 및 대입제도 발전방안〉에 의해 2015년부터 대학 입시 전형은 학교별 6개로 제한된 대입전형 체계로 이루어지고 있다. 이전의 입학사정관전형은 학생부전형에 포함되고, 특기자전형 규모는 축소됐다.

대학들은 핵심 전형 요소 위주로 표준화한 대입전형 체계 내에서 대입전형을 치러야 한다. 수시는 학생부위주, 논술위주, 실기/실적위주로, 정시는 수능위주, 실기/실적위주로 운영할 것을 권고한다.

**〈표준 대입전형 체계〉**

| 모집 시기 | 전형 유형 및 주요 전형 요소 | | 핵심 전형 요소 |
|---|---|---|---|
| 수시 (6회) | 학생부위주* | 학생부교과 : 교과 중심 | 내신성적+ 최저등급/면접<br>내신성적+서류 정성평가 |
| | | 학생부종합 : 교과, 비교과 | 내신성적+교과 연계 활동, 면접+최저등급 |
| | 논술위주 | 논술 등 | 논술+최저등급/ 논술성적 |
| | 실기/실적위주** | 실기 등 | 어학, 수학, 과학, 예체능, SW특기자 |
| 정시 (3회) | 수능위주 | 수능 등 | 수능 성적 |
| | 실기/실적위주 | 실기 등 | 예체능 특기자 |

* 학생부위주전형 유형은 학생부를 주된 전형 요소로 하는 전형으로 다음과 같이 구분됨
학생부교과전형 : 학생부 교과 성적을 중심으로 평가하는 전형
학생부종합전형 : 입학사정관 등이 참여하여 학생부를 중심으로 학생을 종합평가하는 전형
** 실기/실적위주 전형 유형에는 '특기자전형'이 포함되나, 특기자전형은 모집단위별 특성 등 특별한 사유가 있는 경우에 한해 제한적으로 운영하도록 한다. 모집 규모를 축소할 것을 권장하며, 외부 실적보다 학생부 중심의 평가를 권장한다..

## 표준점수(표점)

① 수험생이 획득한 원점수가 전체에서 어느 위치에 해당하는가를 나타내는 점수. 영역(과목)별로 난이도가 다르고 응시 집단의 규모와 성격이 다르기 때문에 원점수로는 점수의 우열을 비교할 수가 없다. 따라서 상대적 서열을 나타내기 위해 영역별 비교가 가능하도록 변환한 점수가 표준점수이다. 표준점수는 평균과 표준편차를 이용해 영역별 난이도를 반영하는데, 어려운 과목에서 높은 점수를 받은 학생이 쉬운 과목에서 높은 점수를 받은 학생보다 표준점수가 더 높게 산출된다.

② 수능 성적표에는 원점수가 기재되지 않고 표준점수와 백분위, 등급으로 표기한다. 수시에서는 수능 최저학력등급을 보기 때문에, 성적표상의 등급이 중요하지만 정시에서는 등급이 아닌 표준점수가 중요하다. 실제로 같은 1등급이어도 표준점수는 다를 수 있다. 정시에서는 보통 표준점수를 토대로 대학별 변환 산출점수를 계산하고 이를 활용하여 학생들을 선발한다. 서울 소재 주요 대학들은 국어와 수학 영역은 표준점수를 그대로 반영하고, 탐구영역은 백분위에 의한 변환표준점수를 사용하는 경우가 많다.

수능에서 성적표의 표준점수는 선형전linear transformation 방식을 사용하는데, 선형전환 방식으로 표준점수를 구할 경우 비교적 일관성 있게 원점수가 전환되며 총점에서 백분위 변화도 적게 나타난다는 장점이 있다.

다음은 수능 영역별 표준점수를 산출하는 방법이다.

| 영역 | 문항 수 | 원점수 만점 | 표준점수 | | |
|---|---|---|---|---|---|
| | | | 평균 | 표준편차 | 범위 |
| **국어** | 45 | 100 | 100 | 20 | 0~200 |
| **수학** | 30 | 100 | 100 | 20 | 0~200 |
| **탐구** | 20 | 50 | 50 | 10 | 0~100 |

**· 국어, 수학의 수능 표준점수 계산법**

$$= \frac{\text{수험생의 원점수 - 수험생이 속한 집단의 평균}}{\text{수험생이 속한 집단의 표준편차}} \times 20 + 100$$

**· 탐구 영역의 수능 표준점수 계산법**

$$= \frac{\text{수험생의 원점수 - 수험생이 속한 집단의 평균}}{\text{수험생이 속한 집단의 표준편차}} \times 10 + 50$$

※ 국어, 수학 영역은 평균 100, 표준편차 20, 탐구(사회·과학·직업) 영역은 평균 50, 표준편차 10으로 하여 선형 변환한 표준점수를 산출한다.

## 표준편차

1 표준편차는 쉽게 말해, 점수가 모이고 퍼진 정도를 뜻한다. 즉, 학생들이 평균으로부터 얼마나 흩어져서 분포되어 있는가 하는 밀집도가 표준편차이다. 표준편차가 작을수록 점수들이 평균값 주변에 몰리고, 표준편차가 클수록 평균값에서 떨어진다. 결국, 평균에서 떨

어진 수만큼을 평균화시킨 수치이다.

② 사실 표준편차로 각 고교의 수준을 짐작할 수 있고 그것을 대학들은 평가에 반영하기도 한다. 보통 학업이 우수한 학생들이 몰린 학교의 경우 표준편차가 작고, 그렇지 않은 경우 표준편차는 커진다. 실제로 특목고나 자사고처럼 표준편차가 빽빽하게 몰려 있는 경우, 한 문제만 틀려도 등급은 뒤로 쭉 밀려나는 상황이 벌어지곤 한다.

평균의 경우도 마찬가지로 다양한 해석을 할 수 있다. 교과 평균 성적이 높다는 것은 다음의 두 가지 의미로 생각해볼 수 있다. 첫째, 시험의 난이도가 쉽거나 둘째, 학생들의 학업 수준이 높다는 뜻이다.

③ 표준편차와 평균을 결합하면 더 정확한 해석이 가능해진다. 평균 점수가 너무 낮지 않으면서도 표준편차는 작게 나올수록 경쟁력 있는 학교다. 일반고의 경우 시험이 쉬워서 평균이 올라가면 표준편차가 지나치게 벌어질 수 있고, 어려운 시험으로 표준편차를 맞춰놓으면 지나치게 평균이 낮아진다. 문제를 내는 교사 입장에서는 평균도 적정선이면서 표준편차도 작은 수준으로 유지하는 게 쉽지가 않다.

· 이만기 소장의 틈새 컨설팅 ·

## 표준편차와 고교의 현실

학생부종합전형에서 학교와 학생의 수준을 평가하는 주요 포인트가 바로 내신의 과목 평균과 표준편차이다. 쉽게 말해 공부하는 학생들과 공부하지 않는 학생들의 차이라고 할 수 있다. 즉 표준편차가 크다면 학생들 간 경쟁의 정도가 덜 치열하다는 이야기다. 일반적으로 학업 수준이 높은 학교는 표준편차가 12~18정도이고, 그렇지 않은 학교는 거의 두 배로 벌어지는 경우도 있다. 과목별로도 차이가 많이 난다. 실제로 입학사정관들은 지원자의 학업 역량을 정확하게 평가하기 위해 표준편차를 적극 참고한다. 지원자가 학교에서 어떤 위치에 있는지, 어떤 분야에서 학업능력이 뛰어난지, 3년간 학업 능력이 어떻게 성장했는지를 확인한다.[11]

다음 그림은 정규 분포 곡선이다.

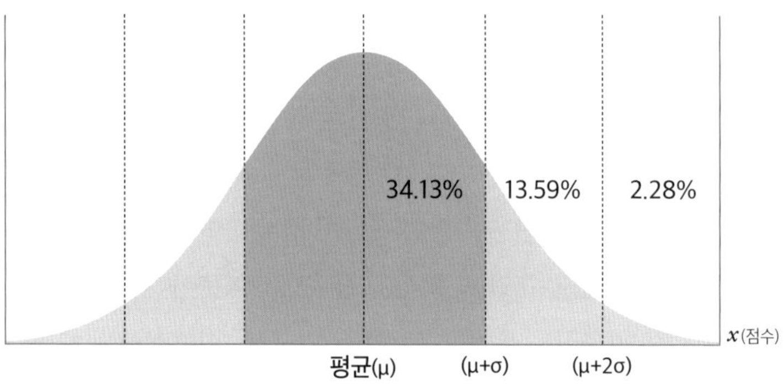


예를 들어 평균(μ)이 60점이고 표준편차(σ)가 15인 과목에서 원점수 75점(μ+σ)를 받은 학생은 상위 15.87%에 해당하며, 원점수 90점(μ+2σ)을 받은 학생은 상위 2.28%에 해당한다. 모든 시험이 정규분포를 이루는 것은 아니지만 표준편차와 평균, 원점수를 알면 지원자의 수준이 한눈에 보인다.

---

11 전 휘문고 교장, 신동원 님 인터뷰에서.

## 필수이수단위

① 대학에 지원하기 위해 필수적으로 이수해야 할 단위수로, 이를 이수하지 않을 경우 지원이 제한된다. 2025학년도부터 고교학점제가 시행되면 필수이수학점이라는 개념으로 변경된다.

② 2015 교육과정의 고등학교 교과과정을 보면 과목별로 고교 3년간 필수로 이수해야 하는 단위를 명시하고 있다. 계열과 관계없이 국어, 수학, 영어, 사회, 과학, 체육 교과(군)는 최소 10단위 이상을 고교 3년간 이수해야 한다.

☞ 단위(수)

## 필수이수학점

① 고교학점제에서 1학점은 50분을 기준으로 하여 16회를 이수하는 수업량이다. 1시간의 수업은 50분을 원칙으로 하되, 기후 및 계절, 학생의 발달 정도, 학습 내용의 성격, 학교 실정 등을 고려하여 탄력적으로 편성 · 운영할 수 있다.

② 공통 과목의 기본 학점은 4학점이며, 1학점 범위 내에서 감하여 편성 · 운영할 수 있다. 단, 「한국사」 1, 2의 기본 학점은 3학점이며 감하여 편성 · 운영할 수 없다. 2022 교육과정상 고등학교 졸업을 위해 3년간 이수해야 할 최소이수학점은 192학점이다.

대입 필수용어 사전
ㅎ

## 학교생활기록부 기재요령

교육부에서 발행한 학생부 기록 요령을 설명한 책. 이 책자는 학생부 작성 및 관리의 표준화를 통해 학생부의 공정성과 신뢰성을 제고하기 위해 교육부가 만든 일종의 지침서이다. 책자 말미에 최근 4개년간 학생부 기재 요령의 변화와 차이를 표로 제시하여 교사들이 이용하기 편리하도록 했다. 교사를 위한 지침서이기는 하나, 학부모나 수험생들도 참고하면 학생부를 충실하게 만드는 데 도움이 된다. '학교생활기록부 종합 지원포털https://star.moe.go.kr'에서 책의 내용을 확인할 수 있다.

## 학교장추천전형(학추)

1 학교장추천전형(학교추천전형, 고교추천전형)이란 말 그대로 학교장의 추천을 받았을 때 지원 자격을 부여하는 전형이다. 주로 수도권 대학에서 시행한다. 대입에서 학교장의 추천을 받기 위해서는 해당 고등학교 내규에 의해 추천 학생으로 선정되고, 이후 각 대학이 요구하는 방식에 따라 추천자를 대학에 고지해야 한다. 학교장추천전형의 경우, 경쟁률이 낮고 충원합격율은 높기 때문에 상당히 유리하다. 지원 조건을 갖추기 위해 내신 관리를 할 필요가 있다.

2024학년도 기준, 상위권 대학 대부분이 다양한 방법으로 학교장추천전형을 시행하고 있다. 몇 군데 학교를 예로 들자면 아래와 같다.

- **서울대 :** 1단계-서류 100% / 2단계-서류 70%+면접 30%
- **연세대 :** 1단계-교과 100% / 2단계-교과 70%+면접 30%
- **고려대 :** 교과 80%+서류 20%
- **중앙대 :** 교과 90%+출결 10%
- **카이스트 :** 서류 100%
- **인하대 :** 교과 100%

2 학교장추천전형은 추천 인원을 제한하는 학교와 제한하지 않는 학교가 있다. 제한이 있는 학교는, 고교 재적학생 수와 무관하게 인원을 설정한 경우와 재적학생 인원의 비율에 따라 설정하는 경우로 다시 나뉜다. 서울과기대 등은 인원으로, 경희대(5%) 등은 비율로 정하며 인하대 등은 인원 제한이 없다. 지원 자격도 서강대 등은 고3(졸업예정자)으로 한정하는 데 비해, 건국대 등은 제한이 없다. 한국외대처럼 수능 최저가 있는 대학도 있지만, 한성대처럼 없는 대학도 있다.

## 학교폭력

1 「학교폭력예방법」 제2조 제1호에 의하면 학교폭력이란 학교 내·외에서 학생을 대상으로 발생한 상해, 폭행, 감금, 협박, 약취·유인,

명예훼손·모욕, 공갈, 강요·강제적인 심부름 및 성폭력, 따돌림, 사이버 따돌림, 정보통신망을 이용한 음란·폭력 정보 등에 의하여 신체와 정신 또는 재산상의 피해를 수반하는 행위를 말한다. 여기에서 제시하는 유형은 예시적으로 열거한 것으로, 신체, 정신, 재산상의 피해를 수반하는 모든 행위는 학교폭력에 해당한다. 가해 학생은 학교폭력 사안이 접수된 때부터 심의위원회의 조치 이행이 완료될 때까지 원칙적으로 학적 변동이 제한된다.

② 학교폭력 조치사항이 학생부에 기재된 경우, 대학은 이를 사유로 특정 전형에서 지원 자격을 배제할 수 있다. 학생부교과·종합 등 학생부위주전형뿐 아니라, 수능, 논술, 실기·실적위주전형에서도 반영 가능하다. 학교폭력의 구체적인 대입 반영 방식이나 기준 등은 대학이 자율적으로 결정할 수 있다. 2026학년도 대입전형 기본사항에 따르면 대학이 취할 수 있는 조치로는 지원 자격 제한, 학교폭력 조치사항별 점수 차등 적용, 정성평가로 반영 등이 있다.

· 이만기 소장의 틈새 컨설팅 ·

## 학교폭력이 대입에 미치는 영향

2023년 교육부의 학교폭력 조치사항 대입 반영 관련 가이드라인의 주요 내용을 소개하면 아래와 같다.

**Q :** 대학은 지원자 중 검정고시생에 대해서도 학교폭력 조치사항 유무를 확인하기 위해 고등학교 학생부를 필수 서류(미제출 시 불합격)로 요구할 수 있나?

**A :** 학폭 가해자 학생이 대입의 불이익을 피하기 위해 자퇴를 하는 등 악용 사례를 방지해야 하는 점 등을 고려할 때, 대학이 검정고시생에게 학생부를 요구하는 것은 대학의 재량권을 일탈하거나 남용한 것이라고 보기 어렵다.

**Q :** 모집별 학생부 마감일 이후에 발생한 학교폭력 사안에 대해서는 대입에서 어떻게 반영해야 하나?
**A :** 학생부상의 기록을 반영할 수 있는 최종 시점은 각 대학이 재량에 따라 사전에 결정해야 한다. 다만, 사안이 중대하거나 대입에 반영이 필요하다고 판단되는 사유가 있을 경우에는 대학별 '대학입학전형 관리위원회' 심의를 거쳐 판단할 수 있다.

**Q :** 소송 제기 및 집행정지 등으로 학교폭력 조치사항이 학생부에 기재되어 있지 않은 경우는 대입에 반영해야 하나?
**A:** 가해 학생 조치사항은 조치 결정 통보 즉시 학생부에 기재하고 있으므로, 대입전형 자료로 접수한 학생부로 대부분 확인 가능하다. 만약 소송 등으로 인해 학생부에 기재된 내용이 대입전형 종료 후 변동되었다면, 그 내용을 반드시 대입전형 결과에 소급 적용해야 한다고 볼 수는 없다. 다만, 대학의 재량에 따라 사안별 적용 여부를 결정할 수 있다.

## 학군지

학원가가 밀집하고 교육열이 높은 초·중·고가 위치한 지역을 '학군

지'라고 한다. 요즘은 학군지라는 것이 학원이 많고 교육열이 높은 곳만을 뜻하는 게 아니고 치안도 좋고 유해시설도 적어서 아이들을 안심하고 키우면서 교육하기 좋은 지역을 말한다.

· 이만기 소장의 틈새 컨설팅 ·

### 탈대치를 고민하는가

학군지는 내신이 불리하다는 것이 중론이다. 그래서 많은 학부형들이 뛰어난 인프라에도 불구하고 학군지 탈출을 고민하기도 한다. 그러나 앞으로 정시모집이 현재보다 확대될 경우 학군지의 강점이 두드러질 가능성이 크다.

## 학년도

'학년도'를 '년도'와 같은 뜻으로 오해하는 경우가 많지만, 중요한 차이가 있다. '학년도'는 한 학년의 학습 기간을 뜻한다. 우리나라는 3월 1일을 기점으로 새 학년이 시작되어 이듬해 2월 말일까지 지속되므로, 예를 들어 '2024학년도'라 하면 2024년 3월 1일부터 2025년 2월 28일까지를 가리킨다.

2024년 수능은 말 그대로 2024년에 치르는 수능을 뜻하지만, 언론에서 흔히 사용하는'2024학년도 대학수학능력시험'이라 하면 '2024학년도에 입학하게 될 수험생들이 치르는 수능'이라는 뜻이므로 2023년 11월에 치르는 수능을 가리킨다.

## 학년별 반영비율

학년별 반영비율이란 학생부 성적 산출 과정에서 1, 2, 3학년 성적을 각각 어떤 비율로 반영하느냐를 나타내는 것이다. 보통 1, 2, 3학년 성적을 모두 반영하는 대학이 많지만 대학에 따라 특정 학년의 성적만을 반영할 수도 있다. 수시모집의 경우, 3학년 1학기까지의 성적만을 반영한다.

과거에는 1학년, 2학년, 3학년의 비율이 20 : 40 : 40 등의 비율로 올라갈수록 커지는 경우도 있었지만 지금은 모든 학년을 동일하게 적용하는 경향을 보인다. 2015 개정 교육과정에서는 3학년 때 배우는 진로선택과목이 절대평가로 표시되기 때문에 오히려 1, 2학년의 성적 비중이 더 커지기도 한다.

## 학사구조

1 국내 대학의 학사구조는 크게 학부제와 학과제로 나뉘는데, 유사 계열의 학과를 합친 것을 학부라 할 수 있다. 국어국문학과 · 영어영문학과 · 사학과 · 철학과 등을 인문학부로, 화학과 · 생물학과 · 물리

학과 등을 자연과학부로, 사회학과·정치외교학과 등을 사회과학부로 묶어서 통합한다.

일반적으로 학부제는 학생들이 자유로운 형태로 학문을 이수하도록 하고 직업 준비보다는 비판적 사유와 세계에 대한 풍부한 해석을 기르도록 하는 교육을 지향한다. 학생들은 전공 없이 입학하고 일정 기간 여러 가지 다양한 학문 영역 교과목을 이수하고서 2학년 정도에 원하는 전공을 택한다.

② 자유전공학부(자율전공학부)는 한층 더 확장된 형태의 학부제라 할 수 있다. 대표적인 것이 서울대 자유전공학부다. 글쓰기 등 필수 교양 규정을 충족하면 학점에 상관없이 전공을 선택할 수 있다(의대, 수의대, 간호대, 사범대는 제외). 일례로 인문계 출신 학생도 수학 기초과목을 이수하면 자연계 출신 학생과 똑같이 이과 전공을 선택할 수 있다. 교과과정을 학생이 직접 만드는 학생설계전공 제도도 운영하고 있다.

자유전공학부와 관련하여 2023년 교육당국은 모든 대학의 신입생 정원 30%를 무無전공으로 뽑는 방안을 추진하겠다고 밝혔다. 학생의 전공 선택 자율권을 넓히고, 다양한 학문을 연계한 융합형 인재를 길러내겠다는 취지다.

③ 학부제에 비해 학과제는 학사과정의 목적이 특정 학문 영역의 심도 깊은 이해와 직업 준비 교육에 있다고 본다. 따라서 학과제가 선호하는 것은 학과 단위의 선발이며 교수와 학생이 대부분 특정 학문 단위의 학과에 소속된다.

## 학생부

학생부란 '학교생활기록부'의 줄임말로 '생기부'라고도 한다, 학생의 기본 인적사항과 성적, 특별활동, 출결상황, 행동특성 등 학생의 학교생활 전반에 대한 기록부를 말한다.

초기에는'종합생활기록부'라는 이름으로 불렸으나 약칭인 '종생부'의 어감이 좋지 않다는 이유로 바뀌었다. 학교생활기록부 I과 학교생활기록부 II로 나누어지는데 I은 개인정보 보호를 위해 노출되는 정보를 최소화한 것이고 II는 세부적인 사항까지 보여주는 것이다.

내용적으로는 교과와 비교과로 구분할 수 있으며, 교과는 고등학교 시절 시험 성적을 의미하고 비교과는 출결 및 봉사, 창의적 체험활동, 수상 경력 등 시험 성적을 제외한 그 외 활동 영역을 의미한다.

학교생활기록부는 「초·중등교육법」 제25조(학교생활기록)에서 다음과 같이 규정하고 있다.

① 학교의 장은 학생의 학업성취도와 인성 등을 종합적으로 관찰·평가하여 학생지도 및 상급학교의 학생 선발에 활용할 수 있는 다음 각 호의 자료를 교육부령으로 정하는 기준에 따라 작성·관리하여야 한다.

1. 인적사항
2. 학적사항
3. 출결상황
4. 자격증 및 인증 취득상황
5. 교과학습 발달상황
6. 행동특성 및 종합의견
7. 그 밖에 교육목적에 필요한 범위에서 교육부령으로 정하는 사항

② 학교의 장은 제1항에 따른 자료를 제30조의4에 따른 교육정보시스템으로 작성·관리하여야 한다.
③ 학교의 장은 소속 학교의 학생이 전출하면 제1항에 따른 자료를 그 학생이 전입한 학교의 장에게 넘겨주어야 한다.

· 이만기 소장의 틈새 컨설팅 ·

## 서울대학교가 말하는 2024학년도 학생부종합전형 Q&A

서울대학교가 말하는 '2024 학생부종합전형'에 대한 주요 내용을 아래에 소개한다.[12]

**Q :** 2024학년도부터 학생부에서 빠지는 내용도 많고, 자기소개서도 없어짐에 따라 평가할 수 있는 항목 자체가 줄어들었다. 일각에서는 '결국 내신 등급으로 결정되는 것 아니냐'라는 견해도 있는데, 평가 방법이나 요소에 어떤 변화가 있나?
**A :** 특정 평가 요소의 비중을 높이거나 낮추는 식의 논의는 하지 않을 것이다. 정성적 종합평가이기 때문에 평가 요소에서 딱히 큰 변화는 없을 것이며, 학생부에 남아 있는 요소들을 토대로 평가할 예정이다.

**Q :** 학업역량과 관련하여 등급 이외에 일반선택과목의 성취도가 어느 정도 중요성을 가지는지 궁금하다.
**A :** 일반선택과목에서 성취도 A, B, C, D, E를 보지는 않는다. 진로선택과목

12 경기도교육청, 〈2024학년도 학생부종합 전형 전략〉(서덕원 교사 강의 PT 자료에서)

의 경우 A 비율이 높은 경우라면 변별력이 없지는 않겠지만, 그 실적 자체를 중요하게 평가하지는 않는다 예를 들어「물리학Ⅱ」가 A라면「물리학Ⅰ」은 어땠는지를 연결해서 보고 있다.

**Q :** 학교생활기록부 내용 중 독서에 대한 반영은 어떻게 하고 있는지? 어떤 의미를 가지고 평가하는지, 그리고 그 비중은?

**A :** 올해의 서류 중 독서를 판단할 수 있는 부분은 없다. 그러나 남아 있는 영역들 중에서 파악하고자 한다. 학습에 있어서 독서의 소양을 갖추는 게 필요하다. 학생부 기재 요령에 보면 독서한 내용을 기록하는 방법이 있으며 이를 잘 녹여내는 것이 중요하다. 이렇게 말하면, 모든 과목 세트에서 독서를 강조할까 봐 조심스러우며 그럴 필요도 없다.

다만 서울대는 여전히 독서 능력을 중요하게 생각한다. 인문사회계열의 면접 및 구술고사에서 대답을 잘하는 학생들이나 대학에서 실제로 공부를 잘하는 학생들도 독서 능력이 있는 학생이라고 판단한다.

**Q :** 성취 수준을 벗어난, 대학교육 과정까지 포함하는 깊이 있는 학습에 대해서는 어떻게 평가하는가?

**A :** 세특은 그 수업을 진행하며 학생을 관찰한 교사의 종합적인 평가이기 때문에, 학생의 성취 수준보다는 학생의 적극적이고 주도적인 태도가 더 중요하다. 실제로 학생부 기재 요령에서 벗어난 내용은 서류 평가에 반영하지 않는다.

**Q :** 정시에서는 학생부 교과발달상황만 보는 것으로 알려져 있다. 최근 기사에서는 정시에 학폭 관련 사항을 반영한다고 하는데, 학폭은 보통 출결이나

행특에 기재된다. 그렇다면 학폭 관련 사항을 어떻게 확인할 수 있는가?

A : 학내·외 징계 여부를 다양한 형태로 파악하기 위해 노력하고 있다. 원래부터 정시전형에서 학생부 징계 여부 파악을 위해 학생부 전체를 보는 팀이 따로 있다. 혹시라도 놓칠까 봐 키워드 검색 및 여러 번의 검토를 거친다.

## 학생부교과전형

1 학생부교과전형은 학생부 교과 성적을 중심으로 평가하는 전형으로, 대입전형 중 모집 인원 규모가 가장 큰 전형이다. 대부분의 대학에서는 학생부 교과 100, 학생부 교과+면접, 학생부 교과+서류(비교과) 등의 전형 요소를 활용하여 일괄 또는 단계별 전형을 실시한다. 학생부 교과 성적은 대학별로 학생부 반영 교과목 수, 학년별 반영비율, 교과 성적 산출지표, 이수단위 반영 여부 등을 각각 다르게 산출한다.

2 학생부교과전형은 비교적 명확하게 지원 대학의 합격 여부를 가늠할 수 있다. 학생부종합전형에는 서류와 면접 등의 정성적인 평가 요소가 포함되고, 논술전형은 먼저 지원한 뒤에 수능 전후로 시험을 치르기 때문에 합격 여부를 장담하기 어렵다. 그에 비해 학생부교과전형은 이미 결정된 교과 성적이 주요 전형 요소이기 때문에, 전년도 합격생의 학생부 성적과 비교하여 합격 여부를 가늠하기 쉬우며 그에 따라 대학 및 학과별 서열에 따른 지원 여부를 비교적 명확하게

결정할 수 있다. 따라서 수험생들이 학생부종합전형은 '상향 지원', 교과전형은 '안정 지원' 카드로 쓰는 경우가 많다.

교과전형은 타 전형에 비해 경쟁률이 낮고 합격선은 높으며, 중복 합격자가 많은 경향이 있다. 따라서 신중한 지원이 필요하며, 무엇보다 대학별 수능 최저학력기준을 충족하지 못하면 합격할 수 없으므로 유의해야 한다.

· 이만기 소장의 틈새 컨설팅 ·

## 학생부교과전형에서의 유의점

학생부교과전형은 주로 중·상위권 이하 대학 및 지방 대학에서 선발 비중이 높은 편이다. 대부분의 대학에서 학생부 교과 성적만을 반영하여 선발하며, 비교과 영역을 반영하더라도 대부분 출결 및 봉사활동 내역만을 반영하기 때문에 변별력은 크지 않았다. 간혹 전형 요소로 서류 및 면접을 활용하는 대학이 있지만 학생부에 기재된 내용의 사실 여부를 확인하는 수준이므로 큰 부담은 없는 편이었다. 하지만 최근에는 교과전형에서도 서류를 반영하는 대학들이 점차 늘면서 비교과의 위력이 다시 높아진 대학도 있다. 절대적인 평가 기준이 교과 성적이기 때문에 내신 성적에서 상대적으로 유리한 일반고나 지방고 수험생에게 유리한 전형이다.

지원 대학의 학생부 반영 방법을 철저히 분석하여 본인에게 유리한 반영 방법을 찾는 것이 가장 중요하다. 인문계열은 국어/영어/수학/사회, 자연계열은 국어/영어/수학/과학 교과 등 계열별로 주요 교과를 지정하여 반영하는 경우가 일반적이나, 교과별로 가중치를 두어 반영하는 대학도 있으므로 본인의 학생부 성적을 분석하여 대학별로 유불리를 따져보아야 한다.

학생부교과전형에서 가장 영향력이 큰 것은 역시 교과 성적이지만, 최종적으로 합불을 결정짓는 것은 수능 최저학력기준이다. 학생부교과전형에 지원하는 수험생들은 꾸준히 최상위권의 내신 성적을 유지해온 경우가 많지만 의외로 많은 경우에 마지막 수능 최저학력기준의 벽을 넘지 못하고 합격의 문턱에서 탈락한다. 따라서, 교과전형에 지원하기 전에 가장 먼저 고려해야 할 첫 번째 조건은 수능 최저를 충족할 수 있는가 하는 것이다.

다음은 수시모집 교과전형에 지원할 때 점검해야 하는 사항이다.

- **전형 방법 차이 :** 일괄합산 전형인가 단계별 전형인가? 면접은 포함되는가?
- **추천 여부 확인 :** 수도권 소재 대학의 경우, 학교장추천전형을 운영한다. 이때 학교마다 추천 인원을 제한하는 경우가 있으니 확인해야 한다.
- **수능 최저 충족 여부 :** 모집단위 또는 계열에 따라 수능 최저기준을 충족할 수 있는지 확인해야 한다. 자연계열이나 특정 학과의 경우 수학이나 탐구영역으로 수능 응시 과목을 지정하는 경우가 있으니 유의해야 한다. 또 탐구영역의 반영 과목 수가 1개인지 2개인지, 2개라면 평균값을 적용하는지를 알아보고 각 영역의 성적을 확인한다.
- **교과 성적 반영 방식 차이 :** 반영 교과에 해당하는 전 과목의 성적을 보는 것이 일반적이다. 하지만 일부 대학의 경우 반영 교과별로 성적이 좋은 순서대로 3과목을 반영하거나, 교과와 관계없이 성적이 좋은 10과목을 반영

하기도 한다. 석차 등급이 산출되지 않는 진로선택과목의 성적 반영 방법도 확인해야 한다. 대부분의 대학은 성취도에 따라 점수를 부여하지만, 일부 대학의 경우 상당히 복잡한 방법으로 진로선택과목에 점수를 부여하기도 한다.

## 학생부 미보유자 대체서식

학생부가 없는 수험생이 대학에 제출하는 서류. 검정고시 출신자와 국외 고교 졸업(예정)자(교육부가 인가한 재외 한국학교 제외)만 작성하여 제출한다. 해당 서류는 중요한 전형자료이므로, 반드시 사실에 기초하여 본인이 작성하여야 하고 기술된 사항에 대한 사실 확인을 요청할 경우 지원자는 적극 협조해 한다. 허위 사실 기재, 기타 부정한 사실 등이 발견될 경우 불합격 처리되며 합격 이후라도 입학이 취소될 수 있다. 더불어 공인 어학성적 및 수학·과학·외국어 교과에 대한 교외 수상 실적을 기재할 경우 서류평가에서 불이익을 받을 수 있다.

☞ 검정고시, 해외고 전형

· 이만기 소장의 틈새 컨설팅 ·

### 학교 밖 청소년의 대입

퇴학, 자퇴, 유예, 미취학, 미진학의 사유로 정규 교육과정을 마치지 않은 청소년을 '학교 밖 청소년'이라고 한다. 학교 밖 청소년이 대학에 가려면 반드시 검정고시를 봐야 한다. 전국 모든 대학이 한 개 이상의 전형에서 검정고시 출신자에게 지원 자격을 준다. 수능만으로 전형을 치르는 정시모집은 물론이고 수시모집에도 지원할 수 있다. 다만 학교생활기록부가 없기 때문에 희망 대학 모집요강을 잘 살펴봐야 한다. 모집요강에 다음 문구들이 있는지 자세히 읽어보자.

40~50쪽에 달하는 모집요강에 '고등학교 졸업 학력 검정고시 합격자', '검정고시 출신자', '고등학교 졸업 또는 법령에 의하여 이와 동등 이상의 학력 인정을 취득한 자'라는 문구가 있다면 학교 밖 청소년이 지원할 수 있다는 뜻이다. 검정고시 점수로 수시 지원이 가능하며, 검정고시 점수를 내신 점수로 환산해 수시모집 원서를 쓸 수 있다. 학교 밖 청소년은 학생부가 없기 때문에 '비교내신'을 활용하게 된다. 비교내신은 대학 자체 기준으로 검정고시 성적을 내신 점수로 환산한 것을 말한다. 검정고시는 내신 시험에 비해 쉽지만 만점을 받아도 내신 2등급 후반대에 해당하는 점수를 얻기 때문에 높은 등급을 요구하는 대학이나 학과에는 지원하기 어렵다.

학생부가 없는 학교 밖 청소년을 위해 대부분의 대학은 정성평가에 필요한 '학교생활기록부 미보유자 대체서식'을 누리집 대학별 입학자료실에 올려둔다. 학업, 봉사, 동아리, 독서활동 목록, 자신에게 영향을 준 내용, 활동 기관 등의 항목으로 구성돼 있다. 누리집에서 확인이 어렵다면 입학처에 문의해야 한다.[13]

---

13 〈학교 밖 청소년이 대학 문 여는 법은?〉, 〈한겨레신문〉(2021년 12월 20일)

## 학생부 실질반영비율

학생부 실질반영비율이란 실제적으로 학생부가 전형 총점에 미치는 비율을 말한다. 학생부 실질반영비율은 대학마다 차이가 있으며, 이것이 높을수록 학생부 성적이 합격에 미치는 영향이 크다고 생각하면 된다.

예를 들어 전형방법이 '학생부50% + 수능50%'이고 전형 총점이 800점인 대학에서 학생부 최고점이 400점이고 최저점이 320점이라고 하면, 이 대학에서 학생부가 실제적으로 전형 총점에 미치는 영향은 80점(400점~320점)이고, 실질 반영비율은 10%(80/800)이다. 2028학년도 입시부터 내신의 비중이 큰 대학들에게 특히 중시될 개념이다.

## 학생부위주전형

학생부위주전형은 학생부를 주된 전형 요소로 반영하는 전형 유형으로, 학생부교과전형과 학생부종합전형으로 나뉜다. 교과전형은 학생부 교과 성적을 중심으로 평가하는 전형이며 종합전형은 입학사정관 등이 참여하여 학생부 비교과를 중심으로 교과와 면접 등을 통해 학생을 종합 평가하는 전형이다.

## 학생부종합전형(학종)

1 학생부종합전형은 입학사정관 등이 참여하여 학생부를 중심으로 면접 등을 통해 학생을 종합 평가하는 전형이다. 수도권 지역 중·상위권 대학에서 가장 많은 인원을 선발하는 전형이기도 하다. 서류와 면접을 통해 일괄 선발하는 대학도 있지만 대부분의 대학에서 단계별 전형을 실시한다.

1단계에서 서류 평가를 실시하여 일정 배수를 선발한 후, 2단계에서 1단계 성적과 면접 점수를 합산하는 형태가 일반적이다. 일부 대학은 2단계에서 면접 평가 100%를 반영하여 최종 선발하기도 한다. 2단계 면접에서는 서류의 진위 확인 및 전공 소양, 인성 등을 평가하는데, 주로 학교생활과 관련된 학생부(교과 성적, 비교과 활동 등)를 평가한다. 공인 어학성적이나 수학, 과학, 외국어 등의 교외 수상 실적은 반영하지 않는다.

2 학생부는 고등학교 3년 동안 학생이 어떻게 생활했는지 보여줄 수 있는 공식적인 자료이므로 교과 성적뿐 아니라 '창의적 체험활동(자율활동, 봉사활동, 동아리활동, 진로활동)', '세부능력 및 특기사항', '행동특성 및 종합의견' 등 학생부에 기재된 필요 항목을 통해 기초 학업역량이나 진로역량, 공동체역량 등을 종합적으로 평가한다.

☞ 단계별 전형, 창의적 체험활동, 과목별 세부능력 및 특기사항, 개인별 세부능력 및 특기사항

## 비교과를 꾸준히 준비했다면, 학생부종합전형!

특히 상위권 대학일수록 종합적으로 수험생을 평가하는 대학이 많아 학생부종합전형이 차지하는 비중이 높다. 학생부종합전형의 경우 교과전형과 달리 대부분의 대학에서 수능 최저학력기준을 반영하지 않지만, 일부 상위권 대학들은 수능 최저를 적용한다. 2024학년도 인서울 및 수도권 대학 가운데 학생부종합전형에서 수능 최저를 적용하는 대학은 서울대, 연세대, 고려대를 포함해 10곳이다. 가천대, 가톨릭대, 동덕여대, 삼육대, 아주대는 의약계열 일부 모집단위에 한해서 수능 최저를 적용하며, 그 외 일반 학과에는 적용하지 않는다.

학생부종합전형의 가장 중요한 전형 요소는 과거에는 서류였으나 지금은 서류 중에서도 교과의 위력이 상당하다. 교과 성적을 반영할 때는 성적 변화 추이나 전문교과 이수 여부 등 지원한 학과 특성을 고려하여 종합적으로 평가한다. 서류 평가가 큰 비중을 차지하는 만큼 지원 분야에 대한 열정과 적성, 특기 등이 잘 드러나도록 준비해야 한다. 전형 방법이 같더라도 대학별로 요구하는 평가 기준이 다르므로 서류 평가 요소, 면접 방법 등의 면밀한 분석이 필요하다.

일반적으로 학생부 교과 영역에서는 전공적성 및 기초학업능력 등을 평가하고, 비교과 영역에서는 교과 이외의 잠재 능력 및 발전 가능성, 진로역량 등을 평가한다. 학생들이 자신의 특기, 적성을 계발하기 위해 어떠한 활동을 해왔으며 어떠한 성과가 있었는지를 평가하므로 지원 학과 특성과 본인의 장래 목표 등을 연결 지어 자율활동, 동아리활동, 진로활동, 체험활동 등을 일관성 있게 준비해온 학생들의 합격 가능성이 높다.
자신이 하고 싶은 일이 무엇인지, 어떤 분야에 관심을 가지고 있으며 잘할 수 있는 것이 무엇인지 진로에 대해 진지하게 고민하고 꾸준히 관심 분야에 열정을 쏟은 학생이라면 좋은 평가를 받을 수 있을 것이다.
면접은 보통 제출 서류를 바탕으로 2~3인의 면접위원이 서류의 검증과 전공적합성(진로역량), 발전가능성, 인성(공동체역량) 등에 대해 면접을 실시한다. 대학에 따라 발표면접, 심층면접, 인터뷰 및 토론평가, 1박 2일 합숙면접 등 다양한 형태의 면접이 실시되므로 지원 대학의 면접 방법에 맞추어 충분한 준비를 해야 한다. 또한 대학마다 중점을 두는 가치가 다르므로 대학 홈페이지 등에서 대학의 건학 이념과 인재상 등의 특성도 살펴보아야 한다.

## 학생설계전공

1 학생설계전공은 해당 대학의 재학생이 2개 이상의 교육과정을 융합해 관심 분야에 맞는 전공을 직접 설계하여 이수하는 것이다. 예를 들어, 경영학과 학생이 IT 분야를 융합해 설계한 '데이터융합경영'을 설계할 수 있다. 학생설계(융합)전공, 자기설계(융합)전공, 학생자율설계전공, 자율설계융합전공 등으로도 부른다. 졸업 이수 학점

충족 시, 복수전공으로 인정된다.

2 자유전공과는 전혀 다른 제도인데, 자유전공은 학교에 있는 전공 중 하나를 선택하는 것이지만, 학생설계전공은 학교에 없는 전공을 직접 만드는 것이다. 단, 서울대학교처럼 자유전공학부에서 학생설계전공을 주전공(제1전공)으로 신청할 수 있는 경우도 있다.

**고등교육법 시행령**

제19조(학생의 전공이수등) ①대학의 학생은 다음 각 호의 어느 하나에 해당하는 전공 중 하나 또는 둘 이상의 전공을 학칙으로 정하는 바에 따라 선택하여 이수한다.

1. 학과 또는 학부가 제공하는 전공
2. 둘 이상의 학과, 둘 이상의 학부 또는 학과와 학부가 연계·융합하여 제공하는 전공
3. 대학이 제13조제1항에 따른 교육과정 공동운영을 통하여 국내대학 또는 외국대학과 연계·융합하여 제공하는 전공
4. 학생이 교육과정을 구성하여 대학의 인정을 받은 전공

②대학의 장은 학생이 제1항의 규정에 의한 전공을 이수할 수 있도록 학칙으로 전공 인정을 위한 최소학점을 정할 수 있다.

## 학종 파이터

정시 지원이 어렵다고 판단해서 교과와 비교과 등에 집중하여 수시 학생부종합전형으로만 승부를 걸고자 하는 수험생을 가리킨다.

## 학평

교육청에서 실시하는 전국연합학력평가를 가리킨다. 전국연합학력평가는 수험생들의 현재 학력 수준을 측정하기 위해 고등학교 3학년의 경우 3, 4, 7, 10월에 대학수학능력시험의 모의고사 형식으로 시험을 실시한다.

☞ 모의고사, 모평

· 이만기 소장의 틈새 컨설팅 ·

### 3월 학평의 활용과 의미

고3 수험생들에게 3월 학평은 특히 의미가 있다. 3월 학평은 전년도 수능 이후 처음 실시되는 전국 단위 시험으로, 이 시험을 통해 전국에서 본인의 위치를 가늠하고 시험 결과에 따라 향후 학습 계획을 수립하는 중요한 자료로 삼게 된다. 목표 대학을 점검하고 수시와 정시, 학생부위주 전형과 논술전형 등 자신의 진학 유형을 진지하게 고민해야 한다. 모의고사 준비에 별도의 시간을 두고 매달릴 필요는 없으나 소홀히 하는 것도 금물이다.

다음은 3월 학평을 통해 점검해야 할 사항들을 정리한 것이다.

1. 고3이 되고 첫 시험이다. 현재 위치를 진단하되, 재수생이 포함되었을 때의 변수를 감안해야 한다. 재수생이 합류하는 6월 모의평가에서는 다소 성적이 낮아질 수 있음을 예상해야 한다.

2. 시험을 통해 취약점을 분석하여, 보완 계획을 짜고 실천해야 한다. 만약 취약한 과목, 취약한 단원이 있다면 향후 학습 계획에 반영하고 실천하자.
3. 3월 학평으로 섣부른 수능 난이도 예측은 금물이다. 기본기에 충실한 학습을 해야 한다. 2015 개정 교육과정이 적용되는 2027학년도 입시까지는 국어와 수학 영역이 선택과목제로 치러지는데, 특히 이 두 과목은 난이도 예측이 불가능하다. 그러므로 난이도에 대한 과도한 관심보다는 기본 학습에 충실한 것이 좋다.
4. 오답노트의 중요성을 새겨야 한다. 오답노트의 출발은 첫 모의고사이다. 시작이 반인 것처럼 첫 모의고사의 오답노트를 성공적으로 실행하면, 실전 수능까지 착실하게 작성할 수 있다. 마지막에는 자신의 가장 강력한 무기가 될 것이다.
5. 과목별로 학습계획을 세워 실천하자. 국어는 배경지식의 습득과 함께 본문의 독해력을 키우는 데에 주력해야 한다. 수학은 취약 단원이나 유형을 집중적으로 공부한다. 문제를 풀 때는 놓친 개념이 없는지 확인하자. 영어는 3월부터 많은 문제를 풀기보다는 기출문제를 이용하여 난도 높은 유형의 오답을 확인하고 같은 실수를 반복하지 않도록 훈련하는 것이 좋다. 탐구는 EBS 수능교재에 나와 있는 기본 원리뿐 아니라 그림, 사진, 도표 등 자료 또한 유사하게 출제될 가능성이 높으므로 꼼꼼히 챙겨 보아야 한다.

## 학평 성적 항목

전국연합학력평가 성적표에는 여러 가지 정보가 들어 있다. 각각의

항목에 대하여 설명하면 다음과 같다.

【원점수】 수험생이 정답을 맞힌 문항의 배점을 합한 점수

【표준점수】 영역/선택과목별로 난이도가 다르고 응시 집단의 규모와 성격이 다르기 때문에 원점수로는 점수의 우열을 단순히 비교할 수 없다. 이 문제를 해소하기 위해, 새로운 점수로 변환한 것을 표준점수라 한다. 해당 영역/선택과목에 응시한 수험생이 얻은 원점수로부터 그 영역/선택과목의 평균과 표준편차를 구하고, 평균과 수험생 개인의 점수와의 차이를 표준편차를 단위로 하여 변환한 것이다.

【학급석차와 학교석차】 학급과 학교 내에서의 영역별 석차와 응시생 수를 나타낸 것.

【백분위】 수능에서는 전국 백분위만 소수 첫째 자리에서 반올림한 정수로 제공되지만 전국연합학력평가에서는 전국 응시 집단에서의 백분위를 소수 둘째 자리까지 제공하기 때문에 수험생의 성취 수준을 보다 상세하게 알 수 있다.

【등급】 영역별로 산출된 표준점수에 따라 9등급으로 구분하여 부여한다. 전체 9등급 중, 상위 4%에 해당하는 수험생에게는 1등급을 부여하고, 상위 11%까지 중 1등급을 제외한 수험생에게는 2등급을 부여하여 순차적으로 9등급까지의 등급을 부여한다. 이때, 등급의 경계선에 있는 동점자는 상위 등급으로 처리한다.

【응시자 수】 해당 영역의 전국 응시자 수를 나타낸다.

【표준점수에 의한 해당 등급 전국 인원수】 각 등급에 해당하는 전국

의 인원수를 나타낸 것이고, 아랫줄 괄호 안의 숫자는 해당 영역의 전국 응시 인원에 대한 해당 등급 인원의 비율을 뜻한다.

【세부평가 영역별 득점, 전국평균】 각 영역별로 세부평가 영역을 구분하여 배점과 수험생의 원점수 득점, 전국 평균을 나타낸다. 전국 평균과 자신의 득점을 비교하여 부족한 세부 영역을 쉽게 확인할 수 있다.

【보충학습이 필요한 문항 번호】 비교적 정답률이 높은 문항인데도 수험생이 틀린 것으로, 상대적으로 다른 학생들보다 성취도가 뒤진 문항을 뜻한다.

【기타 참고자료】 몇 개 영역들을 조합하여 표준점수의 합에 의한 전국에서의 백분위를 소수 둘째 자리까지 산출하여 제시한 것이다. 이를 통하여 수험생은 지망하고자 하는 대학에서 반영하는 영역에서 자신의 위치를 알 수 있다.

【채점표】 영역별 문항별로 수험생이 표기한 답, 정답, 채점 결과, 정답률을 나타낸다. 정답률이 E인 문항이 가장 어려운 문항이고, 정답률이 A인 문항이 가장 쉬운 문항이다.

## 한국교육과정평가원(평가원)

고등학교 이하 각급 학교의 교육과정과 교육평가를 연구 · 개발하고 시행함으로써, 국가 교육 발전에 기여하는 것을 목적으로 하는

기관이다. 대학수학능력시험과 수능 모의평가를 출제하는 곳이기도 하다. 교과평, 교평원이라고 부르기도 한다. 영문 표기는 Korea Institute of Curriculum & Evaluation이며 약칭은 KICE이다.

· 이만기 소장의 틈새 컨설팅 ·

## 수능, 10일 앞으로!

수능이 코앞으로 다가온 시점에서는, 지금까지 갈고닦은 실력을 실전에서 100% 발휘하기 위해 마지막 점검과 컨디션 관리에 집중해야 한다.

**1. 똑똑한 '선택과 집중 전략'을 발휘하라.**

이때부터는 누구나 선택과 집중이 중요하다. 예를 들어, 평소 공부했던 지문 중에서 출제 가능한 지문을 선별하고 집중적으로 공략해야 한다. 변형 가능 유형은 무엇이며, 정답을 고를 때 주의해야 할 점은 무엇인지를 꼼꼼히 머릿속에 정리해보자. 지금껏 암기했던 어휘와 문법 등도 재점검해야 한다. 또한, 지난 시험에서 틀렸던 문제를 다시 한번 해석해보면서 구문 파악 능력을 키운다. 취약한 유형은 과감히 배제하고 자신 있는 유형에 집중하는 것도 좋다.

**2.본인의 실수 유형을 파악하고, 실수에 철저히 대비하자.**

모의고사와 달리 실전 수능에서 작은 실수란 없다. 정시에서는 한두 문제로 당락이 바뀔 수 있기 때문에 실수는 매우 치명적이다. 실전에서 실수하지 않기 위해서는 지금까지 자신이 겪었던 실수를 반복하지 않는 것이 중요하다.

우선 본인의 실수 유형을 파악하자. 문제 풀이 시간 안배에서 그동안 실수가 잦았다면, 모의고사를 통해 문제의 난이도에 따라 시간을 분배하는 연습을 반복하자. 시간이 많이 소요되거나 어려운 문제는 일단 뒤로 넘기는 융통성도 발휘할 줄 알아야 한다.

수학의 경우, 쉬운 문항이라도 최종 검산을 통해 어이없는 실수를 하지 말아야 한다. 영어의 경우도 듣기평가 시, 순간 잡념 때문에 문제를 놓치는 경우가 더러 있다. 잡념에 흔들리지 않고 집중하는 훈련을 남은 기간 꾸준히 하자. 비록 짧은 시간이지만, 시험 문제 한 글자 한 글자 주의 깊게 읽는 습관을 들여야 한다.

**3.중위권 이하 수험생이라면 EBS 교재를 마지막으로 훑어보자.**

시간은 짧지만 공부해야 할 분량이 많은 중위권 이하 수험생이라면, 마지막 남은 기간은 EBS 교재를 중심으로 공부해야 한다. 이미 풀어보았다고 소홀히 하지 말고 마지막으로 다시 한번 주의 깊게 훑어보자. 최근 수능에서는 EBS 교재에 실린 자료를 그대로 사용하거나 약간 변형한 자료를 활용한 문항이 많이 출제되고 있으므로 교재에 실린 자료들을 눈에 익혀둘 필요가 있다. EBS 연계 교재와 기출문제를 반복적으로 보면서 문제 해결 방법을 숙지하고 연습하도록 하자.

중·하위권 수험생의 경우, 같은 등급이라도 상위권과 하위권의 표준점수에서 차이가 크게 나기 때문에 한 문제라도 더 맞히려는 노력을 멈추지 말아야 한다. 시간이 많이 부족한 학생이라면 남은 기간에 모든 문제를 다 풀기보다, 제대로 풀어 정답률을 높이도록 하자.

**4.남은 기간, 학습 시간을 수능 당일 일정에 맞춰나가자.**

수능 당일 일정에 맞추어 하루 일과를 시작하는 습관을 들여야 한다. 기상 시간은 수능 1교시 시작 시간보다 2시간 빠른 6시 정도가 적당하다. 사람의 뇌는 잠에서 깨어난 직후보다는 2시간 이후가 가장 활발하게 기능하기 때문이다. 일찍 일어나기 위해서는 취침 시간도 10시 전후로 하는 것이 좋다. 저녁 학습보다는 오전에 집중력을 높이는 학습을 통해, 수능 당일에 최대한 집중력을 높일 수 있도록 하자.

## 한국대학교육협의회(대교협)

대학 교육과 운영에 대해 연구하고 이를 바탕으로 대학을 지원하는 사단법인이다. 대교협이라는 약칭으로 흔히 불린다.

전국 4년제 대학의 학사, 재정, 시설 등 주요 사안에 대해 의견을 모아 정부에 건의하고 정책에 반영할 것을 제안한다. 그 외에 대학입학전형 기본사항을 수립하고 대학평가 관련 업무를 수행한다. 대학입학전형의 기본 방향과 원칙, 모집시기 구분, 전형 일정, 지원, 합격자 발표, 등록 및 충원, 전형 요소(학생부, 수능, 대학별고사 등), 유형별(일반전형, 특별전형) 시행 절차, 대학별 입학전형 결과의 제출 등을 담당한다. 비슷한 기관으로 한국전문대학교육협의회가 있다.

## 한국 수능으로 미국 대학 가기

미국 대학에서 한국 수능을 토대로 신입생을 선발하는 일. 일반적으로 한국에서 미국 대학으로 유학을 가려면 각종 비영리 단체에서 실시하는 표준화 시험standardized test들, 즉 미국식 수능인 SATScholastic Aptitude Test나 ACTAmerican College Testing 등을 보아야 했지만 지금은 미국 대학들 중 일부가 한국의 수능시험 성적으로 SAT 등을 대체하고 있어 한국 수능으로 미국 대학을 가는 것이 가능해졌다. 우리나라 수능 영어 성적으로 토플TOEFL 등 공인 영어시험을 대체하기도 한다. 이제 수능은 국내 대학교 입학만을 위한 시험이 아니라 해외에서도 신입생 선발에 사용되는 평가도구로 인정을 받고 있다. 현재 해외 대학들 중 한국 수능을 입학전형 도구로 사용하는 곳은 약 100여 곳에 이른다.

## 합격자 발표

대학은 대학 홈페이지 게시, 전화, 문자 등의 방법으로 최초합격자 및 충원합격자를 발표한다. 홈페이지 게시를 통해 합격자 발표를 하

는 경우에는, 수험생이 합격 여부를 조회해야 한다는 사항을 모집요강에 안내해야 한다.
합격자 발표의 과정은 다음과 같다.

① 대학은 각 모집시기별로 모집요강에 기재된 기간과 인원수를 준수하여 합격자를 발표한다.
② 지원자 전원 또는 예비 합격후보자의 순위 명단은 최초합격자 발표 시 일괄 발표하거나 개별 통보하는 방식을 선택한다.
③ 홈페이지 게시를 통해 일괄 발표하거나 개인별 열람이 불가능할 경우, 학생과 학부모에게 충분히 이해시켜 오해가 발생하지 않도록 한다.
④ 충원 대상이 되는 예비합격 후보자에게 전화로 통보하는 경우에는 연락 사실을 입증할 수 있는 근거(전화 녹취 등)를 확보한다.
⑤ 개별 통보의 경우 대학의 노력에도 불구하고 연락이 되지 않는 수험생(예를 들어 3회 통화 시까지 연락이 안 되는 자 등)에 대한 처리 방침을 사전에 공지함으로써 향후 발생 가능한 분쟁에 대비한다.
⑥ 합격자 발표(일정, 고지 방법 등)에 대한 자세한 사항은 모집요강에 반드시 안내하고, 수험생이 이를 숙지하여 합격 여부를 확인해야 할 의무가 있음을 알린다.
⑦ 수시모집 합격자(최초합격자 및 충원합격자)는 수험생의 등록 의사와 관계없이 합격자로 처리되며, 정시모집과 추가모집에 지원할 수 없다.

⑧ 등록 의사는 문서 등록, 예치금 납부 등의 등록 결과로 판단한다. 등록하지 않을 경우 등록 의사가 없는 것으로 간주하며, 정시모집 및 추가모집에 지원할 수 없다.

⑨ 수시모집 예비합격 순위를 부여받은 자들은 그 순위를 포기할 수 없다. 즉, 예비번호를 받으면 해당 대학에 합격했다는 의미이므로 개인이 마음대로 예비 순번을 거부할 수 없다.

· 이만기 소장의 틈새 컨설팅 ·

## 달라진 서울대 수능 점수 산출 방법

서울대가 2023학년도부터 정시모집에서 수능 점수 산출 방식 변경과 정시 교과평가를 도입했다. 1단계는 수능 성적, 2단계에서 교과평가를 반영한다. 수능 점수 산출 방식에 별도의 공식을 만든 이유는 수능 편차가 너무 벌어지면 교과평가의 의미가 반감되기 때문이다. 1단계 통과자들의 수능 최고점과 최저점이 15점(지균)/20점(일반) 이상일 경우, 2단계에서 변화된 점수로 환산하여 그 차이가 각각 15점/20점을 넘지 않도록 조정한다. 이로써 수능의 영향력을 다소 낮추는 효과를 거둘 수 있다.

실제로 일반전형에서 2배수를 1단계 선발하면 인문계열 지원자들의 성적 차이는 기준 범위를 벗어날 가능성이 크지 않겠지만 자연계열은 의·약대 쏠림 현상과 과탐 II 의 영향(응시자 감소)으로 최고점과 최저점의 편차가 클 수 있다.

한편 서울대 지원자들의 특성을 고려할 때 정시 교과평가에서 최고점과 최저점이 10점(지균)/5점(일반)의 차이가 나기는 힘들다. 교과평가는 정시모집 지역균형전형과 일반전형에서 실시하며, 2명의 평가자가 3단계(A,B,C) 평가 등급을 부여하는 절대평가 방식으로 이루어진다. 지원자들 대부분 A·A나 A·B 등급을 받을 것으로 보이므로, 2점(지균)/1점(일반) 정도의 차이가 날 것이다. 또한, 학생부 교과이수 충실도를 평가하는 '정성평가'이므로 서울대 지원자가 최하점인 C·C(0점)나 B·C(지균 3점/일반 1.5점)를 받는 일은 거의 없을 것이다. 따라서 정시에서 영향력이 절대적인 수능에 비해 교과평가의 영향력이 생각보다 크지 않을 수 있다.

단, 1단계 합격자 커트라인 선에 가까운 하위 10~20%에서는 영향이 더 클 수 있다. 일반전형 1단계 평가는 수능으로만 평가하므로, 수능이 가장 중요하다는 점은 변하지 않는다. 1단계에서 떨어지면 교과 평가의 기회도 얻지 못한다. 일반전형은 1단계 100%, 2단계 80%가 수능이고 지역균형전형은 60%가 수능이므로 수능이 정시 합불의 핵이라고 본다.

정시 교과평가 도입의 영향은 무엇일까? 교과평가가 들어간다고 해서 자사, 특목고가 특별히 불리하다고는 볼 수 없다. 무엇보다 교과평가가 정성평가이기 때문이다. ① 교과 이수 현황 ② 교과 학업성적 ③ '세부능력 및 특기사항' 중에서 ②번 항목 정도만 불리하지 나머지는 오히려 유리할 수 있다. ②번 항목의 경우도 교육과정과 수강자수, 원점수, 평균, 표준편차 등으로 학교 유형과 학생의 수준을 충분히 파악할 수 있다. 설령 교과평가에서 낮은 평가를 받는다고 하더라도 수능 성적이 우수하다면 합격할 가능성이 높다.

정리하자면, 일반전형은 1단계 수능 100%, 2단계는 교과평가가 일반전형 20%, 지역균형전형 40% 포함되므로, 서울대를 지원하려는 수험생은 3학년 2학기에도 학교 공부를 끝까지 소홀히 해서는 안 된다.

다음은 서울대의 수능 점수 산출 방식이다.

**〈2023학년도 서울대 수능 점수 산출 방법〉**

| 전형 | | 점수 산출 방법 |
|---|---|---|
| 지역균형전형 | | ① 모집단위 지원자 중 최고점 - 모집단위 지원자 중 최저점이 15점 이상인 경우 |
| | | ⇨ 15점 × {(지원자 점수 - 모집단위 중 최저점)/(모집단위 중 최고점 - 모집단위 중 최저점)} + 45점 |
| | | ② 모집단위 지원자 중 최고점 - 모집단위 지원자 중 최저점이 15점 미만인 경우 |
| | | ⇨ 60점 - (모집단위 중 최고점 - 지원자 점수) |
| 일반전형 | 1단계 | 수능 영역별 반영 비율과 감점 기준을 적용한 표준점수 총점 |
| | 2단계 | ① 1단계 합격자 최고점 - 1단계 합격자 최저점이 20점 이상인 경우 |
| | | ⇨ 20점 × {(지원자 점수 - 1단계 합격자 최저점)/(1단계 합격자 최고점 - 1단계 합격자 최저점)} + 60점 |
| | | ② 1단계 합격자 최고점 - 1단계 합격자 최저점이 20점 미만인 경우 |
| | | ⇨ 80점 - (1단계 합격자 최고점 - 지원자 점수) |

## 합격 진단(합격 예측)

온라인 배치표와 모의지원 등을 포함하는 합불 예측 시스템을 말한다. 내신성적과 비교과 스펙 등을 입력하고 목표 대학을 선택하면 예상되는 합불 결과를 알려준다. 단순히 교과 등급으로 판단하지 않고 대학별 교과 환산점수 계산식을 해당 대학에 맞는 방식으로 적용하여 합격 가능성을 예측한다.

많은 입시업체들이 이런 프로그램을 운영하고 있는데 대체로 서비스의 내용은 비슷하다. 나의 성적을 분석하여 지원 가능 대학을 바로 추천하고 과거 합불 사례를 제공하며, 목표 대학을 설정하면 나와 같은 대학을 모의지원한 수험생의 성적 분포를 공개한다. 또한 나의 잠재적 경쟁자의 타 대학 모의지원 현황까지 보여주고 비교 대학의 모집요강도 정리하여 준다. 유료와 무료 서비스로 나뉜다.

## 해외고 전형

해외고(외국고)란 해외에 소재하는 고등학교를 가리킨다. 일반적으로는 '국내 학력 인정 외국교육기관'도 동일한 자격을 가진다. 학생부를 보유한 국내의 국제학교에 재학하는 학생들도 있지만, 그 외 국제학교 커리큘럼으로 공부하는 학생들도 많은 비중을 차지하고 있다. 대표적으로 IB, A-Level, AP 등이 있으며 이 과정에서 공인 어학성적 및 표준화 학력자료의 공인 성적 등을 준비하게 된다. 그러나 모든 한국 대학이 이러한 공인성적을 평가하지는 않는다. 대부분의 대학이 성적증명서, 졸업증명서 및 학생부 대체서식으로 평가한다고 보면 된다. 성적증명서 및 졸업증명서, 재학증명서 등 학교에서 발행하는 모든 공문서는 아포스티유 공증, 또는 대사관 영사 확인 과정을 반드시 거쳐야 한다.

☞ 재외국민 특별전형

· 이만기 소장의 틈새 컨설팅 ·

## 해외고에서 국내 대학으로

재외국민 특별전형의 경우, 해외에서 근무하거나 공무를 수행하는 부모와 동반하는 것을 전제로 한다. 따라서 부모의 상황과 상관없이 해외 유학을 하는 학생들은 재외국민 특별전형의 대상에 포함되지 않는다. 하지만 해외고를 다니면서 재외국민 특례 자격을 취득하지 못해도 수시전형을 통하여 한국 대학 입시에 도전하는 것이 가능하다. 수능시험 성적이 필요 없는 학생부종합전형으로 지원하면 된다. 학종의 경우 연세대처럼 일부 대학들이 해외고 졸업생만을 대상으로 하는 별도의 전형을 따로 분리하기도 하지만, 대부분의 경우는 일반적인 학생부종합전형에 외국고 졸업생에게도 지원 자격이 주어지는 형태이므로, 국내 학생들과 경쟁을 해야 한다.

해외고 학생들은 학생부를 제출하는 것이 불가능하므로 대학에서 정한 학생부 대체 서식에 해외 고등학교에서 취득한 성적을 입력하여 작성하게 된다. 고등학교 교과과정과 직접 관련되거나, 고등학교 재학 기간 중 이루어진 활동 증빙서류를 함께 제출하여 평가를 받게 된다. 재외국민 특별전형에서와 마찬가지로 학생의 내신 성적 등 학교 관련 서류들은 아포스티유 또는 영사 인증이 필요하며, 한국어 또는 영어로 작성되지 않은 서류에 대해서는 한국어 또는 영어로 번역 공증이 필요하다. 국내 수험생들과 마찬가지로 수시 지원 횟수는 6회로 제한된다.

## 핵심(권장)과목

고등학교에서 선택형 교육과정을 도입함에 따라, 학생들이 다양한 과목을 스스로 선택할 수 있게 되었다. 서울대를 비롯한 주요 대학들은 대학의 전공과 연계하여(특히 자연계열) 학생이 고교 교육과정에서 이수하도록 권장하는 과목을 제시하고 있으며, 이수 여부를 대입 전형 평가에 활용하고 있다.
그중에서도 핵심권장과목은 대학의 특정 학과나 학부에서 수학하기 위해 '필수'적으로 이수를 권장하는 과목을 말하며, 권장과목은 '가급적' 이수할 것을 권하는 과목을 뜻한다.
예를 들어 서울대의 경우, 전기·정보공학부는 핵심권장과목으로 「물리학Ⅱ」, 「미적분」을 제시하고 권장과목으로 「확률과 통계」, 「기하」를 제시했다. 화학생물공학부는 핵심권장과목으로 「물리학Ⅱ」,

「미적분」, 「기하」를, 권장으로 「화학Ⅱ」 또는 「생명과학Ⅱ」를 제시했다.

2022년 경희대 · 고려대 · 성균관대 · 연세대 · 중앙대의 5개 대학이 발표한 공동연구에도 자연계열의 '핵심과목'과 '권장과목'이 제시되어 있다. 예를 들어, 전기전자 학문 분야에서 핵심과목으로 「수학I」, 「수학II」, 「미적분」, 「기하」, 「물리학I」, 「물리학II」, 「화학I」을, 권장과목으로 「확률과 통계」를 제시했다.

다음은 5개 대학과 서울대의 핵심과목 및 권장과목을 비교한 것이다.

**〈5개 대 VS 서울대 권장과목 비교〉**

| 대학 모집단위 | 핵심(권장)과목 | 권장과목 |
|---|---|---|
| 〈경희대〉 응용화학과, 화학과<br>〈고려대〉 화학과<br>〈성균관대〉 화학과<br>〈연세대〉 화학과<br>〈중앙대〉 화학과 | 수학Ⅰ, 수학Ⅱ,<br>미적분, 확률과 통계<br>화학Ⅰ, 화학Ⅱ | 기하<br>물리학Ⅰ, 물리학Ⅱ<br>생명과학Ⅰ |
| 〈서울대〉 화학부 | 화학Ⅱ, 미적분 | 확률과 통계, 기하 |

☞ 전공 연계 교과이수 과목

· 이만기 소장의 틈새 컨설팅 ·

## 권장과목, 꼭 이수해야 하나

대학이 제시한 핵심과목, 권장과목 중 재학 중인 고등학교에 개설되지 않아 이수하지 못했다면 크게 불리할까? 5개 대학이 공개한 〈대학 자연계열 전공 학문 분야의 교과 이수 권장과목 안내〉 Q&A에 의하면, 대학은 학교가 개설하지 않아 이수하지 못한 학생과 학교가 개설했음에도 이수하지 않은 학생을 다르게 평가한다. 다만 학생이 처한 상황도 고려하겠지만 추가적인 노력도 기대한다. 학교가 개설하지 않았다면 외부 공동교육과정으로 이수하길 추천한다. 동일 과목이 없으면 유사 명칭의 과목을 이수하는 것이 좋다.

## 행동특성 및 종합의견

학생부 항목 중의 하나. 교사가 학생의 학습, 행동 및 인성 등 학교생활에 대해서 상시 관찰, 평가한 누가기록을 바탕으로 다양한 분야에서의 구체적인 변화와 성장 등을 종합적으로 기재한다. 학교교육계획에 따라 실시한 봉사활동의 경우, 교사가 직접 관찰, 평가한 학생의 특기사항은 필요 시 '행동특성 및 종합의견'란에 기재 가능하다. 행동특성 및 종합의견은 일종의 교사 추천서 역할을 하며 그 학생의 특성, 인성, 태도, 자기주도적 학습 능력, 창의성 등을 총체적으로 파악하도록 돕는다. 또한 학생의 변화와 성장 과정을 볼 수 있다.

## 허수 지원자

실제로 지원 의사는 없으면서 일단 지원하고 보는 수험생. 이를테면

사관학교나 경찰대 1차 시험을 수능 연습용으로 응시하는 지원자들이 여기에 해당한다.

공군, 육군, 해군, 국군간호 등 사관학교와 경찰대는 특수학교로 분류되어 수시모집 6회 지원에 적용되지 않는다. 이들 대학은 7월 말에 1차 시험을 치르는데 국어/수학/영어 시험으로 구성된다. 상위권 허수 지원자들이 여기서 1차 시험만 응시하고 2차 시험은 접수하지 않는 경우가 상당히 많이서 대학으로서는 문제가 되곤 했다.

이런 허수 지원을 방지하고자 2020학년도부터 해군사관학교가 원서 접수 시 '지원동기서'를 제출하도록 했는데, 실제로 경쟁률이 상당히 줄어드는 효과가 있었다. 2021학년도부터는 다른 사관학교들도 '지원 동기서 제출'을 의무화하고 있다. 이 허수 지원자는 정시 합격 진단에서도 걸러내야 하는 요소가 되기도 한다.

## 환산점수

대학 자체의 반영 방식을 통해 산출한 전형 총점을 말한다. 결국 입학 사정은 환산점수에 의해서 이루어진다. 지원한 대학이 수능 성적표에 나와 있는 표준점수, 백분위, 대학 자체 변환표준점수 중 어떤 점수를 활용하는지, 영역별 반영 비율과 가중치는 어떤지에 따라 입시 결과가 달라질 수 있으므로 반드시 확인해야 한다.

각 대학의 홈페이지에서는 자신의 점수를 입력하면 해당 대학의 환산점수로 계산해주는 서비스를 제공하기도 한다. 혹은 유웨이닷컴 등 교육평가기관 홈페이지나 [대학 어디가] 사이트, EBSi의 서비스를 이용할 수도 있다.

☞ 가산점, 수능위주전형

· 이만기 소장의 틈새 컨설팅 ·

### 환산점수의 중요성

정시 지원은 수능 성적에 대한 이해와 분석이 수반되지 않으면 결과가 예상과 달라질 수 있다. 그래서 수능 영역별 점수를 단순히 합산하는 것이 아니라, 실제 대학별 반영식에 따른 환산점수로 진학 가능성을 점검해야 한다. 자신에게 유리한 영역이 어느 정도 반영되는지, 영어 등급이 불리한지, 탐구 영역의 선택과목 간 유불리를 보정한 변환표준점수로 만회가 가능한지 등 대학별로 환산되는 수능 점수로 목표대학에 안정적으로 지원할 수 있는지 없는지를 판단해야 한다.[14]

## 활동 증빙 자료

학생 개인 활동을 증빙하기 위해 추가적으로 제출하는 서류. 현재 특기자전형에서 반영하는 경우가 있지만, 학생부종합전형에서는 받지

14 〈정시의 세계, 표준편차가 뭔가요?〉, 〈한겨레〉(2021년 1월 25일)

않는다.

## 훌리

원래 훌리건hooligan은 스포츠 등에서 폭력을 휘두르는 관중, 팬 등을 말한다. 수험생들 사이에서는, [수만휘]나 [오르비] 같은 수험생 커뮤니티 사이트이나 점수공개 카페 등에서 자신의 성적을 속이는 사람들, 혹은 타인의 성적을 입력하여 질서를 흐트러뜨리는 사람들을 가리켜 '훌리'라고 한다. 특정 대학의 평판을 의도적으로 높이거나 낮추기 위해 활동하는 유저도 '훌리'에 포함된다. 정시모집에서 특히 많이 나타난다.

대입 필수용어 사전
부록

# 입시 관련 줄임말

요즘은 입시 관련 단어들도 짧게 줄여서 쓰는 것이 일반적이다. 대학명, 학과명, 대입전형명, 고등학교 과목명 등 흔히 쓰이는 줄임말은 미리 알아두어야 다양한 입시 커뮤니티나 설명회 등에서 소통하기가 쉽다.

그래서 업계에 통용되는 입시 속어, 은어, 줄임말을 정리하여 담았다. 본문에 표제어로 올라 있는 용어도 있고, 다소 교육적이지 않은 용어도 있지만 현실성을 고려해 수록한다.

## 대학명과 관련된 줄임말

| 은어/약어/속어 | 의미 혹은 내용 | 비고 |
|---|---|---|
| **스카이**(sky)<br>**서고연, 서연고** | 서울대 고려대 연세대 | 우리나라 최상위권 대학 |
| **서포카**(서카포) | 서울대, 카이스트, 포스텍(포항공대) | 우리나라 자연계 최상위권 대학 |
| **연고**(고연) | 연세대, 고려대 | |
| **서성한**(한성서, 성서한) | 서강대, 성균관대, 한양대 | |
| **중경외시** | 중앙대, 경희대, 한국외대, 시립대 | |
| **건동홍숙** | 건국대, 동국대, 홍익대, 숙명여대 | |
| **건동홍인아** | 건국대, 동국대, 홍익대, 인하대, 아주대 | |
| **국숭세단** | 국민대, 숭실대, 세종대, 단국대 | |
| **광명상가** | 광운대, 명지대, 상명대, 가톨릭대 | |
| **인가경** | 인천대, 가천대, 경기대 | |
| **한서삼** | 한성대, 서경대, 삼육대 | |
| **이숙성덕동서** | 이화여대, 숙명여대, 성신여대, 덕성여대, 동덕여대, 서울여대 | |
| **삼여대** | 덕성여대, 동덕여대, 서울여대 | |
| **서연가울성** | 서울대, 연세대, 가톨릭대, 울산대, 성균관대, | 5대 메이저 의대 |

| | | |
|---|---|---|
| **설중성경이** | 서울대, 중앙대, 성균관대, 경희대, 이화여대 | 5대 메이저 약대 |
| **인설의** | 인서울 의대 | |
| **삼룡의** | 한림대, 인제대, 순천향대 | |
| **의치한약수** | 의과대학, 치의과대학, 한의과대학, 약학대학, 수의과대학 | |
| **지거국의** | 지방국립의대 | |
| **지사의** | 지방사립의대 | |
| **지거국** | 지방거점국립대 | |
| **과기원** | 과학기술원 | |
| **샤대** | 서울대 | |
| **냥대** | 한양대 | |
| **설교** | 서울교대 | |
| **경교** | 경인교대 | |
| **지교** | 지방교대 | |
| **유니** | UNIST, 유니스트, 울산과기원 | |
| **디지** | DGIST, 디지스트, 대구경북과학기술원 | |
| **지스트** | GIST, 광주과학기술원 | |
| **포공** | 포항공대 | |
| **에리카** | 한양대 안산캠퍼스 | |

### 학과명(모집단위)과 관련된 줄임말

| 은어/약어/속어 | 의미 혹은 내용 | 비고 |
|---|---|---|
| **계적** | 계열적합형 | 전형 관련 |

| | | |
|---|---|---|
| **고경** | 고려대 경영학과 | 대학, 학과명 |
| **글경** | 글로벌 경영학과 | 학과, 학부명 |
| **글바메** | 글로벌바이오메디컬 | 학과, 학부명 |
| **글융공** | 글로벌 융합 공학부 | 학과, 학부명 |
| **기공** | 기계공학과 | 학과, 학부명 |
| **문사철** | 문학(어문), 역사(사학), 철학 | 인문계열의 대표과 |
| **문정** | 문헌정보학과 | 학과, 학부명 |
| **사복** | 사회복지학과 | 학과, 학부명 |
| **산공** | 산업공학과 | 학과, 학부명 |
| **생공** | 생명공학과 | 학과, 학부명 |
| **설경** | 서울대 경영학과 | 대학, 학과명 |
| **성반** | 성균관대 반도체시스템공학과 | 대학, 학과명 |
| **식영** | 식품영양학과 | 학과, 학부명 |
| **실건** | 실내건축학과 | 학과, 학부명 |
| **언홍영** | 언론홍보영상학부 | 학과, 학부명 |
| **연경** | 연세대 경영학과 | 대학, 학과명 |
| **연반** | 연세대 시스템반도체공학과 | 대학, 학과명 |
| **융전** | 융합전자공학과 | 학과, 학부명 |
| **응통** | 응용통계학과 | 학과, 학부명 |
| **자전** | 자유전공학부 | 학과, 학부명 |
| **전전** | 전기전자공학과 | 학과, 학부명 |
| **전화기(전화기컴)** | 전기전자+화학공학+기계공학(+ 컴퓨터 공학) | 자연계열 취업 3대 학과 |

| | | |
|---|---|---|
| **정외** | 정치외교학과 | 학과, 학부명 |
| **정전기** | 정보과학(컴공) 전기전자 기계공학 | 학과, 학부명 |
| **컴공** | 컴퓨터공학과 | 학과, 학부명 |
| **토공** | 토목공학과 | 학과, 학부명 |
| **파경** | 파이낸스경영학과 | 학과, 학부명 |
| **화공** | 화학공학과 | 학과, 학부명 |
| **화생공** | 화학생명공학과 | 학과, 학부명 |

### 고등학교 과목명과 관련된 줄임말

| 은어/약어/속어 | 의미 혹은 내용 | 비고 |
|---|---|---|
| **과탐** | 과학탐구 | 영역명 |
| **기벡** | 기하과 벡터 | 교과명(2009 교육과정) |
| **동사** | 동아시아사 | 교과명 |
| **사문** | 사회문화 | 교과명 |
| **사탐** | 사회탐구 | 영역명 |
| **생물, 생과, 생명** | 생명과학 | 교과명 |
| **생윤** | 생활과 윤리 | 교과명 |
| **세사** | 세계사 | 교과명 |
| **세지** | 세계지리 | 교과명 |
| **수완** | 수능완성 | EBS 교재명 |
| **수특** | 수능특강 | EBS 교재명 |
| **쌍사** | 동아시아사 + 세계사 | 교과명 |

| | | |
|---|---|---|
| **쌍윤** | 윤리와 사상 + 생활과 윤리 | 교과명 |
| **쌍지** | 한국지리 + 세계지리 | 교과명 |
| **언매** | 언어와 매체 | 교과명 |
| **윤사** | 윤리와 사상 | 교과명 |
| **정법(법정)** | 정치와 법 | 2009 교육과정까지는 법과 정치 |
| **지구, 지학, 지과** | 지학, 지과, 지구과학 | 교과명 |
| **직탐** | 직업탐구 | 영역명 |
| **한지** | 한국지리 | 교과명 |
| **화작** | 화법과 작문 | 교과명 |
| **확통** | 확률과 통계 | 교과명 |

## 일반적 입시와 관련된 줄임말

| 은어/약어/속어 | 의미 혹은 내용 | 비고 |
|---|---|---|
| **6광탈** | 수시 6장 모두 탈락 | 수시원서 접수 |
| **6논(술)** | 수시 6장을 모두 논술로 지원하는 것 | 수시원서 접수 |
| **6떨** | 수시 6장 모두 탈락 | 수시원서 접수 |
| **6모** | 6월 모의고사 | 모의고사 |
| **6자리 숫자 (*예시 123123)** | 순서대로 국어, 수학, 영어, 한국사, 탐구1, 탐구 2의 등급 (예시: 국어 1등급, 수학 2등급, 영어 3등급, 한국사 1등급, 탐구 2등급, 탐구 3 등급) | 수능 성적 |
| **9모** | 9월 모의고사 | 모의고사 |
| **OO러** | 어떤 과목을 선택한 사람을 이르는 말 | 수능 |
| **OO충** | OO의 속성을 가진 수험생을 비하하여 이르는 말 | 커뮤니티 용어 |

| | | |
|---|---|---|
| **0칸 배터리** | 진학사 모의지원 프로그램 합격으로 확인한 합격 확률 | 수시원서 접수 |
| **가고대** | 가고 싶은 대학 | 수시원서 접수 |
| **갈수대** | 갈 수 있는 대학 | 수시원서 접수 |
| **개세특** | 개인별 세부능력 및 특기사항, | 학생부 |
| **고속** | 고속성장기, 온라인 배치표 서비스 | 정시원서접수 |
| **고였다** | 특정 과목에 능통하다, 혹은 그런 사람이 많은 과목 | 커뮤니티 용어 |
| **고트** | goat , 실력이 매우 높은 학생 | 커뮤니티 용어 |
| **공신** | 공부의 신 | 커뮤니티 용어 |
| **과떨** | 과학고 떨어진 학생 | 커뮤니티 용어 |
| **과탐** | 과학탐구 | 커뮤니티 용어 |
| **광사고** | 광역 자사고 | 커뮤니티 용어 |
| **광탈** | 광속 탈락 | 수시원서 접수 |
| **교사경** | 교육청 사관학교 경찰대 | 커뮤니티 용어 |
| **기균** | 기회균등전형 | 수시원서 접수 |
| **기삼이** | 기껏해야 3등급 | 수능 성적 |
| **낙지, 지낚** | 진학사 | 입시기관 |
| **납치(수시납치)** | 수시에 합격하여 정시로 좋은 성적을 받았음에도 수시에 합격한 대학을 다녀야 함 | 수시원서 접수 |
| **노베** | 노베이스, 공부 안 해본 과목 | 커뮤니티 용어 |
| **누백** | 누적백분위 | 수능 성적 |
| **닥전** | 닥치고 전자 | 커뮤니티 용어 |
| **닥후** | 닥치고 후자 | 커뮤니티 용어 |

| | | |
|---|---|---|
| **더프** | 더프리미어 모의고사 | 커뮤니티 용어 |
| **독재** | 독학 재수 | 커뮤니티 용어 |
| **만표** | 표준점수 최고점 | 수능 관련 |
| **모고** | 모의고사 | 모의고사 |
| **모평** | 대학수학능력시험 모의평가 | 모의고사 |
| **문 닫고 들어간다** | 마지막으로 들어간다.(추합 끝) | 수시원서 접수 |
| **문 부수고 들어간다** | 여유있게 들어간다(최초 합) | 수시원서 접수 |
| **문 열고 들어간다** | 1등으로 들어간다. 예를 들어 2등급 1등이면 (2등급 문 열고 들어갔어) | 수시원서 접수 |
| **물모** | 쉬운 모의고사, | 모의고사 |
| **방평장** | 방구석 평가원장, 이른바 평가원스러움을 논하며 콘텐츠를 재단하는 사람을 이르는 말 | 커뮤니티 용어 |
| **벽돌** | 합격 가능성이 적은 대학교의 입시 원서. 입시 시즌에 대학교가 쓸어담은 원서비로 학교 건물 하나를 올린다는 자조적인 의미로, 이러한 원서의 원서비는 벽돌값이라 지칭한다 | 커뮤니티 용어 |
| **복전** | 복수전공 | 대학학사 |
| **불모** | 어려운 모의고사 | 모의고사 |
| **빡공** | 빡세게 공부함 | 커뮤니티 용어 |
| **빵꾸** | 지원자가 몰리지 않아 입결이 떨어지는 경우 | 수시원서 접수 |
| **사배전** | 사회적 배려대상자 전형 | 수시원서 접수 |
| **사탐런** | 자연계열 수험생이 과탐이 아닌 사탐에 응시하는 것을 가리키는 말 | 수능 관련 |
| **서바** | 시대인재학원 서바이벌모의고사 | 커뮤니티 용어 |
| **설곽** | 서울과학고, | 고교명 |

| | | |
|---|---|---|
| **세특** | 세부능력 및 특기사항 | 학생부 |
| **수미잡** | 수능 미만 잡(雜)의 줄임말. 모의평가 성적이 어떻든 간에 수능 점수 외에는 전부 쓸모가 없으니 모의평가 성적에 일희일비하지 말라는 의미이다. | 커뮤니티 용어 |
| **수평교** | 수능, 평가원, 교육청 문제 | 모의고사 |
| **스나** | 스나이핑, 낮은 점수로 높은 대학의 하위 과나 펑크날 것 같은 학과를 지원하는 전략 | 커뮤니티 용어 |
| **스카** | 스터디 카페 | 커뮤니티 용어 |
| **실모** | 실전 모의고사 | 모의고사 |
| **실믈리에** | 실모 소믈리에, 실모를 평가하는 사람들을 이르는 말 | 커뮤니티 용어 |
| **실수** | 실질적으로 실력이 있는 학생 혹은 특정 학과에 실제로 진학하고자 하는 학생 | 커뮤니티 용어 |
| **아웃풋** | 졸업생의 질, 취업률, 평판도 등 | 커뮤니티 용어 |
| **안고대** | 안 가고 싶은 대학 | 수시 원서 접수 |
| **영떨** | 영재고 떨어진 학생 | 커뮤니티 용어 |
| **온클** | 온라인 클래스 | 커뮤니티 용어 |
| **인강** | 인터넷 강의 | 커뮤니티 용어 |
| **인풋** | 입학하는 성적 | 커뮤니티 용어 |
| **입결** | 입시결과 | 수시원서 접수 |
| **입사관** | 입학사정관 | 수시원서 접수 |
| **ㅈ반고** | 수준이 낮다고 여겨지는 일반고 | 커뮤니티 용어 |
| **자동봉진** | 자율활동, 동아리활동, 봉사활동, 진로활동 | 학생부 |
| **자소서** | 자기소개서 | 수시원서 접수 |
| **자작** | 선생님이나 강사가 직접 만든 문제 | 커뮤니티 용어 |

| | | |
|---|---|---|
| **작수** | 작년 수능 | 커뮤니티 용어 |
| **재종** | 재수종합반 | 커뮤니티 용어 |
| **전사고** | 전국 자사고 | 커뮤니티 용어 |
| **점공** | 점수 공개 | 커뮤니티 용어 |
| **지균** | 지역균형선발 | 전형 관련 |
| **정시 라군** | 재수종합반 중 강대(강남대성학원), 시대(시대인재학원) 등 '대'로 끝나는 학원에 등록할 때 자조적으로 쓰는 용어. 재원생들은 강대러, 시대러라고 한다. | 커뮤니티 용어 |
| **최저** | 수능 최저학력기준 | 커뮤니티 용어 |
| **최초합** | 1차합 최초합격 | 커뮤니티 용어 |
| **추합** | 추가합격 | 커뮤니티 용어 |
| **커리** | 커리큘럼 | 커뮤니티 용어 |
| **코핌** | 고속성장기 만든 코스모스핌 님 | 커뮤니티 용어 |
| **타임어택** | 시간 내에 풀기 어려운 과목 | 커뮤니티 용어 |
| **터졌다** | 1등급 비율인 4% 넘게 만점자가 나온 경우, 혹은 표점이 낮게 나온 경우 지원 학과에 수험생이 몰린 경우 | 수능 관련 |
| **투과목런** | 수능 과탐에서 II 과목을 선택하는 것 | 수능 관련 |
| **평가원** | 한국교육과정평가원 혹은 한국교육과정평가원에서 내는 6월, 9월 수능모의고사를 지칭하기도 함 | 기관명 |
| **평반고** | 평범한 일반고 | 커뮤니티 용어 |
| **평백** | 평균 백분위 | 커뮤니티 용어 |
| **폭발** | 지원자가 과도하게 몰려 입결이 올라가는 경우 | 커뮤니티 용어 |
| **학우** | 학업우수형 | 전형 관련 |

| | | |
|---|---|---|
| **학종** | 학생부종합 전형 | 전형 관련 |
| **학추** | 학교장추천 전형 | 전형 관련 |
| **학평** | 전국연합학력평가 | 모의고사 |
| **학폭** | 학교폭력 | 학생부 |
| **해모** | 이해원모의고사(수학) | 커뮤니티 용어 |
| **행특** | 행동특성 및 종합의견 | 학생부 |
| **현강** | 학원에서 직접 강의를 하는, 현장에서 직접 하는 강의 | 커뮤니티 용어 |
| **현역** | 고3 수험생 | 커뮤니티 용어 |
| **확통이** | 확률과 통계를 선택한 인문계열 학생들을 이르는 말 | 커뮤니티 용어 |
| **훌리** | 과도하게 특정 대학을 추앙하는 사람 | 커뮤니티 용어 |

# 2015 개정 교육과정과 2022 개정 교육과정의 선택과목 비교

## 〈2015 개정 교육과정 고등학교 교과목 구성〉

| 교과 영역 | 교과(군) | 공통 과목 | 선택 과목 | |
|---|---|---|---|---|
| | | | 일반 선택 | 진로 선택 |
| 기초 | 국어 | 국어 | 화법과 작문, 독서,<br>언어와 매체, 문학 | 실용 국어, 심화 국어, 고전 읽기 |
| | 수학 | 수학 | 수학 Ⅰ, 수학 Ⅱ,<br>미적분, 확률과 통계 | 실용 수학, 기하, 경제 수학, 수학과제 탐구 |
| | 영어 | 영어 | 영어 회화, 영어 Ⅰ,<br>영어 독해와 작문, 영어 Ⅱ | 실용 영어, 영어권 문화, 진로 영어,<br>영미 문학 읽기 |
| | 한국사 | 한국사 | | |
| 탐구 | 사회<br>(역사/<br>도덕포함) | 통합사회 | 한국지리, 세계지리,<br>세계사, 동아시아사,<br>경제, 정치와 법, 사회·문화,생활과<br>윤리, 윤리와 사상 | 여행지리, 사회문제 탐구, 고전과 윤리 |
| | 과학 | 통합과학<br>과학<br>탐구실험 | 물리학 Ⅰ, 화학 Ⅰ,<br>생명과학 Ⅰ, 지구과학 Ⅰ | 물리학 Ⅱ, 화학 Ⅱ, 생명과학 Ⅱ,<br>지구과학 Ⅱ, 과학사, 생활과 과학,<br>융합과학 |
| 체육·예술 | 체육 | | 체육, 운동과 건강 | 스포츠 생활, 체육 탐구 |
| | 예술 | | 음악, 미술, 연극 | 음악 연주, 음악 감상과 비평<br>미술 창작, 미술 감상과 비평 |
| 생활·교양 | 기술·<br>가정 | | 기술·가정, 정보 | 농업 생명 과학, 공학 일반, 창의<br>경영,해양 문화와 기술, 가정과학,<br>지식 재산 일반 |
| | 제2외국어 | | 독일어 Ⅰ<br>프랑스어 Ⅰ<br>스페인어 Ⅰ<br>중국어 Ⅰ<br>일본어 Ⅰ<br>러시아어 Ⅰ<br>아랍어 Ⅰ<br>베트남어 Ⅰ | 독일어 Ⅱ<br>프랑스어 Ⅱ<br>스페인어 Ⅱ<br>중국어 Ⅱ<br>일본어 Ⅱ<br>러시아어 Ⅱ<br>아랍어 Ⅱ<br>베트남어 Ⅱ |
| | 한문 | | 한문 Ⅰ | 한문 Ⅱ |
| | 교양 | | 철학, 논리학, 심리학, 교육학, 종교학,<br>진로와 직업, 보건,<br>환경, 실용 경제, 논술 | |

## 〈2022 개정 교육과정 고등학교 교과목 구성〉

| 교과(군) | 공통 과목 | 선택 과목 | | |
|---|---|---|---|---|
| | | 일반 선택 | 진로 선택 | 융합 선택 |
| 국어 | 공통국어1<br>공통국어2 | 화법과 언어,<br>독서와 작문,<br>문학 | 주제 탐구 독서,<br>문학과 영상,<br>직무 의사소통 | 독서 토론과 글쓰기,<br>매체 의사소통,<br>언어생활 탐구 |
| 수학 | 공통수학1<br>공통수학2<br>기본수학1<br>기본수학2 | 대수,<br>미적분 Ⅰ,<br>확률과 통계 | 기하, 미적분 Ⅱ,<br>경제 수학, 인공지능 수학,<br>직무 수학 | 수학과 문화,<br>실용 통계,<br>수학과제 탐구 |
| 영어 | 공통영어1<br>공통영어2<br>기본영어1<br>기본영어2 | 영어 Ⅰ,<br>영어 Ⅱ,<br>영어 독해와 작문 | 영미 문학 읽기, 영어 발표와 토론,<br>심화 영어, 심화 영어 독해와 작문,<br>직무 영어 | 실생활 영어 회화,<br>미디어 영어,<br>세계 문화와 영어 |
| 사회(역사/도덕 포함) | 한국사1<br>한국사2<br>통합사회1<br>통합사회2 | 세계시민과 지리,<br>세계사,<br>사회와 문화,<br>현대사회와 윤리 | 한국지리 탐구, 도시의 미래 탐구<br>동아시아 역사 기행<br>정치, 법과 사회, 경제<br>윤리와 사상, 인문학과 윤리<br>국제 관계의 이해 | 여행지리,<br>역사로 탐구하는 현대 세계,<br>사회문제 탐구,<br>금융과 경제생활,<br>윤리문제 탐구,<br>기후변화와 지속가능한 세계 |
| 과학 | 통합과학1<br>통합과학2<br>과학탐구실험1<br>과학탐구실험2 | 물리학,<br>화학,<br>생명과학,<br>지구과학 | 역학과 에너지 / 전자기와 양자<br>물질과 에너지 / 화학 반응의 세계<br>세포와 물질대사, / 생물의 유전<br>지구시스템과학 / 행성우주과학 | 과학의 역사와 문화,<br>기후변화와 환경생태,<br>융합과학 탐구 |
| 체육 | | 체육1, 체육2 | 운동과 건강, 스포츠 문화, 스포츠 과학 | 스포츠 생활1, 스포츠 생활2 |
| 예술 | | 음악, 미술,<br>연극 | 음악 연주와 창작, 음악 감상과 비평,<br>미술 창작, 미술 감상과 비평 | 음악과 미디어,<br>미술과 매체 |
| 기술·가정/정보 | | 기술·가정 | 로봇과 공학세계, 생활과학 탐구 | 창의 공학 설계, 지식 재산 일반, 생애 설계와 자립,<br>아동발달과 부모 |
| | | 정보 | 인공지능 기초, 데이터 과학 | 소프트웨어와 생활 |
| 제2외국어/한문 | | 독일어,<br>프랑스어,<br>스페인어,<br>중국어,<br>일본어,<br>러시아어,<br>아랍어,<br>베트남어 | 독일어 회화, 프랑스어 회화,<br>스페인어 회화, 중국어 회화,<br>일본어 회화, 러시아어 회화,<br>아랍어 회화, 베트남어 회화,<br>심화 독일어, 심화 프랑스어,<br>심화 스페인어, 심화 중국어,<br>심화 일본어, 심화 러시아어,<br>심화 아랍어, 심화 베트남어 | 독일어권 문화, 프랑스어권 문화, 스페인어권 문화, 중국 문화, 일본 문화, 러시아 문화,<br>아랍 문화, 베트남 문화 |
| | | 한문 | 한문 고전 읽기 | 언어생활과 한자 |
| 교양 | | 진로와 직업,<br>생태와 환경 | 인간과 철학, 논리와 사고, 인간과 심리,<br>교육의 이해, 삶과 종교, 보건 | 인간과 경제활동, 논술 |

## 선택과목 조정점수 구하기

수능 선택과목의 점수 조정 방식은 다음과 같다. 상당히 길고 복잡한 과정이지만 선택과목별 유불리의 이해를 돕기 위해 상세히 소개한다.

'이만기'라는 학생이 공통과목 원점수 60점, 선택과목 원점수를 15점 받았다고 해보자. 이 학생의 표준점수는 이렇게 계산한다.

### 선택과목 조정 원점수 구하기

$$\left\{\left(\frac{\text{나의 선택과목 원점수}-\text{선택과목 평균}}{\text{선택과목 표준편차}}\right)\times \text{공통과목 표준편차}\right\} + \text{공통과목 원점수 평균}$$

공식은 위와 같다. 선택과목 집단별로 공통과목과 선택과목의 평균과 표준편차를 계산한 후 선택과목 집단별 공통과목의 평균과 표준편차를 활용하여 선택과목의 원점수를 조정한다. 선택과목A에 응시한 이만기가 속한 수험생 집단의 공통과목 원점수 평균과 표준편차가 각각 54.41과 12.93이고, 선택과목A의 원점수 평균과 표준편차는 각각 14.92와 4.60이라면 '조정 공식'에 따라 산출되는 이만기 수험생의 선택과목 조정 원점수는 54.63이다(편의상 소수점 이하 둘째 자리까지만 표기). 즉, (15-14.92)÷4.60×12.93 + 54.41이다.

### 공통과목과 선택과목별 표준화 점수 구하기

그다음으로 공통과목과 선택과목별 표준화 점수를 구해야 한다. '공통과목 원점수'와 '선택과목 조정 원점수'를 평균과 표준편차가 동일한 측정 단위로 표준화한다. 표준화점수의 종류는 많지만, 평균과 표준편차가 각각 0과 1인 'Z점수'로 변환한다.

첫째. 영역에 응시한 수험생 전체 집단의 공통과목 원점수 평균과 표준편차를 활용하여 '공통과목 표준화 점수'를 산출한다.

둘째. 영역에 응시한 수험생 전체 집단의 선택과목 조정 원점수 평균과 표준편차를 활용하여 '선택과목 조정 표준화 점수'를 산출한다.

영역에 응시한 수험생 전체 집단의 공통과목 원점수 및 선택과목 조정 원점수 평균과 표준편차가 각각 40.92와 14.91이라면, Z점수 공식에 따라 산출되는 수험생(공통과목 원점수 60점, 선택과목 원점수 15점)의 공통과목 Z점수는 1.28이고 선택과목 조정 Z점수는 0.92이다(편의상 소수점 이하 둘째 자리까지만 표기). 이를 이용한 공식은 다음과 같다.

'(수험생의 원점수-집단의 원점수 평균)÷집단의 원점수 표준편차=Z점수'

즉, (60-40.92)÷14.91=1.28이며 (54.63 - 40.92)÷14.91은=0.92이다.

## 배점 비율을 반영한 공통과목과 선택과목별 표준화 점수의 가중합 구하기

다음으로 배점 비율을 반영한 공통과목과 선택과목별 표준화 점수의 가중합을 구한다. '공통과목 표준화 점수'와 '선택과목 조정 표준화 점수'에 배점 비율대로 가중치를 주어 '표준화 점수 가중합'을 산출한다. 공통과목과 선택과목의 배점이 각각 74점과 26점이라면, 공통과목 표준화 점수에 0.74, 선택과목 조정 표준화 점수에 0.26을 곱하여 합산한다. 수험생의 공통과목 Z점수 1.28과 선택과목 조정 Z점수 0.92에 각각 0.74와 0.26을 곱하여 합산하면, 수험생의 Z점수 가중합은 1.19이다(편의상 소수점 이하 둘째 자리까지만 표기).

### 표준화 점수 가중합을 변환한 최종 표준점수 구하기

끝으로 표준화 점수 가중합을 변환한 최종 표준점수를 구한다. '표준화 점수 가중합'을 평균과 표준편차가 각각 100과 20인 표준점수로 변환한 후, 소수점 이하 첫째 자리에서 반올림한 정수를 최종 표준점수로 산출한다. 이만기 수험생의 Z점수 가중합 1.19에 20을 곱하고 100을 더하여 산출되는 123.72(편의상 소수점 이하 둘째 자리까지만 표기)를 소수점 이하 첫째 자리에서 반올림한 124가 이만기 수험생이 응시 영역에서 취득하는 최종 표준점수이다.

공식은 '(Z점수)×(영역표준편차)+(영역평균)=영역표준점수'이므로 계산하면 1.19×20+100=123.72 ⇒ 124이다.

## | 참고 문헌 |


강원도 교육청(2022), 〈2022학년도 대입 정시모집 전형 길라잡이〉

경희대 외(2016), 〈한눈에 살펴보는 대입용어사전〉

교육부(2020), 〈고등학교 학생평가 톺아보기〉

교육부(2015). 〈초 · 중학교 교육과정 총론. 교육부 고시 제2015-74호[별책 1]〉

교육부(2019), 〈대입제도 공정성 강화 방안〉

교육부(2020). 〈2020학년도 중 · 고등학교 학교생활기록부 기재요령〉

교육부(2022), 〈2022 교육과정 해설서〉

교육부(2023), 〈공교육 경쟁력 제고 방안〉

교육부(2023), 〈제5차 영재교육진흥종합계획〉

교육부(2023), 〈대학정보공시지침 안내서〉

김양분 외(2014), 〈재수 결정 요인 및 수능성적 향상과 상위대학 입학 성과 분석〉

김희삼(2010), 〈학업성취도, 진학 및 노동시장 성과에 대한 민간교육의 효과 분석, KDI〉

대교협(2021), 〈2024학년도 대학입학전형 기본사항〉

대교협(2022), 〈2025학년도 대학입학전형 기본사항〉

대입제도개편 공론화위원회(2018), 〈대입제도 공론화 숙의 자료집〉

대입제도개편 공론화위원회 (2018). 〈대입제도개편 공론화 결과보고〉

서덕원(2023), 〈2024학년도 학생부 종합전형 전략〉(PT 자료)

서울대(2020), 〈학교생활기록부 기반 면접 내실화를 위한 교사 자문 결과 보고서〉

서울대(2023), 〈2024학년도 학생부종합전형 가이드북〉

성태제(2019), 〈현대교육평가〉(학지사)

세종시 교육청(2023), 〈2023 보인다 5.0 면접지도 길라잡이〉

세종시 교육청(2023), 〈학생부종합전형 사례집〉

유웨이교육평가연구소, 〈수 · 정시 지원전략 자료집〉

이만기 백승호(2006), 〈교대 사범대 입시 논구술 특강〉

이상은 외(2019), 〈고교학점제 도입을 위한 단위학교 자체 교원의 선택과목 확대 범위 분석 연구〉

이상은(2019), 〈고교학점제 학생 선택형 교육과정 편성 과정에 나타난 쟁점과 과제〉

이석록(2022), 〈2022 학생부 연수〉(PT 자료)

이영덕(2008), 〈배치기준표의 의미와 제작 과정〉

이정림 외(2021), 〈학생부종합전형의 학생부 평가 방안 연구〉

이투스에듀, 입시자료집

전북교육청(2020), 〈2021학년도 대입 학생부종합전형 면접 준비 길잡이 및 면접사례 모음집1〉

정제원(2019), 〈2020 대입대비 학년초 학부모 대상 진학설명회 PT 자료〉

충청남도교육청(2022), 〈학생부종합전형 준비를 위한 학업설계〉

한국대학교육협의회(2009), 〈대학입학사정관제 안내 책자〉

**대입 필수용어 사전**

**초판 1쇄 발행** 2024년 1월 2일

**지은이** 이만기
**펴낸이** 정덕식, 김재현
**펴낸곳** (주)센시오

**출판등록** 2009년 10월 14일 제300-2009-126호
**주소** 서울특별시 마포구 성암로 189, 1711호
**전화** 02-734-0981
**팩스** 02-333-0081
**메일** sensio@sensiobook.com

ISBN 979-11-6657-135-0 13370